Elisabeth Lukas

Distanz zur Angst

Elisabeth Lukas
Gesammelte Werke

Herausgegeben vom

ELISABETH LUKAS
ARCHIV

www.elisabeth-lukas-archiv.de

Die Reihe wird fortgesetzt.

Elisabeth Lukas

Distanz zur Angst

Das Leben mutig bestehen

Butzon & Bercker

Bibliografische Information der Deutschen Nationalbibliothek

Die Deutsche Nationalbibliothek verzeichnet diese Publikation in der Deutschen Nationalbibliografie; detaillierte bibliografische Daten sind im Internet über http://dnb.d-nb.de abrufbar.

Das Gesamtprogramm von Butzon & Bercker finden Sie im Internet unter www.bube.de

ISBN 978-3-7666-2835-0

Umschlagabbildung: © foldyart 1980 – Stockadobe.com
Umschlaggestaltung: Werner Dennesen, Weeze
Satz: SATZstudio Josef Pieper, Bedburg-Hau

Inhalt

Vorwort

In einem sehr freundlichen Kommentar zu einem alten Buch von mir hat Herr Prof. Hans Jürgen Skorna von der Erziehungswissenschaftlichen Hochschule Rheinland-Pfalz im Juli 1987 die folgenden Worte geschrieben:

> „Das klare Denken ist der Tod der Angst": Diesen bemerkenswerten Rat gibt ein Therapeut dem hilfesuchenden Alkoholkranken in Simmels Roman *Bis zur bitteren Neige*, und das ist gewissermaßen ein logotherapeutischer Leitspruch für die möglichen geistigen Prozesse, die durch eine Beschäftigung und Auseinandersetzung mit entsprechender Literatur bei einem Suchtkranken ausgelöst werden können.
>
> In ihrem Buch *Weil ich leben will* spricht die alkoholkranke Autorin namens Kris von der Bedeutung des Lesens für ihre verzweifelten Bemühungen, das eigene Selbst allmählich neu zu finden: „Ich entdeckte gerade, dass Geist frei ist, dass Worte Freiheit vermitteln können, und der Fantasie waren wirklich überhaupt keine Grenzen gesetzt. Ich entdeckte mein Denken, und ich entdeckte, dass es funktionierte. Ich entdeckte es wie einen Schatz." Das ist ungewollt gleichsam ein Musterfall logotherapeutischen Verständnisses, gewonnen aus Selbsterfahrung und Selbsterkenntnis: In der Wiederentdeckung des Denkens, der geistigen Potenzen, wird der erste entscheidende Schritt zu einer neuen Sinnfindung des Lebens getan, damit zugleich die Befreiung aus der psychischen

> Einschränkung und Isolation eingeleitet, wie sie mit der Suchterkrankung gegeben ist.

Was Hans Jürgen Skorna in den obigen Worten erwähnt hat, ist eine Hilfestellung, die weit über den Suchtkrankenbereich hinaus jedem Menschen zugute kommt, der sein Leben aus dem einen oder anderen Motiv heraus verbessern will. Man kann in der Literatur Impulse finden, um sich und seine Bezüge zur Mitwelt neu und anders zu denken und damit unter Umständen auf eine tragfähigere Basis zu stellen. Insbesondere wenn solche Impulse einem *logotherapeutischen* Leitspruch bzw. einem *logotherapeutischen* Verständnis entstammen, liefern sie Skornas weiteren Worten zufolge:

> ... tiefe und aufschlussreiche Einsichten in die Grundbedingung aller humanen Selbstwerdung und Identitätsfindung, aller geistigen Mündigkeit und Reifung und aller Möglichkeiten zur Überwindung krisenhafter und leidvoller Situationen des Einzelnen.

Das ist ein großes Lob für den Begründer der *Logotherapie:* Viktor E. Frankl, der einst mein Lehrer und Mentor war und dem ich es zu verdanken habe, dass meine Texte solch hilfreiche Impulse zu vermitteln vermögen. Spiegelt sich doch in ihnen sein Gedankengut, zwar nicht so genial ausgedrückt wie in seinen eigenen Werken, dafür aber praxisnah und für die Allgemeinheit aufbereitet. Die Logotherapie ist eine effiziente Psychotherapiemethode, die zahlreiche philosophische, anthropologische und pädagogische Elemente enthält und sich noch dazu eng an die Grenzwissenschaften der Medizin, Soziologie und Theologie anschmiegt, wodurch sie ein allumfassendes Menschenbild vorstellt, das „für klares Denken sorgt" wie kaum ein anderes. Ich möchte behaupten, dass dieses Menschenbild tatsächlich „den Tod der Angst" einleitet, nämlich der existenziellen Angst vor einem unerfüllten, nichtigen Leben voller beklagenswerter Versäumnisse.

Angeregt durch die Entwicklungen der Gegenwart, in der das Überhandnehmen der medialen Kommunikationsmittel zu einer bedauerlichen Verflachung des eigenständigen Denkens führt, habe ich mich entschlossen, mein vergriffenes Buch *Auch dein Leiden hat Sinn* unter dem vorliegenden Titel noch einmal einer interessierten Leserschaft anzubieten. Zu diesem Zweck beschloss ich, es einer radikalen Aktualisierungskur zu unterziehen und alles nicht mehr Zeitgemäße durch ein großes Sieb fallen zu lassen, um lediglich zeitlos Gültiges aufzufangen. Doch zu meinem Erstaunen blieb eine ganze Menge im Sieb haften. Das Urmenschliche taucht immer und überall in denselben Nöten und Anliegen auf, es begleitet unser Geschlecht im Wandel der Kulturen und bringt letztlich alles Suchen und Sehnen auf einen Punkt: Hat unser Leben einen Sinn?

Möge also mein Buch dazu beitragen, Klarheit im Denken zu schaffen, Angst zu reduzieren und mit einem überzeugenden Ja auf die Sinnfrage zu antworten! Möge es dazu beitragen, das Leben zu lieben „wie unseren Nächsten und uns selbst".

Im Sommer 2021
Elisabeth Lukas

Heute sinnvoll leben

Es ist nicht wenig Zeit,
die wir haben,
sondern es ist viel Zeit,
die wir nicht nützen.

(Lucius A. Seneca)

Notorische Schwarzseher behaupten, dass unsere menschliche Welt so sehr belastet sei durch Unsinn, Widersinn und Wahnsinn, dass ein sinnvolles Leben darin kaum mehr möglich sei. Dass positive Anstrengungen von Einzelnen zur Donquichotterie würden gegenüber den Windmühlen eines aus den Fugen geratenen Zeitalters. Nun, Schwarzseher hat es immer schon gegeben, ohne dass sich ihre apokalyptischen Prophezeiungen bewahrheitet hätten. Trotzdem erhalten sie derzeit allerhand „Rückenwind". Zum Beispiel haben die Vertreter der Vereinten Nationen besorgt festgestellt, dass die Krisen- und Konfliktherde im ersten Quartal des 21. Jahrhunderts so gefährlich zugenommen haben wie seit dem Ende des Zweiten Weltkrieges nicht mehr. Auch pflastern viele globale „gute Vorsätze", deren Umsetzung nicht gelungen ist, den „Weg zur Hölle". Denn bislang sind weder die atomare Abrüstung noch der Klimaschutz, weder der Kampf gegen die Unterernährung noch gegen den weltweiten Missbrauch von Frauen und Kindern, weder die Aussöhnung zwischen den Religionen noch die Ausrottung der Fremdenfeindlichkeit samt ihren Wurzeln gelungen.

Denken wir das bedrohliche Szenario einmal durch. Nehmen wir an, es wäre so, dass die Menschheit ihre Zeit gehabt hätte wie andere Lebenswesensgattungen auch, und sich ihr Höhenflug just in der Phase ihrer maximalen Spezialisierung und Technisierung dem Niedergang zuneige. Verlöre damit unser persönliches Tun und Streben, Bangen und Sehnen, Lieben und Geliebtwerden seinen Sinn?

Viktor E. Frankl, der bekannte Psychiater, Neurologe und Philosoph aus Wien, meinte dazu lakonisch: Entweder hat das menschliche Leben einen Sinn, dann behält es ihn, ob es drei oder dreißig oder neunzig Jahre dauert, oder es hat keinen Sinn, aber dann würde es auch nicht sinnvoller, wenn man es in alle Ewigkeit verlängern könnte. Denn etwas Sinnloses fortzusetzen ist selber und seinerseits sinnlos.[1]

Auf die Länge unserer Lebenszeit kommt es also nicht vorrangig an, auch nicht auf die Länge der Fortdauer des ganzen Menschengeschlechts. Worauf kommt es dann aber an? Was macht unser Leben überhaupt lebenswert? Ich möchte sagen: *Der Inhalt, dem es geweiht ist.* Das Wort „geweiht" hat einen feierlichen, fast ein wenig pathetischen Beigeschmack, und doch passt es in diesem Zusammenhang sehr gut. Denn etwas, das ich einer Sache oder einer Person weihe, bringe ich ihr zum Geschenk dar, verschenke ich, und zwar zu keinem anderen Zweck, als um damit auszudrücken, dass jene Sache oder jene Person mir wert und wichtig ist. So ist es mit unserem Leben auch: Wenn es Sinn haben soll, muss es verschenkt werden an etwas, das mehr wert ist als bloßes Dasein an sich, an etwas, auf das hin unser Leben sich ausrichtet – ob es kurz oder lang, erfreulich oder beschwerlich ist. Würde man eine Meinungsumfrage starten und die Bevölkerung fragen, welchem Personenkreis sie zutraut, ein rundum sinnvolles Leben zu führen, würde sich diese These deutlich abzeichnen. Bei bisherigen Befragungen solcher Art wurden stets jene Menschen genannt, die über die Befriedigung ihrer eigenen Wünsche hinaus denken und wirken: Forscher im Dienst an der Wissenschaft, Erzieher und Lehrer im Dienst an der jungen Generation, Ärzte und Helfer im Dienst an

Kranken und Gebrechlichen, Künstler im Dienst an kulturellen Entwicklungen, und so fort. Aber Achtung: Fanatismus oder Selbstverausgabung müssen dabei ausgeklammert bleiben, sind sie doch mit dem Sinnkriterium nicht vereinbar. Das rechte Geschenk bereichert beide: den Beschenkten genauso wie den Schenkenden; es erzeugt Freude und nicht Qual. Wo immer sich etwas Verbissenes und Bedrückendes in die Hingabe an eine Aufgabe hineinmischt, verdünnt sich der Sinn, während ein Widersinn sich einschleicht.

Verfolgen wir den Gedanken noch ein wenig, dass *die Länge bzw. Kürze der zu erwartenden Lebenszeit* keinen Anlass liefert für eine Infragestellung des Lebenssinns. Auch ein eng limitiertes Leben kann, unabhängig von seinem raschen Vergehen, überaus sinnvoll und geglückt sein und gewesen sein. Allerdings haben wir bei der inhaltlichen Füllung eines Lebens Qualitätsunterschiede geortet. Es ist nicht nur meine praxiserprobte Behauptung, sondern auch die übereinstimmende Aussage zahlreicher Wissenschaftsautoren, dass ein eher gleichgültiges und inhaltsarmes Dahinleben, das auf keine selbstübergreifenden Werte ausgerichtet wird, ein Unbehagen erzeugt, eine chronische Unzufriedenheit, in Frankls Diktion eine *existenzielle Frustration*. Das *Lebenswertgefühl* des Betreffenden sinkt ab. Denn in der Tat gibt es neben dem Selbstwertgefühl, das für jedermann ein Begriff ist, auch ein *Lebenswertgefühl*, dessen Ausbalancierung vielleicht sogar noch wichtiger für die seelische Gesundheit eines Menschen ist als die Stärkung seines Selbstwertgefühls.

Was erfährt man denn im Spiegel seines Selbstwertgefühls? Nun, was die Mitwelt von einem hält und was man selber von sich hält. Das Selbstwertgefühl antwortet auf Überlegungen wie: „Bin ich tüchtig?“ „Bin ich gescheit?“ „Bin ich hübsch?“ „Bin ich begehrt?“ Im Spiegel des Lebenswertgefühls hingegen erfährt man etwas anderes, nämlich *wofür* man seine Tüchtigkeit, Gescheitheit oder Attraktivität gebraucht und einsetzt. Man erfährt, *warum* es gut ist, dass man existiert, *woraufhin* man existiert, welchen Wert das eigene Leben hat – nicht nur für einen selber, sondern für viele, fürs Ganze, eben „überhaupt“.

Sinkt das Lebenswertgefühl eines Menschen gegen Null ab, so ist er stets verleitet, sein Leben mutwillig – und sei es nur mittels eines ungesunden Lebensstils – zu verschleudern. Es bedrängt ihn der Gedanke, dass es im Grunde egal sei, ob es ihn gibt oder nicht, und dass sich daher der Aufwand seines Daseins nicht wirklich lohne. Was lässt sich dem entgegenhalten? Es gibt zwei gesicherte Erkenntnisse, die man vermitteln kann. Ich möchte sie in zwei Kernsätzen formulieren:

1. Jedes Lebenszeichen, das von einer Person ausgeht, ist durchdrungen von ihrer Persönlichkeit und dadurch unvergleichbar und unersetzlich.
2. Jede Erfahrung, die in einen Lebenslauf eingeht, kann einen tieferen Sinn in sich bergen, der oft erst zu einem späteren Zeitpunkt offenbar wird.

Betrachten wir die Aussage des *ersten Kernsatzes*. Nichts, was jemand tut, sagt, entscheidet, in Bewegung bringt, ist völlig identisch mit dem, was ein anderer Mensch tut, sagt, entscheidet und in Bewegung setzt. Lassen wir 100.000 Menschen zu einem beliebigen Thema ein Bild malen, so werden wir 100.000 verschiedene Bilder erhalten. Lassen wir ebenso viele Menschen etwas Banales erledigen, z. B. ein Stück Straße kehren, werden wir genauso viele unterschiedliche Akte des Kehrens erleben. Freilich werden sich die gekehrten Straßen kaum voneinander unterscheiden, aber die Details darum herum werden sich sehr wohl unterscheiden: die Worte, die dabei gewechselt werden, die Gesichter, die dabei gezeigt werden, die Stimmungen, die dabei aufkommen. Einer wird für einen anderen vielleicht ein Stück mitkehren. Ein anderer wird dem einen vielleicht ein Stück Unrat zuschieben. Einer wird lustig vor sich hin pfeifen, während einem anderen Tränen der Wut in die Augen steigen. Einer wird seinen Besen behutsam anfassen, ein anderer wird wild darauf loskehren. In allem und jedem, selbst in solchen simplen Alltäglichkeiten, äußert sich etwas von unserer ureigenen Persönlichkeit, drückt sich unser einzigartiges Ich aus, das nicht austauschbar ist durch ein anderes Ich, so wie ein Fingerabdruck nicht austauschbar ist durch einen anderen in den Polizeikarteien.

Soweit die Aussage des ersten Kernsatzes, der besagt, dass jede menschliche Existenz unersetzlich ist. Klar zu Ende gedacht, liegt darin der Sinn, etwas Unersetzliches, das durch nichts und niemanden mehr in die Welt eintreten kann, zu bewahren und behutsam zu entwickeln.

Betrachten wir jetzt den *zweiten Kernsatz*, bei dem es weniger um das geht, was von einer Person ausstrahlt, als um dasjenige, was auf eine Person einströmt, was sich ihr darbietet an Gutem und Leidvollem, an „Rosen" und „Dornen" auf ihrem Lebensweg. Und um die Entscheidung darüber, ob jene sich ihr darbietenden „Rosen" in Dankbarkeit und Freude wertgeschätzt werden oder ob achtlos darüber hinweggestiegen wird, wobei leicht mehr „Dornen" in die Füße eindringen als nötig.

Oft ahnen wir nichts vom Sinn, auch nichts vom Sinn der „Dornen", die uns im Vorübergehen streifen, und doch kann jedes Detail, aus dem sich das Mosaik unseres Lebens zusammensetzt, zu einem ganz bestimmten Zeitpunkt und an einem ganz bestimmten Platz seine Bedeutung haben, für uns und für die Gemeinschaft, der wir angehören. Wer garantiert etwa lebensmüden Personen, dass ihnen nicht irgendwann in der Zukunft eine Aufgabe zufallen wird, die nur jemand mit *ihrem* Erfahrungsschatz erledigen kann, nur jemand mit *den* „Rosen" in der Hand, die *sie* gepflückt haben, oder nur jemand mit *den* Wunden, die *ihnen* die „Dornen" gerissen haben? So einzigartig wir Menschen sind, so einmalig sind auch die Gelegenheiten, die in unseren zahllosen Lebenssituationen schlummern und – evolutionären Mutationen nicht unähnlich – plötzlich unvorhersehbare Optionen für neue Sinnintentionen präsentieren können. Wie wollen sich Suizidkandidaten dann jenen auf sie wartenden Aufgaben gegenüber rechtfertigen, wenn sie nicht mehr an Ort und Zeit bereitstehen, um den Sinn des ihnen (und niemand anderem) dort und dann Zufallenden zu erfüllen? *Wir wissen oft nicht, wofür etwas gut ist, das mit uns geschieht, aber gut ist es zu wissen, dass alles seinen Sinn haben kann, was mit uns geschieht ...*

In Ergänzung zu dem Punkt, demzufolge die Länge der zu erwartenden Lebenszeit kein Kriterium für eine Infragestellung des Lebenssinns darstellt, können wir somit hinzufügen: Obwohl unbestreitbar auch ein kurzes Leben überaus sinnvoll und wertvoll sein kann, geht eine gewollte Lebensverkürzung stets mit einer Sinnverarmung einher, weil das Sinnmögliche, das dieses Leben noch in sich birgt, nicht mehr zur Ausschöpfung gelangt – wohingegen ein Leben, das sich auf natürliche Weise seinem Ende zuneigt, in seinen Möglichkeiten eben ausgeschöpft worden ist.

Fazit: Heute ist es nicht nur bedingungslos möglich, sondern (mehr als je zuvor) nötig, sinnvoll zu leben.

Die Arbeit von Karolin Schenuit

Alle unsere Werke werden fruchtbarer,
wenn wir sie mit frohem Herzen verrichten.
(Josef Kentenich)

Es ist für mich immer wieder spannend, brisante Forschungsergebnisse aus den verschiedensten Fachgebieten zu lesen, die bezeugen, wie exakt Frankl vor rund hundert Jahren mit seinen axiomatischen Konzepten ins Schwarze getroffen hat. Als Beispiel sei eine aktuelle wissenschaftliche Studie von Karolin Schenuit erwähnt.[2] Die Forscherin konstatierte die beklemmende Tatsache, dass der Versorgungsprozess in den modernen deutschen Kliniken durch strukturelle Veränderungen zunehmend ein Mittel zum Zweck der Erlösmaximierung geworden ist, anstatt sich nach berufsethischen Grundsätzen zu richten. „Wirtschaftlich gesehen stellen jedes Gespräch mit Patienten und jede Zuwendung zu ihnen einen zusätzlichen Kostenfaktor dar, der limitiert werden muss" – so die Maxime „von oben". Als gravierende Folge hinterfragt das Pflegepersonal im gleichen Maße zunehmend die Sinnhaftigkeit seiner Berufsausübung. Dass sich Demotivation und Unzufriedenheit in rein gewinnorientierten Unternehmen ausbreiten, hat der belgische Organisationsforscher Frederic Laloux längst schon bewiesen.[3] In Frankl'scher Perspektive könnte man sagen, dass die Abqualifizierung von therapeutisch und menschlich sinnvollem Handeln zugunsten ökonomischer Kalkulationen das Lebenswertgefühl der Mitarbeiterinnen und Mitarbeiter beeinträchtigt, weil es deren intrinsischen Wunsch, in ihrem Beruf etwas Sinnvolles zu verwirklichen, ignoriert. Immerhin verbringen sie täglich viele Stunden im beruflichen Dienst, und wenn dieser offiziell nur dem Dienstgeber und dessen ausgeglichenen Bilanzen nützen soll, erleben sie sich nicht als an einer Aufgabe beteiligt, die *um ihrer selbst willen* wert ist, getan zu werden. Sie wird dann alsbald ebenso bloß um des finanziellen Einkommens willen vollbracht, was Missgelauntheit und Freudlosigkeit bei der Arbeit erzeugt. Freilich gibt es zum Glück unter den Pflegenden solche, die sich von den strukturellen Vorgaben wenig beirren lassen, und auch solche, die ihren beruflichen Stress und Zwiespalt anderwärtig gut ausgleichen können. Die Einzigartigkeit der Person zeigt sich nicht nur beim Straßenkehren, sondern in jedem Einsatzbereich. Trotzdem ist die Frage berechtigt, ob es nicht im Interesse aller Klinik- und Heimbetriebe und deren Insassen wäre, zu einer Organisationsform zu wechseln, in der die Mitarbeiterinnen und Mitarbeiter ihr eigenes individuelles Leitbild entwickeln können, indem sie sich *am jeweils wahrgenommenen Sinn der Sachlage* orientieren. Das würde bedeuten, dass man ihnen wesentlich mehr Selbstständigkeit und Verantwortung übergibt und zutraut, dass sie aus eigener Motivation heraus und nicht nur Vorschriften gehorchend ihr Bestes einbringen zum Wohle der Pflegebedürftigen. Dass dies mit Risiken verbunden ist, ist nicht zu leugnen, doch würden diese zweifellos wettgemacht durch die zu erwartenden Effizienzsteigerungen. Karolin Schenuit berief sich dabei u. a. auf die bahnbrechenden Erkenntnisse des Logotherapeuten Werner Berschneider, der an zahllosen Beispielen aus der Industrie und Unternehmensführung überzeugend belegen konnte, dass „sinnvolles Handeln, das frei von selbstsüchtiger Motivation ist, unvergleichlich größere Erfolge nach sich zieht als ein Handeln in purem Eigeninteresse, und dies *obwohl* (oder vielleicht gar *weil*) solche Erfolge nicht direkt angepeilt werden, sondern sich eher wie von selbst einstellen“[4].

Seine Behauptung korreliert mit einer Fragebogenauswertung von Karolin Schenuit, der zufolge die tragenden Begründungen der Berufswahl zur Pflegerin oder zum Pfleger lauteten: 1. die Sinnhaftigkeit der Arbeit, 2. die Freude an der Arbeit mit Menschen und 3. die Möglichkeit, Menschen zu helfen. Begründungen wie individuelle Aufstiegschancen, Weiterbildung, Arbeitszeit oder Gehalt, also ichbezogene Vorteile, rangierten in den Fragebogen-Antworten weit abgeschlagen darunter. Das heißt im Klartext, wer sich für einen sozialen oder medizinischen Beruf entscheidet, hat vorrangig ein „Liebesmotiv", das ihm nicht später in der Praxis durch überhöhte Leistungsansprüche seitens der Arbeitgeberriege ausgetrieben werden sollte. Berschneider zufolge dürfte sich diese Riege damit geradezu ein Eigentor schießen ...

Aus einer weiteren Fragebogenauswertung geht hervor, dass Pflegekräften generell nicht daran gelegen ist, nach Profitabilität, Marktanteilen oder Firmenwachstum zu streben. Was sie anzieht, sind gemeinwohlorientierte Leitbilder, wobei wenig überraschend das Patientenwohl (noch vor dem Leisten eines Beitrags für die Gesellschaft oder für die Kollegenschaft) an erster Stelle steht. Überraschend klar aber waren die Aussagen der Befragten zum Thema „Menschlichkeit". Mit überwältigender Mehrheit ordneten sie dem Aspekt der Menschlichkeit vor dem Hintergrund des kranken und schwachen Patienten, der sich in ungewohnten Räumlichkeiten befindet und von Fremden gewaschen und versorgt werden muss, einen hohen Stellenwert zu. Die würdevolle und willkommene Begegnung mit dem leidenden Menschen inklusive einer entsprechenden Kommunikation mit ihm ist für sie das A und O ihres Berufslebens. Sie wollen nicht primär für die Zufriedenheit ihrer Chefs arbeiten, sondern um ihren inneren Idealen zur Verwirklichung zu verhelfen, und wenn ihnen dies gestattet wird, hebt das ihre Produktivität beträchtlich, wie ein niederländisches Experiment aus der häuslichen Krankenpflege belegt. Dort hat man mit einer Umstrukturierung, die den „Liebesmotiven" des Pflegepersonals gerecht wurde, innerhalb kürzester Zeit erreicht, dass 40 % weniger Pflegestunden pro Patient notwendig waren, weil die Patienten nur mehr etwa halb so lang Pflege benötigten wie zuvor.

Bei alledem soll nicht vergessen werden, dass nicht nur gemeinnützige Tätigkeiten – fernab von Konzernwachstum und Profit – einen bedeutsamen Sinn in sich tragen, sondern eigentlich alles, was ein Mensch tut und vorhat, in ein inneres Leitbild eingebettet sein sollte, das einem offenen und wohlwollenden Blick auf die Welt entspringt. „Heute sinnvoll leben" heißt demnach: *sich selbst überschreiten* ... und Hürden zu überspringen, die einem dabei, sei es durch eigene Indifferenz und Trägheit, sei es von Machthabern aller Couleurs, in den Weg gelegt werden.

Psychotherapie am Scheideweg

Eine mächtige Flamme entsteht
aus einem winzigen Funken.

(Dante Alighieri)

Wechseln wir jetzt von der Krankenpflege zur Seelenpflege und insbesondere zum gegenwärtig ausufernden und pekuniär durchaus attraktiven Markt der psychotherapeutischen Angebote.

Schon seit der jüngeren Menschheitsgeschichte gab es stets Personen, die dank ihrer karitativen Ambitionen, ihres Charismas und ihrer Überredungskraft imstande waren, trost- und hilfesuchende „Jammergestalten" wieder aufzurichten, oft auf dem Hintergrund einer bestimmten Weltanschauung. Manchmal wurde den Unglücklichen Heil und Gerechtigkeit im Jenseits versprochen. Ihr Leid wurde als Prüfung auf dem Weg dahin interpretiert. Oder es wurden Suggestivmethoden herangezogen, um „das Böse" aus der Seele zu vertreiben. Psychotherapie und Religion waren eng miteinander verquickt. Dieses Eingebundensein in den Rahmen der Mystik hat den wissenschaftlichen Zugang zur Psychotherapie hinausgezögert, bis dieser im 20. Jahrhundert von Granden aus Medizin und Forschung leidenschaftlich erkämpft worden ist. Endlich wollte man irrationales Verhalten rational erklären und irrational heraufbeschworene Notsituationen mittels rational durchdachter Psychotechniken beheben können. Daraus entstand eine Disziplin, die seither auf einem schmalen Grat zwischen zwei Abgründen dahintänzelt, nämlich zwischen dem Zurückfallen in die dunklen Tiefen der Mystik und dem Hineinschlittern in eine mechanisierte Seelenmanipulation.

Ist die Psychotherapie nach ihrem langen Gang durch die Gefilde der Zauberei und Beschwörung, vorbei an den Kulissen von Trick und Demagogik, Okkultismus und Esoterik, also mittlerweile eine seriöse Wissenschaft geworden? Große Anstrengungen sind in dieser Hinsicht in den letzten Jahrzehnten unternommen worden, unterstützt von den Pionieren der Neuropsychologie und Neurobiologie. Aber die Erfolge sind buntschillernd und enthüllen eher die Gerätschaft einer Seelenwerkstatt, in der es alles gibt, bloß keine Seele (in ihrem eigentlichen Wortsinn) mehr. Aus der gewünschten „Psychotherapie ohne Magie" ist eine „Psychotherapie ohne Geist" geworden, wie Frankl kritisch bemängelt hat. Zwar ist die Ära der spektakulären und deterministischen Hypothesen weitgehend vorbei – eine Ära, der ziemlich absurde Frühtheorien entsprossen sind –, dennoch genügen auch standardisierte Zuhörstrategien, kühle Sachlichkeit und pharmazeutische Gaben den Erfordernissen der (Mit-)Menschlichkeit nicht ganz. Was es zudem braucht, ist genau jenes Zutrauen und jenes Versprühen von geistigen Impulsen, das (siehe die Befunde von Karolin Schenuit) aus frustriertem und angeödetem Pflegepersonal engagierte und topvitale Arbeitskräfte macht, die ihren Beruf mit Herzenswärme ausüben, weil sie sich seiner Sinnhaftigkeit gewiss sind. Was es braucht, ist *die Einführung der geistigen Dimension in das Menschenbild der Psychotherapie,* wie sie Frankl vollzogen hat. Denn nur auf geistiger Ebene ist der Mensch – und auch noch der psychisch kranke Mensch – fähig, seine Ressourcen wertorientiert einzusetzen, über sich und seine Schwächen hinauszuwachsen und sich selbst überschreitend hinzugeben an eine Aufgabe, die ihm „auf den Leib und auf die Seele" zugeschnitten ist, weil er sie optimal erfüllen kann. Und einzig auf diese Weise sind seelische

Gesundheit und Stabilität zu erhalten bzw. wiederzuerlangen, wenn sie einmal verloren gegangen sind.

Wie sieht aber nun eine Psychotherapie aus, die die Geistigkeit des Menschen in ihre Theorie und Praxis inkludiert? Welche Art von Trost vermag sie unglücklichen Menschen zu spenden? Welche Art von Heilung einzuleiten? Folgen wir den Denkspuren Frankls, die zur Entwicklung seiner Logotherapie geführt haben, und beginnen wir damit, Klarheit zu gewinnen über das ewig ersehnte und nie völlig zu erhaschende Gut der menschlichen Freiheit.

Frei – wovon, wozu?

Prüfe den Kurs!
Segle nicht mit dem Wind,
wie er kommt und dich forttreibt! –
Lotse, bleib du selbst auf deinem Schiff und
deiner Fahrt in die Welt!

(Hans Bahrs)

Beispiel 1

Ein junger Mann gestand mir beschämt, dass er an Schuldgefühlen leide, weil es bei einer krankengymnastischen Behandlung, der er sich unterziehen musste, vor dem weiblichen Personal zu sexueller Erregung bei ihm kam. Diese Schuldgefühle ließen sich ohne langwierige Erhellung irgendwelcher verdrängter Libidogelüste (nach psychoanalytischer Manier) auf der Stelle beseitigen, indem ihm zweierlei auseinandergesetzt wurde: Zum einen wurde ihm erläutert, dass seine körperlichen Reaktionen rein biochemischer und neurophysiologischer Natur seien, demnach nicht seiner freien Entscheidung unterlägen und sozusagen zum „schicksalhaften Bereich" seines gegenwärtigen Lebens gehörten. Zum anderen wurde ihm erläutert, dass er trotzdem sehr wohl frei entscheiden könne, wie er sich zu dieser schicksalhaften Gegebenheit einstelle und wie er daraufhin handle; ob er also seiner Erregung nachgäbe, etwa das Personal belästige, oder ob er sie ignoriere und mit ein paar scherzhaften Worten relativiere.

Der junge Mann versicherte, er würde seine Erregung während der Behandlung keinesfalls „ausnützen", zumal er längst in einer festen Beziehung zu einer Frau gebunden sei. Daraufhin konnte ich ihn beruhigen: Dort, wo er eine freie Wahl hatte, handelte er gemäß seiner Überzeugung richtig, und mehr war ihm weder möglich noch abverlangt. Demzufolge gab es keinen Grund für ein Schuldgefühl. Wenn er sich dennoch eines „leistete", so war dies „überflüssiger Luxus". Da lachte der junge Mann und kehrte erleichtert heim. Später erhielt ich die Nachricht, dass mit dem Ende seiner irrationalen Gewissensbisse auch die Hypersensibilität seines Körpers nachgelassen hatte.

Beispiel 2

Ähnlich ist es bei Träumen, die von Patienten berichtet werden und nach deren prognostischem Gehalt ängstlich gefragt wird. Auch die Träume zählen zum „schicksalhaften Bereich", der sich unserer Freiheit entzieht. Was hingegen in unserer Macht steht, ist das Gewicht, das wir unseren Träumen geben, ist die Interpretation, die wir uns zu ihnen ausfantasieren. Eine meine Patientinnen träumte nach einem Ehestreit, sie stünde am Rand einer tiefen Kluft und sehe auf der gegenüberliegenden Seite ihren Mann stehen. Sie fragte mich, ob dies bedeute, dass ihre Ehe endgültig nicht mehr zu retten sei. Ich wandte ein, dass sie dem Traum ebenso eine andere Bedeutung geben konnte. Etwa die, dass sie künftig einen neuen Weg zu ihrem Mann suchen müsse, einen, der die Kluft zwischen ihnen umrunde, oder dass es für beide an der Zeit sei, eine gemeinsame Brücke zu bauen, um ihre Differenzen auszuräumen.

***

Unsere „Freiheit" wird oft als Erlaubnis zur Willkür oder als simpler Kontrast zu Terror und Unterdrückung missverstanden. Um diesbezügliche Täuschungen auszuräumen, hat Frankl zwischen der „Freiheit *von* etwas“ und der „Freiheit *zu* etwas“ unterschieden. Die „Freiheit *von* etwas“ ist rar. Kein Mensch ist frei von seinen körperlichen, psychischen und sozialen Bedingungen; wir alle strampeln im Netz unserer kreatürlichen Abhängigkeit von unseren Lebensvoraussetzungen und Vorgeschichten. Unsere „Freiheit *zu* etwas“ hingegen ist umfassender als wir denken. Wir sind frei, uns gegenüber allen unseren Bedingungen geistig einzustellen entsprechend unserer Wahl. Wenn man den Bereich unserer Abhängigkeiten und Unfreiheiten als unseren „schicksalhaften Bereich“ bezeichnet, dann kann man sagen: Das Unsrige ist es, Antwort zu geben auf unser Schicksal, wie es auch beschaffen sein mag. *Die Antwort ist unser, und die Antwort ist frei.*

Ständig pendelt der Mensch zwischen den beiden Polen „Schicksal“ und „Freiheit“ hin und her. Immer geschieht etwas, das er nicht steuern kann. Der junge Mann aus dem obigen Beispiel bekam Erektionen während einer krankengymnastischen Behandlung. Das war peinlich, unterlag aber nicht seinem Willen. Die erwähnte Frau wiederum träumte von einem Abgrund zwischen ihr und ihrem Mann. Das war traurig, aber auch nicht von ihr ausgesucht. Freilich sind derlei Vorkommnisse keine tragischen Schicksalselemente, sondern Ereignisse, die schnell ins Irrelevante versinken. Im Moment jedoch erwiesen sie sich als unangenehm und Besorgnis kreierend.

Wichtig ist bei alledem, sauber zwischen dem schicksalhaften Bereich und dem persönlichen Frei(heits)raum zu trennen. Für das Schicksalhafte sind wir nicht verantwortlich. Schuldgefühle rangieren dort am falschen Platz. Wir müssen Schicksalselemente zwar aushalten, aber damit ist es auch schon genug. An sie grenzt unser Freiraum an. Menschliche Freiheit entfaltet sich just am Schicksalhaften als *der* Herausforderung schlechthin, denn wir können dem Schicksal auf die verschiedensten Weisen begegnen. Niemand schreibt uns vor, wie wir darauf zu reagieren haben. Wie ein Mensch mit seinem jeweiligen Schicksal fertig wird, ist *seine* Entscheidung, ist *seine* persönliche freie „Antwort“ darauf, die er dann eben auch zu ver-antwort-en hat.

Der junge Mann aus Beispiel 1 hat eine prima Antwort gegeben. Er ließ sich nicht in Versuchung führen. Er blieb seiner Partnerin treu. Das lag in seiner „Freiheit *zu* etwas", und damit durfte er zufrieden sein. Meine Traum-Patientin aus Beispiel 2 musste noch lernen, eine prima Antwort zu geben. Es lag in ihrer „Freiheit *zu* etwas", die Kluft zwischen sich und ihrem Mann zu verringern. Sie hätte, durch ihren Traum ausgelöst, die Einstellung entfalten können, dass es dafür definitiv zu spät war. Sie konnte auch die Einstellung entfalten, dass es allerhöchste Zeit war, ihre Energien zur Konfliktbesänftigung zu mobilisieren. Es war *ihre* Wahl – nicht in Bezug darauf, was sie träumte, sondern in Bezug darauf, wie sie auf ihren Traum reagierte.

Träume sind für sich genommen in den überwiegenden Fällen „nichts", sind Tagesreste verarbeitende Spielereien des Gehirns, wie man heute weiß. Die *Person selbst* ist es, die im bewussten Zustand den Träumen eine oder keine Bedeutung schenkt, die sie als Geheiminformation, Warnung, Wunschbild, Drohung, Weissagung etc. deutet. Erst dadurch bekommen Träume rückwirkend ein Gewicht, im Guten wie im Schlechten.

Menschen, die sich unfrei und an ihre Bedingungen ausgeliefert fühlen, büßen mit der Zeit ihre Motivationskraft ein. Nur wenn man sich als ein Wesen versteht, das seine Umstände aktiv mitgestaltet, das wählen, entscheiden und auf Unentscheidbares zumindest in der Wahl der inneren Haltung antworten kann, ist man motiviert, überlegt zu handeln, achtsam zu wählen und klug zu antworten. Ansonsten lässt man angesichts der ehernen Bedingtheiten unserer verletzlichen Existenz schnell „die Flügel hängen". Frankl schrieb dazu den schönen Merksatz: „Wer sein Schicksal für besiegelt hält, ist außerstande, es zu besiegen."

In der Fachsprache spricht man von einem neurotischen Fatalismus, der manche Menschen umklammert hält. Solche Menschen glauben an die Allmacht von Erbgut und Milieu, von frühen Kindheits- und Lernerfahrungen, von körperlicher Konstitution, sozialen Modelleinflüssen und sogar vom Spuk ihrer Ahnen oder von Sternkonstellationen. Ihrer Meinung nach ist fast schon im Mutterschoß für das werdende Leben „alles gelaufen". Oder sie glauben an die Allmacht der politischen, wirtschaftlichen und gesellschaftlichen Systeme, an die Regentschaft von Geld, Korruption und Herrschern und an das absolute Ausgeliefertsein des einzelnen Bürgers. Das alles versperrt ihnen die Tür zu ihren Freiräumen, in denen viele kleine Hoffnungsschimmer für sie selbst und die Welt darauf warten, von ihnen persönlich entzündet zu werden. Stoßen wir sie auf, diese Tür, und stellen wir uns dem Schicksal auf unsere einzigartige, unverwechselbare und beste Weise! Niemals ist schon „alles gelaufen", immer gibt es noch viel Sinnvolles zu tun!

Wendung zum Guten

Ich weinte, weil ich keine Schuhe hatte,
bis ich einen Mann traf,
welcher keine Füße hatte.

(Helen Keller)

Beispiel 3

Ich hatte einmal mit einem Mann zu tun, dessen wesentlich jüngere Frau ihn von einem Tag auf den anderen mitsamt ihrem Kleinkind verlassen hatte und trotz seiner inständigen Bitten nicht zu ihm zurückkehrte. Sie ließ ihn wissen, er sei ihr zu alt, und sie wolle die Scheidung. Der Mann war wie gebrochen, er bekam Magen- und Kreislaufbeschwerden und meinte, über den Verlust von Frau und Kind nicht hinwegkommen zu können. Die Familie sei sein wichtigster Lebensinhalt gewesen; er könne an nichts anderes mehr denken als an sie.

Wir überlegten gemeinsam, ob er seiner Frau noch irgendein Angebot für eine Erneuerung und Fortsetzung der Partnerschaft machen konnte, doch erfuhren wir bald, dass seine Frau mit ihm abgeschlossen hatte. Es galt, den Tatsachen ins Auge zu blicken und ihnen, wenn möglich, in Form einer sinnvollen „Antwort" eine Wendung zum Guten abzuringen.

Fragen wir: Hatte dieser Mann überhaupt eine Wahl? Konnte er eine bestimmte Antwort wählen? Gewiss konnte er dies, wenngleich er nichts tun konnte, um seine Frau zurückzugewinnen.

Wie er jedoch auf ihre Entscheidung reagierte, war Seines. Ich eröffnete ihm eine *imaginäre Wahl*, indem ich sagte: „Wenn zwei Menschen einander versprechen, in allen Lagen des Lebens zusammenzuhalten, und wenn einer dieses Versprechen auflöst und den anderen allein lässt, dann ist derjenige, der weggeht, vermutlich wohlgemut, sonst würde er ja nicht gehen. Und derjenige, der zurückbleibt, ist eher konsterniert, weil er ja die Trennung gar nicht wünscht. Aber derjenige, der weggeht, trägt die *Schuld* am Ende der Partnerschaft, während derjenige, der zurückbleibt, ein *reines Gewissen* haben darf. Er mag zwar Fehler in der Beziehung begangen haben, doch wenn er bereit war, an ihnen zu arbeiten – so wie Sie –, hat er alles in seiner Macht Stehende getan, um die Partnerschaft zu retten. Reduzieren wir also beide Seiten auf vereinfachte Kurzformeln, dann lauten sie: Hier ‚Wehmut, aber das Bewusstsein, fair gehandelt zu haben', und dort ‚Munterkeit, die mit einer Schuld erkauft worden ist'. Nun frage ich Sie: Was hätten Sie gewählt, wenn Sie zwischen diesen beiden Alternativen hätten wählen müssen? Welchen Teil hätten Sie übernehmen wollen?"

Nach einer Pause wählte der Mann seufzend seine eigene Rolle, die er bei dem Drama gespielt hatte, nämlich die Rolle des Zurückbleibenden. Er setzte spontan hinzu, dass er, wenn einer von ihnen beiden schon leiden müsse, einverstanden sei, derjenige zu sein, der unglücklich sei. Auch könne er es als den Preis dafür ansehen, trotz allem am gegebenen Eheversprechen festgehalten zu haben. Das war der Beginn einer tapferen Akzeptanz seiner unfreiwilligen „Single-Situation" und bewies überdies die große Liebe zu seiner Frau, der er trotz ihres abweisenden Benehmens kein Leid wünschte. Ich konnte ihm zu seiner „Antwort auf das Schicksal" nur gratulieren.

***

Eine Wendung zum Guten herbeizuführen ist eine Kunst, die man nicht früh genug einüben kann. Es ist die Kunst, aus Gegebenheiten, an denen nichts zu ändern ist, das Bestmögliche zu machen. Berühmt geworden sind etliche Menschen, die Grandioses und unglaublich Sinnvolles aus einer Not heraus schufen, wie etwa die amerikanische Schriftstellerin Helen Keller, die seit ihrem zweiten Lebensjahr blind und taub war und dennoch ihren Wirkungskreis bis auf Hochschulniveau auszudehnen vermocht hat, oder die Schwedin Elsa Brandström, die aus den Schrecknissen des Ersten Weltkrieges ein Dokument echten Samaritertums in Sibirien hat entstehen lassen. Das sind nur zwei Beispiele, aber in Wirklichkeit gibt es unzählige Menschen, die auf dem eng begrenzten Platz, auf dem sich ihr Dasein vollzieht, Tag für Tag Zeugnis ablegen dafür, dass der Mensch fähig ist, auch unter den schlimmsten Bedingungen „sein Leiden in eine menschliche Leistung zu verwandeln" (Frankl), indem er sein Leiden mit einem Sinn verknüpft und solcherart selbst Trost findet; ja, dass gerade solche Menschen oft mehr noch als andere imstande sind, Trost auszustrahlen auf ihre Mitwelt.

Bringen wir das Gesagte in einer Grafik auf einen gemeinsamen Nenner:

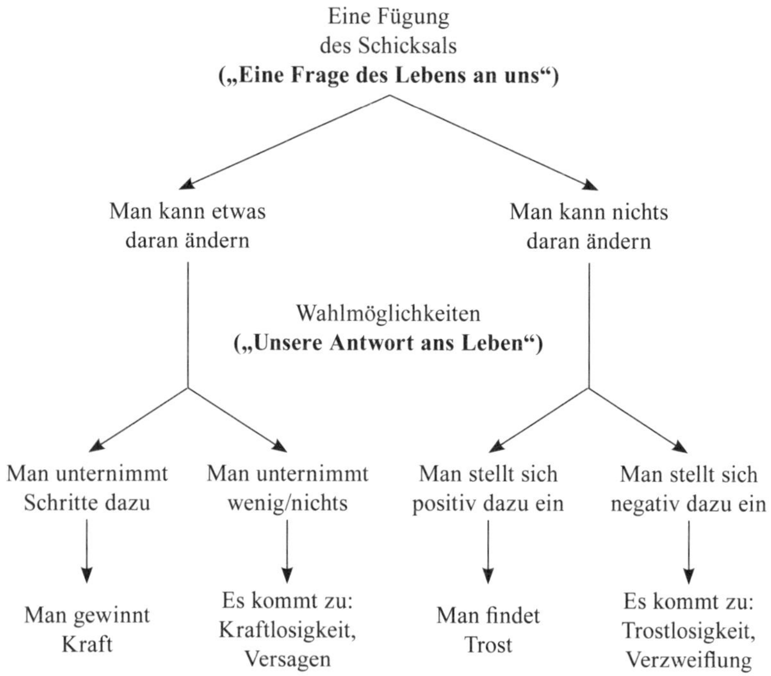

Fazit: Es ist auf jeden Fall opportun, sich mit dem Schicksal fruchtbringend auseinanderzusetzen, indem man es mutig gestaltet oder weise annimmt. Für beides benötigt man jene innere Stärke, die Frankl die „Trotzmacht des Geistes“ genannt hat. In Ausnahmefällen ist sie selbst dann noch zu mobilisieren, wenn unsere körperlichen und psychischen Reserven aufgezehrt sind, aber leichter schwingen wir uns natürlich zu ihr auf, wenn wir insgesamt fit sind. Umgekehrt aber lockt auch die stabilste psychophysische Gesundheit noch keine „Trotzmacht des Geistes“ hervor, solange Wertesensibilität, Sinnorientierung und Liebe fehlen. Das heißt: Fitness- und Wellness-Programme, wie sie heute modern sind, brauchen eine spirituelle Ergänzung, etwa in Form von Einkehr- und Besinnungstagen bzw. „Weiterbildung in Herzensbildung“, um den Anforderungen unserer hektischen Zeit mit ihren vielschichtigen Unsicherheiten gewachsen zu sein.

Auch Humor (trotzdem lachen!), Vergebung (trotzdem verzeihen!) und Dankbarkeit (trotzdem zufrieden sein!) sind Elemente der „Trotzmacht des Geistes“, die regelmäßig aufgefrischt werden sollten. Sind diese drei doch unverzichtbare Helfer in einer Gesellschaft, in der die *Angst*, speziell vor irrationaler Bedrohung, boomt, der *Hass*, speziell in Form irrationaler Verteufelungen, grassiert, und die *Ansprüche*, speziell in irrationaler Überheblichkeit, explodieren. Aber: Der Humor hebt die Angst aus den Angeln. Die Vergebung erstickt den Hass im Keim. Die Dankbarkeit dämpft die Ansprüche herunter. Das heißt, die drei „Trotzkräfte“ sind Korrekturelemente für eine verzerrte Optik, die ansonsten leicht tödlich enden kann. Die drei schaffen gerade noch – die Wendung zum Guten.

Die „Paradoxe Intention“

Humor ist der Knopf, der verhindert,
dass uns der Kragen platzt.

(Joachim Ringelnatz)

Ein Paradebeispiel für die Heranziehung der menschlichen „Trotzmacht des Geistes“ zu Heilungszwecken ist die von Frankl konzipierte Methode der „Paradoxen Intention“[5]. Sie wird speziell bei Patienten angewandt, die an übertriebenen Ängsten oder an Zwangsvorstellungen leiden und sich darin verstrickt haben. Paradoxe Intention bedeutet so viel wie „umgekehrter Wunsch“. Die Patienten werden nämlich dazu angeleitet, *sich genau dasjenige zu wünschen,* was sie in ihren krankhaften Ängsten und Zwängen so panisch fürchten und vor dem sie in Form eines abstrusen Vermeidungs- oder Kontrollverhaltens flüchten. Sie lernen, sich von den Inhalten ihrer Ängste nicht mehr erschrecken zu lassen, sondern sich innerlich von ihnen zu distanzieren und sie „mit Jux und Tollerei“ zu parodieren. Das nimmt den Ängsten den Pesthauch und bringt sie zum Schrumpfen. Da es sich um unnötige, eben irrationale Ängste handelt, die hier zur Debatte stehen, siegt das „klare Denken“, demzufolge ja keine reale Bedrohung vorliegt und man also auch spöttisch mit den nicht vorhandenen Bedrohungen herumalbern kann. Das klare Denken ist bekanntlich „der Tod der Angst“.

Hat zum Beispiel jemand enorme Angst, über (normal befestigte) Brücken zu gehen, muss er, statt wie bisher sämtlichen Brücken auszuweichen, nunmehr mutig auf eine zuschreiten in der festen Absicht, nicht nur einmal, sondern gleich mehrmals so elegant wie möglich ins Wasser zu kippen und ein kühles Bad zu genießen. Es ist ganz unwahrscheinlich, dass der Betreffende – elegant oder nicht – bei der Überquerung irrtümlich über das Brückengeländer stürzt; vielmehr ist wahrscheinlich, dass er „unter dem Schutz der Paradoxie" problemlos am gegenüberliegenden Ufer anlangt. Der paradoxe Wunsch erfüllt sich nicht. Er hat eine andere Aufgabe, nämlich die Aufgabe, den Ängstlichen mit der von ihm gefürchteten Situation zu *konfrontieren*, um ihre Harmlosigkeit erlebbar zu machen. Wobei die Draufgaben „Heiterkeit, Lachen und Humor", die unvermeidlich auftretenden emotionalen Überreaktionen entschärfen und entkrampfen.

Oder glaubt ein überbesorgter Patient, vor dem Verlassen seiner Wohnung ständig nachprüfen zu müssen, ob er den Herd ausgeschalten, die Heizung abgedreht, die Fenster geschlossen, die Tür zugesperrt hat, etc., wird er dazu angehalten, auf der Stelle auszugehen in der inbrünstigen Hoffnung, dass seine Wohnung abbrennen, vom Winde verweht und von Räubern ausgeräumt wird, damit er endlich zu einer neuen Behausung kommt, weil ihn die „alten Klamotten" darin schon längst nerven ... Wiederum wird die Paradoxe Intention die „Nerven" in anderer als gewünschter Richtung beruhigen: Der Patient wird zu seinen „alten Klamotten" zurückkehren müssen, sich dafür aber für die Zukunft eine unbeschwerte Ausgangsfreiheit erobern. Je lächerlicher die Intentionen sind, die er sich solcherart „auf die Seele bindet", umso siegreicher wird er sich gegen seine neurotischen Angstanfechtungen wehren können, denn worüber man lacht, das fürchtet man nicht; das eine schließt das andere aus.

Beispiel 4 (Bericht von Mohammed Sadiq)[6]

Frau N., eine 48 Jahre alte Patientin, litt an Zittern, und zwar in dem Maße, dass sie außerstande war, eine Schale Kaffee oder ein Glas Wasser zu halten, ohne etwas zu verschütten. Auch konnte sie weder schreiben noch ein Buch ruhig genug halten, um lesen zu können. Eines Morgens ergab es sich, dass wir [Dr. Sadiq und die Patientin] einander allein gegenübersaßen und sie wieder einmal zu zittern begann. Daraufhin beschloss ich, die Paradoxe Intention zu versuchen, und zwar richtig mit Humor. So begann ich denn: „Wie wär's, Frau N., wenn wir einmal ein Wettzittern veranstalteten?" Sie: „Was soll das heißen?" Ich: „Wir wollen einmal sehen, wer schneller und wer länger zittern kann." Sie: „Ich habe nicht gewusst, dass Sie ebenfalls an Zittern leiden." Ich: „Nein, nein, keineswegs; wenn ich aber will, dann kann ich zittern." (Und ich begann – und wie!) Sie: „Oh, Sie können's ja schneller als ich." (Und lächelnd begann sie, ihr Zittern zu beschleunigen.) Ich: „Schneller, los, Frau N., Sie müssen viel schneller zittern!" Sie: „Aber ich kann ja nicht – hören Sie auf, ich kann nicht mehr weiter."

Und sie war wirklich müde geworden. Sie stand auf, ging in die Küche und kam zurück – mit einer Schale Kaffee. Und sie trank sie aus, ohne auch nur einen Tropfen zu verschütten. Wann immer ich sie seither beim Zittern ertappe, brauche ich bloß zu sagen: „Nun, Frau N., wie wär's mit einem Wettzittern?" Woraufhin sie zu sagen pflegt: „Schon recht, schon recht." Und das hat noch jedes Mal geholfen.

Beispiel 5

Sadiqs brillante Idee mit dem Wettspiel habe ich einst bei einer Frau mit einem Spiegeltick aufgegriffen. Die Patientin „musste" an die zwanzigmal am Tag zum Spiegel laufen, um ihre Haarpracht zu ordnen und sich zu vergewissern, dass ihre Frisur tadellos saß.

Ich setzte einen Preis für denjenigen von uns beiden aus, der dem anderen die Haare besser zerzausen und zerwühlen konnte; danach fuhren wir uns gegenseitig mit allen zehn Fingern kreuz und quer durch die Haare. Die Patientin stöhnte und jammerte, aber ich ließ nicht locker – schließlich wollte ich den Preis gewinnen. Da bearbeitete auch sie meine Haare nach bestem Vermögen und mit zunehmendem Vergnügen. Danach liefen wir Hand in Hand rund um den Häuserblock, paradox intendierend, die vorübergehenden Leute sollten sich alle wundern, wie hoch „uns die Haare zu Berge standen". Und bei jedem Passanten, der uns nicht beachtete, ermutigte ich sie, sich schnell noch einmal vom Nacken hinauf über den Kopf zu streichen (und exerzierte es ihr bei mir selbst vor), weil unsere Frisuren offenbar nicht „wirr" genug waren, um aufzufallen. In dieser spielerischen Form gewann ich ihre Kooperation, obwohl sich die Patientin anfangs sehr gegen das paradoxe Vorgehen gesträubt hatte. Natürlich beachteten uns die vorübergehenden Leute überhaupt nicht – wen stört es heutzutage schon, wenn jemand nicht schön frisiert ist? Das erkannte auch meine Patientin und vermochte allmählich ihren Zwang zum „Spiegel-Schauen" auszuhebeln. „Soll doch jedes einzelne meiner Haare senkrecht in die Höhe stehen!" murmelte sie vor sich hin, wenn sie der ängstliche Gedanke an ihre Frisur übermannen wollte, und das half ihr, ohne gehäufte Spiegelkonsultationen durch den Tag zu kommen. Nach acht Wochen war ihr Tick verschwunden, und ich überreichte ihr den versprochenen Preis: nicht für das Haare-Zerzausen, sondern für ihren glorreichen Sieg über sich selbst.

***

Die neurotische Angst gehört zum schicksalhaften Bereich, wie immer sie zustande gekommen ist, denn der Patient kann sich nicht aussuchen, angstfrei zu sein oder nicht. Was er jedoch kann, ist, im Rahmen seiner Wahlmöglichkeiten eine Antwort auf seine Angst zu finden, die seiner geistigen Entscheidungskraft unterliegt. Oft habe ich mit Angstkranken die Methode der Paradoxen

Intention eingeübt, oft habe ich die Patienten in vivo dabei begleitet, und jedes Mal hat sich gezeigt, dass diejenigen am schnellsten und nachhaltigsten Fortschritte erzielt haben, die sich über ihre eigenen Angstgefühle mokieren und urkomische Gegen-Vorhaben ausdenken konnten.

Beispiel 6

So nennt eine Mutter ihren kleinen Sohn heute noch manchmal zärtlich ihren „Lieblingsfußball", was auf eine unserer paradoxen Formeln zurückgeht. Das Kind war jahrelang ersehnt worden, dann als Frühgeburt zur Welt gekommen und noch ein paar Wochen im Brutkasten gelegen, bis es schließlich der Mutter übergeben werden konnte, die kaum wagte, das winzige Geschöpf anzufassen, aus schrecklicher Angst, es fallen zu lassen. Sie steigerte sich derart in diese Angst hinein, dass die Pflege des Kindes gefährdet war, weil die Mutter davor zitterte, das Kind auch nur zu berühren. Jedes Füttern und Windeln-Wechseln wurde zum Desaster. Immer glaubte die Mutter, das Kind könnte ihren Händen entgleiten und durch sie Schaden erleiden.

Nachdem sich der Vater des Kindes um Hilfe an mich gewandt hatte, besuchte ich die Familie regelmäßig und übte mit der Frau den Umgang mit ihrem Sohn, während sie sich paradox intendierend Sätze folgender Art vorsagen musste: „Komm, mein Liebling, du bist so schön rund und rosig, jetzt werde ich mit dir Fußball spielen ... endlich habe ich ein Spielzeug für mich, das habe ich mir schon lange gewünscht ... vielleicht gelingt mir heute sogar ein Schuss ins Tor mit dir ..." Die junge Mutter lachte und weinte zugleich, aber solange der Junge gedanklich-spielerisch ihr „Fußball" war, konnte sie ihn aufheben, vom Rücken auf den Bauch und zurückdrehen und mit der Zeit auch baden (das „Tor" war nämlich die Babybadewanne). Später brauchte ich sie nur mehr anzurufen und zu fragen, was „der Fußball" heute mache, dann lachte sie schon und meinte, es ginge jeden Tag ein bisschen besser.

Der Junge ist ein robustes Kerlchen geworden, und die Besorgnis der Mutter, ihm könne ein Unglück geschehen, ist in kürzester Zeit auf ein normales Maß zurückgegangen. Was immer ihre Panik ausgelöst hatte – ob sie einer skrupulösen Persönlichkeitsstruktur entstammte, ob eine latente Schwangerschaftspsychose dahinter gelauert hat oder ob die kurzfristige Trennung von Mutter und Kind unmittelbar nach der Geburt eine Instinktverunsicherung bewirkt hat –, ist irrelevant. Ersatzsymptome sind nicht aufgetaucht, und der Familie ist erspart geblieben, was bei einer aufwändigen Tiefenanalyse zwangsläufig geschehen wäre, nämlich die Stigmatisierung der Patientin als mutmaßliches Opfer in den Fängen einer ins Unbewusste verdrängten Kindheitstraumatisierung, die noch jahrelang „aufgearbeitet" werden müsse.

Ausgelachte Angst

Das sicherste Zeichen einer humorvollen Seele ist die Fähigkeit, auch einmal sich selbst auszulachen. Die meisten Menschen tun sich selbst zu leid, um über sich zu lachen.

(Carl Ludwig Schleich)

Beispiel 7

Eine meiner Patientinnen kam zur Therapiestunde und ächzte: „Heute war es wieder ganz schlimm, ich getraute mich kaum aus dem Haus. Ich konnte auch nicht Bus fahren vor lauter Angst. Es waren zu viele Leute im Bus. Ich musste die ganze Strecke bis zu Ihnen zu Fuß laufen! Ich bin total erschöpft!“ Damit ließ sie sich in einen Sessel fallen.

„Haben Sie Ihre Angst hierher mitgebracht?“ fragte ich sie daraufhin. „Oder haben Sie sie draußen auf der Straße zurückgelassen?“ Anfangs verstand die Patientin die Pointe meiner Frage nicht. Sie behauptete, die Angst überfalle sie ohne ihr Zutun und verschwinde auch manchmal rein zufällig. Ich erklärte ihr, dass dies zwar so sein könne, sie aber immer dieselbe sei, dieselbe Person, die denke, handle, plane, die zu mir kommen oder nach Hause fahren wolle, unabhängig von der gelegentlichen Störung durch Angstgefühle, die sie bloß nicht richtig zu handhaben wisse. In der Therapie aber, fuhr ich fort, werde sie diese Handhabung erlernen, und dann könne es „die Angst" probieren, sie zu irritieren, so oft sie wolle, mit immer weniger Erfolg. Die Patientin selbst werde bald imstande sein, ihre unliebsamen Angstgefühle zu verjagen. Auf diese Art versuchte ich, ihre Sichtweise: „Ich bin voller Angst, ich bebe vor Angst" umzuwandeln in die souveränere Sichtweise: „Ich bin völlig in Ordnung, nur manchmal kämpfe ich mit grundlosen und unwichtigen Angstgefühlen."

Nachdem mich die Patientin verstanden hatte, wiederholte ich meine Frage und sie antwortete: „Nein, ich habe die Angst draußen gelassen. Zu Ihnen komme ich ohne Angst, weil ich zu Ihnen Vertrauen gefasst habe und hoffe, dass Sie mir helfen werden." „Gut", antwortete ich, „dann werden wir jetzt unsere Mäntel anziehen und gemeinsam Ihre Angst suchen gehen. Wenn Sie sie draußen zurückgelassen haben, werden wir sie auch draußen finden. Es geht schließlich nicht an, dass Sie die Angst einfach verlieren, nachdem Sie ihr doch schon ein Gewohnheitsrecht bei Ihnen gewährt haben." Zweifellos klang dies reichlich paradox in den Ohren meiner Patientin, und genau das sollte es auch, denn überflüssige Ängste kann man nur mit paradoxen Mitteln und witzigem „Galgenhumor" entschärfen. Statt verzweifelt vor ihrer Angst zu fliehen, sollte die Patientin in Zukunft scherzend auf sie zugehen.

Es kostete sie einige Überwindung, sich mit mir auf „die Suche nach ihrer Angst" zu begeben, aber bald geschah das für sie Erstaunliche. Je mehr ich sie aufforderte, mich endlich dorthin zu führen, wo sie ihre Angst deponiert hatte, desto weniger war sie zu irgendeiner Angstreaktion imstande. Wir überquerten befahrene Straßen, spazierten durch enge Häuserschluchten und scheuten keine Menschenmenge. Schließlich fuhren wir mit dem Bus bis zu ihrer Haustür, wo sie in Freudentränen ausbrach und schluchzte, so angstfrei habe sie sich bei einem Stadtbummel schon lange nicht mehr gefühlt. Sie bezog ihre Angstfreiheit jedoch auf meine Anwesenheit, und es bedurfte noch etlicher gemeinsamer Spaziergänge, bis sie den Mut aufbrachte, sich allein in eine Menschenmenge zu stürzen, „auf der Suche nach Ihrer vermissten

Angst". „Zeig' dich nur!" spottete sie in Gedanken. „Es gehört sich nicht für eine Angst, sich feige davonzuschleichen! Wer soll sich vor dir fürchten, wenn du dich versteckst? Komm und lass deine Muskeln spielen und deine Säbel rasseln! Flüstere mir ruhig ins Ohr, was alles Grauenvolles passieren wird, wenn ich spazieren gehe. Oder hast du mittlerweile deine Schauergeschichten vergessen? Na ja, vielleicht bist du schon alt und senil geworden. Oder du hast bemerkt, dass deine Tricks bei mir nicht mehr verfangen. Na dann, leb wohl, liebe Angst!"

Wir waren an jenem Tag in der Cafeteria eines Kaufhauses verabredet. Müde, aber stolz kam meine Patientin auf meinen Tisch zu, bestellte sich eine Limonade und erzählte mir, wie sie ihre Angst gebannt hatte. Sie hatte einen immensen Triumph über sich selbst gefeiert. Im darauffolgenden Halbjahr gab es ein paar kleinere Rückfälle, die rasch verebbten. Bei unserem Abschiedsgespräch erklärte die Patientin lachend, sie werde in Zukunft nicht mehr ihre Angst suchen gehen, denn sie habe diese als „unauffindbar" abgehakt.

***

Die Methode der Paradoxen Intention hat für gehöriges Aufsehen im Fachkollegium gesorgt. Viele Therapeuten haben sich seither dieser Methode bedient und die verblüffenden Heilungserfolge, die damit möglich sind, bestätigt. Selbst Klaus Grawe, der berüchtigte Psychotherapieschulenkritiker aus der Schweiz, konnte nicht umhin, der Methode der Paradoxen Intention anerkennende Beachtung zu zollen. Dabei ist der ihr zugrunde liegende Mechanismus denkbar einfach. Wunsch und Furcht blockieren sich gegenseitig. Es ist zum Beispiel nicht möglich, sich sehnlichst zu wünschen, dass es endlich Abend werde, und gleichzeitig das Heraufdämmern des Abends zu fürchten. Hat also jemand z. B. übergroße Angst, er könne im Aufzug ohnmächtig werden, und betritt er diesen mit dem festen Vorsatz, „zwischen jeder Etage zumindest einmal ohnmächtig umzufallen, also bis zum Erreichen des achten Stockwerkes acht Megaohnmachten hinzulegen", wird ihm nicht eine einzige gelingen. Stattdessen wird er angstfrei an sein Ziel gelangen.

Es ist eine jederzeit überprüfbare Tatsache: Der paradoxe Wunsch blockiert die neurotische Angst, und der Humor macht ihr vollends den Garaus. Zur Kraft des Humors noch eine anschauliche kleine Story[7]:

> Einer alten Sage nach gab es im Mittelalter einen böhmischen Raubritter, der das Land in Angst und Schrecken versetzte. Wohin er auf seinen Raubzügen auch kam, überall erzitterten die Bauern vor ihm; und sein ihm vorauseilender Ruf genügte bereits, um sie ohne Gegenwehr in die Knie zu zwingen. Sie überließen ihm ihre Höfe und Güter und rannten um ihr Leben. Doch eines Tages fiel der herangaloppierende Raubritter so ungeschickt vom Pferd, dass ein Teil seiner Rüstung am Sattelzeug hängen blieb. Um nicht vom davoneilenden Pferd nachgeschleift zu werden, hielt er sich am Schwanz des Pferdes fest und stolperte hinterdrein. Dabei bot er einen derart jämmerlichen Anblick, dass die zuschauenden Bauern lauthals in Gelächter ausbrachen. Von Stunde an war die Macht des Raubritters gebrochen. Als die Leute zu lachen begannen, schwand ihre Furcht vor dem Unhold. Sie holten ihre Messer und Heugabeln, drangen auf ihn ein und hatten ihn und seine Gefährten in kürzester Zeit von dannen gejagt.

Obwohl es sich in der Sage um eine durchaus berechtigte Angst der Bauern vor dem brutalen Raubritter gehandelt hat, hat der Humor ihnen die Kraft zugespielt, Widerstand zu leisten. Umso eher gewinnt ein Mensch, der sich überflüssigerweise vor etwas fürchtet, das ihn gar nicht wirklich bedroht (etwa vor Spinnen, vor dem Erröten, vor einer Übelkeit im unpassenden Moment ...), durch den Humor die Kraft, seiner eigenen Angst Widerstand zu leisten, indem er sie – nicht sich selbst! – auslacht, mit ihr schäkert und ihr seinen Gehorsam verweigert. In seinen paradoxen Fantasien bekommen die gefürchteten Spinnen bei ihm zu Hause Asyl, die roten Wangen werden sein Markenzeichen, und kleine Übelkeiten schaffen herrlich arbeitsfreie Krankentage. Nur herbei mit alledem!

Was geschieht? Die paradoxe Fantasie wird nicht zur Realität, aber die Angst – trollt sich.

Bäume anfahren

Ein Mensch, der „sich in Wahrhaftigkeit übt",
ist ein Mensch, dessen Kampf mit sich selbst darin besteht,
das belastende Gewicht der „Eigentlich-Sätze" seines
Lebens zu verringern.

(Martin Schleske)

Beispiel 8

Ein Mann, der zu mir zur Eheberatung kam, litt an einer Autofahr-Phobie. Immer wenn er auf einer Landstraße fuhr, die seitlich von Bäumen oder Telegrafenmasten eingesäumt war, wurde er plötzlich von dem Zwangseinfall gequält, er werde im nächsten Augenblick das Lenkrad einschlagen und direkt gegen einen Baum oder Masten prallen. Obwohl er seit Langem unfallfrei fuhr, verbiss er sich in diese absurde Idee und kam von ihr nicht mehr los. „Die Bäume ziehen mich magisch an", klagte er verzweifelt. In dieser „Notlage" hatte sich bei ihm ein für Zwangskranke typisches Vermeidungsverhalten eingeschliffen. Wenn ihn seine krankhafte Vorstellung umgarnte, parkte er sofort den Wagen am Straßenrand (ob dies dort erlaubt war oder nicht), stoppte einen anderen Autofahrer, behauptete, sein Wagen habe einen Defekt, und ließ sich zur nächsten Bus- oder Bahnhaltestelle mitnehmen. Seine Frau musste später den Wagen abholen, was sie ärgerte und was jedes Mal einen heftigen Streit zwischen den Eheleuten provozierte.

Der Mann erwies sich als schwieriger und misstrauischer Patient. Meine Versicherung, er werde keinesfalls unbeabsichtigt gegen einen Baum fahren, denn dergleichen Unfälle würden allenfalls leichtsinnigen, übermütigen Menschen passieren, also Personen mit „zu wenig Angst“, er aber mache sich im Gegenteil zu viele Gedanken und sei dadurch übervorsichtig – diese Versicherung beruhigte ihn nicht.

Ich informierte ihn darüber, dass seine Symptome nicht ungewöhnlich seien. Ich habe jemanden gekannt, der um sämtliche Bushaltestellen einen weiten Bogen machte, weil er fürchtete, er könne dort wartende Passanten vor den herannahenden Bus stoßen. Ich habe jemanden gekannt, der kopflos wegrannte, wenn er in einem Restaurant eine Streichholzschachtel liegen sah, weil er fürchtete, er könne einen Brand verursachen. Ich habe jemanden gekannt, der weder Messer noch Scheren in seinem Haus duldete, weil er fürchtete, er könne in einem Anfall von Wahnsinn einem Nächststehenden den Bauch aufschlitzen. Alle diese Menschen sind harmlose Zeitgenossen, die niemandem ein Leid antun, auch nicht im Affekt. Nur haben sie ein „Kino im Kopf“, das sozusagen einen Horrorfilm endlos repetiert, ohne dass sie den Knopf zum Abdrehen entdecken können. Dabei gibt es einen solchen Knopf! Doch als ich meinen Patienten in die Methode der Paradoxen Intention einweihte, war er felsenfest davon überzeugt, dass sofort eine Karambolage erfolgen werde, wenn er eine solche zu allem Unglück noch selbst herbeiwünsche.

Wieder war meine Begleitung auf einem Heilsweg vonnöten. Ich stieg zu dem Patienten in den Wagen, setzte mich auf den Beifahrersitz und bat ihn loszufahren. „Wir werden jetzt Bäume suchen, die sich für einen Zusammenstoß eignen“, ermutigte ich ihn. „Zeigen Sie mir welche, die massiv und wuchtig sind und in die wir mit Vergnügen hineinknallen können!“ „Ich werde Ihnen eine Allee zeigen, die mich mit Entsetzen erfüllt“, antwortete der Mann und lenkte den Wagen zu einer schmalen, von alten, schattigen Bäumen eingefassten Landstraße. Als er an ihrem Anfang hielt, forderte ich ihn heraus: „Los jetzt! Fahren Sie munter im Zickzack durch diese prachtvolle Allee! Wir wollen mit sämtlichen Bäume kollidieren, und zwar abwechselnd, zuerst mit einem rechten, dann mit einem linken, dann wieder mit einem rechten, dann wieder mit einem linken Baum ... Fahren Sie flott, stoßen Sie überall an, lassen Sie keinen Baum aus, keinen einzigen, wir wollen mit allen Bäumen Bekanntschaft machen!" So ging es fort, bis der Patient schweißgebadet, aber schnurgerade durch die Allee gefahren war. „Es ist wirklich nichts passiert", stellte er erleichtert fest. „Das möchte ich noch einmal probieren." Diesen Wunsch begrüßte ich sehr, doch bat ich den Patienten bei der Rückfahrt, sich den lächerlich-paradoxen Unsinn, mit dem er seine ebenso lächerlich-unsinnige Angst austricksen sollte, *selber* vorzusagen. Er schwitzte am ganzen Körper; die Zwangsvorstellung, er könne einen Unfall herbeiführen, hatte ihn wieder fest in den Klauen. Leise begann er zu murmeln: „Ich will ... ich werde ... anstoßen ..." Er brauchte dringend Nachhilfe im Erfinden von Unsinn. „Na", sagte ich zu ihm, „jetzt haben wir die Hälfte aller Zusammenstöße schon hinter uns. Es beginnt mir richtig Spaß zu machen, so von Baum zu Baum zu schaukeln. Können wir nicht zur Abwechslung einmal im Rückwärtsgang gegen einen Baum fahren?" Da kicherte der Patient. „Klar", rief er spontan aus. „Auf geht's nach rückwärts! Allerdings muss ich in diesem Fall gut zielen, um einen Baum zu treffen! Leider ist so viel Luft zwischen den Alleebäumen, und ein Zusammenstoß mit Luft ist ein bisschen langweilig ..."

Der Mann hatte schlagartig das Prinzip der paradoxen Haltung begriffen und entwickelte es eigenständig weiter. Selbstverständlich kam er nicht einmal in die Nähe der Baumstämme, sondern fuhr zügig die Straße entlang bis nach Hause. Alsbald war er imstande, Alleen im Alleingang zu bewältigen, worüber nicht nur er, sondern auch seine Frau sehr froh war.

***

Im Unterschied zur Angststörung spielt bei der Zwangsstörung oft eine überflüssige Angst vor Schuld und ggf. vor einer (metaphysischen) Strafe eine Rolle. Selbst hinter dem Waschzwang, der wohl bekanntesten Zwangsstörung, steckt häufiger die Angst, man könne andere Menschen mit Bakterien, die man auf den Händen trägt, infizieren, als die Angst, selber krank zu werden. Meistens sind es hochanständige Menschen mit einem sozialen und moralischen Feingespür, die sich mit solchen Zwangsvorstellungen herumplagen. Da ihre Freunde und Bekannten dafür wenig Verständnis aufbringen (was man ihnen auch nicht ankreiden kann), verschließen die Zwangskranken ihren Kummer mehr und mehr in sich selbst und trachten nur noch krampfhaft danach, das Gefürchtete irgendwie zu verhindern. Das Ergebnis sind ihre seltsamen Handlungen, vom stundenlangen Händewaschen angefangen bis zu diversen Ausweich- und Vermeidungsformen. Aber gerade *diese* zementieren den Zwang.

Die Methode der Paradoxen Intention wirft eine Sprengladung in die verfahrene Angelegenheit. Wer mutig zur Bushaltestelle geht und sich innerlich vornimmt, „sie rasant leerzufegen, indem er alle wartenden Passanten der Reihe nach vor die Räder des Busses schubst", der *erlebt*, dass er ruhig dasteht und niemanden verletzt. Er erlebt es, weil er nicht mehr flüchtet, und sein Vertrauen zu sich und das Herr-über-sich-selbst-Sein wächst. Ähnlich ergeht es demjenigen, der Streichhölzer auf den Restauranttisch legt und sich innerlich auffordert, „ein großartiges Feuerwerk zu inszenieren, um endlich wieder einmal dem feierlichen Klang der Feuerwehrsirenen lauschen zu können". Er *erlebt*, dass die Streichhölzer ungebraucht liegen bleiben und die Feuerwehr Siesta halten kann. Und sind es Messer und Scheren, die unbeachtet herumliegen dürfen, obwohl sich der Betreffende paradox vorgenommen hat, „ein riesiges Schlachtfest zu veranstalten, um als das blutrünstigste Monster aller Zeiten in die Geschichte einzugehen", dann fällt dem Betreffenden erst recht ein Stein vom Herzen. Das „Kino im Kopf" ist endlich aus, welch ein Segen!

Freilich darf man keine Paradoxien verwenden, wenn echte Gefahren im Anzug sind. Doch selbst Laien können zwischen „eingebildeten" und reellen Sorgen unterscheiden. Deshalb darf man auch Laien den Tipp mit auf den Weg geben, sich von unnötigen Angst- und Schuldgefühlen nicht tyrannisieren zu lassen. Wer zu Skrupeln, Grübeleien und Zwangseinfällen neigt, ist gut beraten, ihnen keinen Platz im Alltag einzuräumen. Denn diese Dinge haben die unangenehme Eigenschaft, sich auszudehnen und viel Zeit aufzufressen. Besser, man entsorgt sie gleich im Entstehen, indem man sich (scheinbar) locker und spaßig einverstanden erklärt mit den gefürchteten Schandtaten, die man sowieso nie begehen würde.

„Teuflische“ Erwartungsangst

Keinen verderben lassen, auch nicht sich selber,
jeden mit Glück erfüllen, auch sich. Das ist gut.

(Bertold Brecht)

Die drei menschlichen Hirngebiete Hirnstamm, Zwischenhirn und Großhirn stammen aus verschiedenen aufeinander folgenden Epochen der Evolution. Das Erleben einer Reizsituation bildet sich in zweien davon gleichzeitig ab: im Zwischenhirn und im Großhirn. Angenommen, aus einer fremden Wohnung dringe der köstlich duftende Geruch frisch gebackenen Kuchens. In der Reaktionsebene des Zwischenhirns werden bei biologischer Bereitschaft („Hunger“) vegetative Appetenzfunktionen ausgelöst wie z. B. vermehrter Speichelfluss. Parallel dazu reagiert das Großhirn insofern, als das Kuchen-Verspeisen psychisch als äußerst begehrenswert empfunden wird. Beides setzt der menschlichen Freiheit Grenzen „nach unten“: Der Mensch kann über das Auftreten seiner vegetativen Reaktionen und gefühlten Emotionen nicht willkürlich bestimmen. Ob etwas als angenehm oder unangenehm, begehrenswert oder grässlich ins Bewusstsein gelangt, wird nicht durch unseren Verstand bestimmt. Aber nun tritt unser geistiger Überbau hinzu. Denn wir registrieren unsere Gefühle nicht nur, sondern integrieren sie in Willens- und Entscheidungsprozesse.

Wie verlockend auch immer der frisch gebackene Kuchen aus des Nachbars Wohnung duften mag und wie viel Speichelfluss auch immer sich in unserem Munde ansammeln mag: *Wir als Person entscheiden*, ob wir z. B. in die fremde Wohnung einbrechen, um den Kuchen zu stehlen, oder nicht. Es kann jemand wenig hungrig sein und sich dennoch vom anziehenden Kuchenduft zu einem Diebstahl verleiten lassen. Andererseits kann jemandem buchstäblich das Wasser im Munde zusammenlaufen, und er beherrscht sich dennoch. Es war ein gewaltiger Entwicklungsfortschritt in der Geschichte der belebten Natur, ein Wesen hervorzubringen, das seinen alten Hirnstrukturen nicht mehr komplett untertan ist und potenziell Macht über seine Gefühle gewonnen hat. Dieser Entwicklungsfortschritt wird in der Logotherapie angezapft, nicht zuletzt bei der Anwendung der Methode der Paradoxen Intention, wenn es darum geht, vegetative und emotionale „Irrläufer" zu neutralisieren.

Wie aber kommt es zu solchen „Irrläufern"? Nun, unser Gehirn ist lernfähig und merkt sich negative Ereignisse bestens. Spitzt sich die Lage auf ähnliche Weise erneut zu, heulen Alarmsirenen in den tieferen Hirnzentren auf und setzen in der höheren Bewusstseinssphäre Erwartungsängste in Gang, die uns zur Abwehr der Bedrohung aktivieren. So weit, so gut. Leider kann dabei des „Guten" zu viel geschehen, was wiederum schlecht ist. Denn Erwartungsängste sind unberechenbare Gesellen. In friedlicher Gestalt schützen sie unser Leben, indem sie uns vor Gefahren warnen. Je wilder und verwegener sie jedoch werden, desto eher bringen sie uns erst recht in Gefahr, indem sie *das Gefürchtete geradezu anziehen*. Das weiß jeder Student, der schon einmal vor lauter Prüfungsangst durch eine Prüfung gerasselt ist: seine Angst (und nicht fehlendes Wissen) hat ihn blockiert. Und das wissen auch jene Unglücksraben, die sich vor lauter Angst, sie könnten sich in Gesellschaft anderer Leute blamieren, ständig blamabel benehmen.

Dass die Erwartungsangst das Gefürchtete just eintreten lassen kann, bewies eine empirische Experimentaluntersuchung am

Wiener Allgemeinen Krankenhaus während meiner Studienzeit. Damals wurden dem gesamten Personal einer Abteilung Blutproben entnommen und auf die Immunität ihrer Trägerinnen und Träger getestet. Einige Wochen später wurde in jener Abteilung das (falsche) Gerücht über eine Typhus-Infektion in Umlauf gebracht und das Personal in Quarantäne geschickt. Erneut wurden Blutproben entnommen, zudem wurden die Personen befragt, ob und wie sehr sie sich vor einer Ansteckung fürchteten. Ihre Antworten wurden skaliert. Nach Auswertung aller Ergebnisse stand fest, dass bei denjenigen Personen, die sich heftig vor einer Ansteckung fürchteten, die Antitoxine im Blut rapide abgesunken waren (!), was bedeutete, dass diese Personen im Falle einer wirklichen Typhusgefahr geringere Widerstandskräfte besessen hätten als ihre weniger ängstlichen Kolleginnen und Kollegen. Anstatt also die Widerstandskräfte gegen das „Gefürchtete", in diesem Fall gegen die Infektion, zu stärken (wie es im Interesse des Überlebens „vernünftig" gewesen wäre), hatte der Körper bei ängstlichen Personen gegenteilig reagiert; er hätte ihrer Erkrankung sogar Vorschub geleistet.

Hier scheint sich eine Erklärung dafür anzubieten, warum z. B. besonders mutige Ärzte und Sozialarbeiter auf Leprastationen selten erkranken: Ihre Furchtlosigkeit spendet ihnen ein Maximum an Widerstandskraft. Ähnliches klingt bei der überlieferten Geschichte vom „Wiener Augustin" an, der zur Zeit der Pest-Epidemie in ein offenes Pestgrab gefallen ist und dort übernachtet hat, ohne angesteckt zu werden, weil er in der Dunkelheit und leicht angeheitert überhaupt nicht bemerkt hatte, wo er zum Schlafen gelandet war. Munter singend soll er morgens dem Massengrab entstiegen sein.

Nach einigem Rätselraten darüber, warum der Organismus (über)ängstliche Personen „bestraft" statt mit mehr Schutzmechanismen auszustatten, ist man auf einen wahrscheinlichen Zusammenhang mit dem altbewährten Selektionsprinzip der Natur gestoßen. Die Natur gibt seit Urgedenken „stärkeren Individuen" den Vorzug vor „schwächeren". Das Starke und Lebensfähige soll sich vermehren. So grausam es anmutet: Das Schwache wird gnadenlos aussortiert ... Offenbar firmiert ein hoher Angstpegel in der Natur als „Schwäche“.

Erwartungsängste müssen also „wohl dosiert“ sein. In verschwindend kleinen Mengen oder überbordenden Riesenmengen sind sie „verteufelt“ riskant. Weshalb die Profi-Bergsteiger zu behaupten pflegen, dass vorwiegend zwei Personengruppen absturzgefährdet sind, und zwar

a) die Größenwahnsinnigen und Leichtsinnigen, die mit unzureichender Ausrüstung und ohne genaue Ortskenntnisse drauflosklettern, und
b) die Zögerlichen und Unsicheren, denen es an Trittfestigkeit, Schwindelfreiheit, Gleichgewicht und Durchhaltevermögen mangelt.

Man kann diese verkehrte U-Funktion zwischen Angst und psychischer Stabilität (bzw. „Leistung“) in der nachstehenden Grafik veranschaulichen:

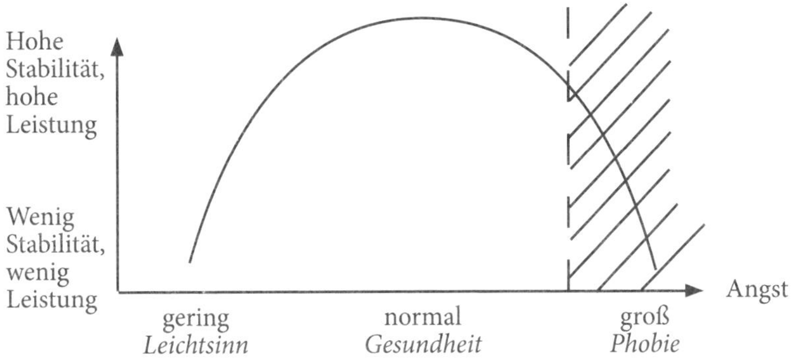

Das Extrem „Leichtsinn“ ist eine Fehlhaltung, die durch Erfahrung, Reifung und erhöhtes Verantwortungsbewusstsein selbst korrigiert werden kann. Die Phobie bzw. Angststörung hingegen ist eine psychische Störung, die nur unter größten Schwierigkeiten selbst behoben werden kann und meistens die behutsame Begleitung eines Experten benötigt. Ist dieser Experte ein Logotherapeut, der die Methode der Paradoxen Intention virtuos beherrscht, dann wird die Erwartungsangst im Eiltempo und mit einem „verschmitzten Schmunzeln“ in die austarierte Mitte zurückbugsiert, wo sie von den selektierenden Argusaugen der Natur unbehelligt bleibt.

Kombinierte Mutproben

Mut heißt nicht, dass man keine Angst hat,
sondern dass man etwas [Sinnvolles] unternimmt,
obwohl man davor Angst hat.

(Viktor E. Frankl)

Beispiel 9

Einer meiner Patienten suchte mich wegen (psychogenen) „Schwächeanfällen" nach einem zurückliegenden körperlichen „Zusammenbruch" auf. Er war ein sportlicher, kräftiger Mann in gehobener Position, der eine Vorliebe für Jogging gehabt hatte bis zu jenem Tag, an dem er sich überanstrengt und einen Kreislaufkollaps erlitten hatte. Seither war er sich seiner Belastbarkeit nicht mehr sicher und entwickelte die Angst, beim Laufen würden seine Knie plötzlich nachgeben und er würde zu Boden stürzen. Die Folge dieser Angst war, dass er bereits bei Ansätzen sportlicher Betätigungen wackelige Knie bekam und sich sogleich niedersetzte, weil er sich nicht weiterzubewegen wagte. Nachdem es ihm zweimal passiert war, dass er sich auf den Randstein eines Gehsteigs setzen musste, was ihm in der Öffentlichkeit höchst peinlich war, wollte er sich nur noch in der Nähe von Sitzgelegenheiten aufhalten, was seinen Aktionsradius enorm einschränkte. „Das halte ich nicht aus", sagte er flehentlich zu mir. Die „teuflische" Erwartungsangst ließ seine Muskeln verkrampfen, verengte seine Gefäße und bemühte sich redlich, das Gefürchtete just herbeizulocken ...

Wir probierten die paradoxe Formel „Nichts ist lustiger auf Erden, als wabernde Gummiknie zu haben", aber meinem Patienten gebrach es an Humor. Er konnte sich partout nicht dazu entschließen, „mit butterweichen Knien durch die Gegend zu stapfen". Folglich nahm ich seine Neurose in eine „therapeutische Zange", wie Kombinationsverfahren auch genannt werden. Ich brachte meinem Patienten das Autogene Training (nach J. H. Schultz) bei, eine Technik, bei der er lernte, sich auf Anhieb zu entspannen, und zwar körperlich wie psychisch gleichermaßen. Als inneres Bild half ihm dabei die Vorstellung eines Sturms, der die Äste und Zweige der Bäume peitscht, jedoch auf seinen Befehl hin abflaut, immer sanfter wird und zuletzt als fast nicht mehr wahrzunehmendes Lüftchen zärtlich die Blätter umstreicht.

Als der Mann diese Technik beherrschte, schickte ich ihn auf kurze Spaziergänge in den Wald und wies ihn an, die Methode der Paradoxen Intention im Wechsel mit dem Autogenen Training anzuwenden. Zunächst sollte er (so resolut wie möglich) seine „butterweichen Knie" herbeiwünschen, und wenn sie endlich eingetroffen waren, sollte er sich getrost auf ein Moospolster niederlassen und sich mittels Autogenem Training entspannen, bis er gefasst genug war, seinen Spaziergang fortzusetzen – selbstverständlich wieder in dem heißen Wunsch, dass seine Knie flott einknicken mögen, damit er bald wieder rasten durfte. (Mit kraftstrotzenden Knien war Rasten nämlich verboten.) Das funktionierte frappierend gut. Der Mann notierte sich die Zeitabschnitte zwischen seinen Rastpausen; sie betrugen von Woche zu Woche: ¼ Stunde, ¾ Stunde, 2½ Stunden, 1 Stunde, 2¾ Stunden, 4 Stunden, keine Rast mehr während eines ganzen Nachmittages. Er berichtete mir, dass er sich zwar beim Ausgehen auf das Autogene Training freue, es aber inzwischen nicht mehr benötige, weil sich „der Sturm des Knieproblems" verflüchtigt habe. Nunmehr riet ich ihm, seine Spaziergänge sukzessive auf Stadtgebiet auszudehnen. Sollte die Paradoxe Intention dort nicht ausreichen, würde es genügen, wenn er sich kurz an eine Wand lehne (statt sich niederzusetzen) und in gewohnter Manier entspanne. Dessen bedurfte es aber gar nicht mehr. Seine „paradoxe" Selbsthilfestrategie reichte vollkommen. Der Mann konnte sich auch auf Gehsteigen angstfrei bewegen und begann alsbald mit einer Wiederaufnahme seiner sportlichen Betätigungen zu liebäugeln. An irgendwelche „Schwächeanfälle" dachte er mit der Zeit überhaupt nicht mehr.

Man sagt von uns Psychotherapeuten, dass wir in den Abgrund der menschlichen Seele zu blicken vermögen. Das stimmt manchmal, aber in Wirklichkeit blicken wir viel öfter staunend und voller Ehrfurcht empor zu den Kapazitäten des menschlichen Geistes.

***

Beispiel 10

Eine dreifache Therapie-Kombination habe ich einmal bei einem hartnäckigen Fall von Seilbahn-Phobie angewandt. Es handelte sich um eine Frau mittleren Alters, deren Ehemann eine Vorliebe für Bergfotos und selbst gedrehte Bergfilme hatte und jeden Urlaubstag dazu verwandte, um per Seilbahn oder Sessellift Gipfel zu „erstürmen" und dort auf Motivsuche zu gehen. Seine Frau wollte ihn gerne begleiten, zumal sie seine schönsten Fotos für Kalender zusammenstellte und seine Filme für Vorführungen mit Untertiteln versah. Aber sie konnte sich nicht überwinden, mit Seilbahnen zu fahren. Das Fahren mit Sesselliften belastete sie weniger, weil sie sich dabei nicht eingeschlossen fühlte und außerdem der Abstand zum Boden geringer ist als bei Seilbahnen. Nun war sie in früheren Jahren wegen ihrer Seilbahnabneigung zu Fuß die Berge hinangestiegen und an einem vereinbarten Treffpunkt zu ihrem Mann gestoßen, der schon längst mit der Seilbahn angekommen war. Doch wurden ihr mittlerweile die Bergtouren zu beschwerlich, und so häuften sich die Konflikte des Ehepaares. Schließlich konsultierte die Frau einen Nervenarzt, der ihr ein Sedativum verschrieb, mit dessen Hilfe sie hin und wieder *doch* eine Seilbahnfahrt riskierte. Das gelang ihr aber nur mit geschlossenen Augen, wüstem Herzklopfen und ärgsten Angstgefühlen, während sie sich an ihren Mann anklammerte. Ein Zustand, den beide verabscheuten.

Als die Patientin hilfesuchend bei mir saß, war es Januar, und sie gestand, dass sie sich bereits vor dem Sommer fürchtete und daher plante, in der kommenden Saison allein zu Hause zu bleiben, während ihr Mann seinem Hobby frönte. Ich unterbreitete ihr einen Gegenvorschlag. In den Monaten bis zum Sommer würde ich sie in geeignete Methoden dafür einweihen, wie sie ihre Angst selbstständig überwinden könnte. Hoffnungsfroh willigte die Patientin ein.

Wir nützten die Vorsommerzeit gut. In verschiedenen geschlossenen Verkehrsmitteln übten wir die Paradoxe Intention, wobei ich der Frau stets suggerierte, sie befinde sich in einer schaukelnden Seilbahn hoch über allen Wipfeln. Daneben lernte sie die „Progressive Muskelrelaxation" (nach Jacobson) kennen, eine Entspannungsvariante, bei der durch gezieltes Anziehen und Lockerlassen bestimmter Muskelpartien eine schnelle Beseitigung von vegetativen Verkrampfungen erreicht werden kann. Drittens suchten wir nach einer Beschäftigungsmöglichkeit, die in einem geschlossenen Verkehrsmittel durchführbar war und ihre volle Konzentration erfordern würde. Die Aufmerksamkeitslenkung – *weg* von angstbesetzten Assoziationen und *hin* zu Gedanken fesselnden Inhalten – ist nämlich eine ebenfalls sehr bewährte Methode aus dem Frankl'schen Repertoire. Es zeigte sich, dass die Frau Gefallen an kniffeligen Denksporträtseln hatte, weshalb ich sie bat, ein diesbezügliches Heft mittleren Schweregrades zu besorgen. Damit ausgestattet fuhr sie in meiner Begleitung kurze Strecken in einem Zugabteil, wobei sie den Auftrag bekam, meinen herausfordernden Fragen mit therapie-adäquaten Reaktionen zu begegnen. Hier das Beispiel einer Übungseinheit:

Wir gehen zum Zug, der als Stellvertretung für eine Seilbahn dient.

Meine Frage: Woran denken Sie vor dem Betreten der Seilbahn?

Ihre Antwort: Ich nehme mir fest vor, nur unter größtem Herzklopfen die Seilbahn zu betreten. Schließlich will ich etwas Aufregendes erleben für mein Geld!

Meine Frage: Was ist mit Ihren Augen?

Ihre Antwort: Die werde ich selbstverständlich offen lassen, sonst versäume ich die turbulenten Schwindelgefühle, und es gibt nichts so Prickelndes wie rundum schwindlig zu werden. Das ist wie Champagner-Trinken, sage ich Ihnen!

Wir steigen in den Zug ein und setzen uns in ein freies Abteil.

Meine Frage: Die Zeit des Wartens ist gefährlich, oder?

Ihre Antwort: Ach wo, ich habe doch ein Rätselheft bei mir, und da werde ich mich sogleich hineinvertiefen. Mein Mann glaubt mir zwar nicht, dass ich eines von den komplizierten Silbenrätseln bis zur Bergstation fehlerfrei fertig bekomme. Wenn aber doch, hat er mir eine silberne Anstecknadel für die Wanderjacke versprochen.

Der Zug beginnt zu fahren, die Frau brütet über ihrem Rätsel.

Meine Frage: Die Seilbahn schwankt hin und her, und Sie bekommen ein „komisches Gefühl". Hat die Angst jetzt ihre Superchance?

Ihre Antwort: Die Angst möchte mich zwar packen, aber gegen „komische Gefühle" habe ich ein prima Gegenmittel. Fäuste anspannen, fest anspannen und die Spannung halten ... langsam loslassen und das Gefühl der Entspannung genießen ... noch ein wenig mehr genießen und dabei die Ruhe spüren, die durch meine Hände einströmt ... himmlische Ruhe ... jetzt die Beine aneinanderpressen, fest pressen, noch ein wenig mehr ... und jetzt die Beine lockern, hui ist das angenehm, ich fühle die Wärme, die meinen ganzen Körper umhüllt ... und jetzt tief einatmen, noch mehr einatmen ... und langsam ausatmen, ein Gefühl des Friedens spüren ... Wärme und Frieden ... es atmet ganz von allein, ruhig und gleichmäßig, es atmet ... gleichmäßig und ruhig ... und wenn ich jetzt wieder auf mein Silbenrätsel schaue, dann bin ich topfit, wenn ich auf mein Rätsel schaue, finde ich die nächste Lösung mit Leichtigkeit ...

Meine Frage: Die Seilbahn nähert sich der Bergstation. Bald müssen Sie das Rätselheft wegstecken. Was nun?

Ihre Antwort: Jetzt bin ich stolz. Vielleicht habe ich das Silbenrätsel nicht geknackt, aber ich habe die Gondelfahrt gewagt, und darauf bin ich mächtig stolz! Zur Krönung meiner Waghalsigkeit werfe ich noch einen Blick zum Fenster hinaus – soll doch kommen, was will! Und wenn die Gondel ins Tal hinunterrasselt oder um ihre eigene Achse rotiert, *ich habe es gewagt, beim Fenster hinauszublicken!* Das muss mir erst einmal jemand, der in so einer zartbesaiteten Haut steckt wie ich, nachmachen!

Meine Frage: Sie verlassen die Seilbahn. Könnte nicht nachträglich die Angst Sie beschleichen?

Ihre Antwort: Das kommt gar nicht in Frage! Nein, nein, die Angst bleibt brav zurück, soll sie doch am Boden zerknirscht sein! Wozu sie mitschleppen? Vielleicht findet sie einen anderen Passagier, den sie mit ihrem Gezischel mobben kann. Bei mir hat sie jedenfalls ausgespielt. Die Gondel ist nicht gekentert, mein Herz ist nicht zersprungen ... ich wollte ein paar Abenteuer erleben, aber leider passiert rein gar nichts auf so einer Gondelfahrt. Doch o Schreck, mein Rätsel ist nicht komplett fertig geworden! Na, während der Rückfahrt mit der Seilbahn kann ich ja weiterknobeln. Aber die Anstecknadel muss wohl noch warten ...

Der Sommer kam und brachte mir eine Karte mit einem hübschen Bergmotiv und einer noch hübscheren Rückmeldung: „Liebe Frau Lukas, Ihre Vorbereitung war glänzend! Zwei Silbenrätsel sind fertig, und bevor meine dumme Angst aus ihrer Agonie erwachen könnte, schreibe ich Ihnen diese Zeilen. Es ist wirklich wahr: Ich schreibe in der Seilbahn auf dem Rücken meines Mannes, und mit offenen Augen! Dafür hat er einen offenen Mund, weil er aus dem Staunen nicht mehr herauskommt! Ihre unendlich dankbare ..."

***

Gewiefte Leser werden in der kurz skizzierten Übungseinheit die Methode der Paradoxen Intention sowie die Relaxationsteile aus dem Jacob'schen Muskelentspannungsprogramm zweifelsfrei erkannt haben. Deshalb hier zur dritten von mir angewandten Methode (der Beschäftigung mit dem Rätselheft) ein informatives Wort. Frankl hat sie unter dem Fachbegriff „Dereflexion" kreiert. Alles, dem wir unsere Aufmerksamkeit schenken, nimmt uns „in Anspruch", es „spricht uns an". Als „Angesprochene" wenden wir uns ihm geistig zu, und das heißt, *wir wenden uns von anderem, das uns auch „ansprechen" könnte*, ab. Dieser Mechanismus kann für therapeutische Zwecke eingespannt werden, um ein Anderes, das uns besser nicht „ansprechen" sollte, auszubremsen.

Schwimmen lernen

Wer ist weise? Wer von jedermann lernt.
Wer ist stark? Wer sich selbst überwindet.
Wer ist reich? Wer sich mit dem Seinigen begnügt.
Wer ist achtbar? Wer den Menschen achtet.

(Jüdisches Sprichwort)

Beispiel 11

Es handelte sich um ein kleines Mädchen, das nicht und nicht schwimmen lernte, obwohl die Mutter schon viel Geld für Schwimmunterricht ausgegeben hatte. Die Mutter war eine ehemalige Patientin von mir. Es war mir gelungen, ihre Schlafstörungen mittels der logotherapeutischen Dereflexions-Methode zu beheben. Deshalb hatte die Mutter die Idee, dieselbe Methode bei ihrer Tochter anzuwenden. Ihre Idee war goldrichtig, denn die Tochter lernte aus demselben Grunde nicht schwimmen, aus dem die Mutter (vor ihrer Behandlung) nicht hatte einschlafen können. Sie hatte sich abends im Bett ängstlich beobachtet und hatte den Automatismen ihres Körpers nicht getraut, was in der Fachsprache eine „Hyperreflexion" genannt wird.

Die Hyperreflexion der Mutter hatte sich also auf den Einschlafprozess bezogen, den sie (vor ihrer Behandlung) durch ein ängstliches Lauern auf den Schlaf und ein Belauern ihrer eigenen Müdigkeit gestört hatte. Je mehr man das Einschlafen-Wollen zum

Mittelpunkt seiner Gedanken macht, desto weniger beruhigt man sich und desto wacher bleibt man eben.

Inzwischen konnte die Mutter gut einschlummern, indem sie abends im Bett ihre Gedanken vom Schlafproblem ablenkte und sich träumerischen Imaginationen hingab. Nun aber ging es um die Tochter, die deswegen nicht schwimmen lernte, weil sie sich bei der Abfolge der Hand- und Fußtempi so ängstlich und verklemmt beobachtete, dass sie ständig aus dem Rhythmus geriet und immer wieder Wasser schluckte. Dies steigerte ihre Ängste und damit ihre übertriebene Selbstbeobachtung, was das Bewegungsmuster ihres Körpers völlig durcheinanderbrachte. Bei ihr wendeten wir folgenden Trick an: Die Mutter nahm einen Kassettenrecorder, legte eine Märchenkassette ein, drehte die Lautstärke hoch und ging damit an einem seichten Seeufer entlang, während die Tochter, der Kassette lauschend, an demselben Ufer im Wasser zu schwimmen versuchte. Innerhalb von vier Tagen lernte das Kind schwimmen. Am fünften Tag musste es bereits ermahnt werden, sich nicht zu weit vom Ufer zu entfernen.

Was war geschehen? Das Zuhören des Kindes hatte eine Reduktion seiner Hyperreflexion, also seiner übertriebenen Aufmerksamkeitszuwendung zum Schwimmproblem, bewirkt. Unbeachtet konnten die natürlichen und wiederholt im Unterricht eintrainierten Schwimmbewegungen unbeeinträchtigt vonstatten gehen. Indem die Kleine sich mit dem Märchen befasste und nicht damit, wie sie Arme und Beine bewegten sollte, schwamm sie automatisch korrekt.

***

Es gibt eine Reihe von Beschwerden, sowohl im Alltagsleben als auch im psychosomatischen Bereich, bei paranoiden Anflügen oder sonstigen Fixierungen an irgendwelche unangenehmen Denkfiguren, die existieren, solange der Betreffende ihnen Beachtung schenkt, die sich verschärfen, je ernster er sie nimmt, die aber auf der Stelle verschwinden, sobald er sie ignoriert. Da es jedoch unangenehme Denkfiguren sind (man wird nicht einschlafen können, man wird im Wasser untergehen ...), fällt es dem Menschen verflixt schwer, sie zu ignorieren. In diesen Fällen ist die Methode der Dereflexion äußerst hilfreich. Wie beschrieben geht es darum, eine Denkfigur zu finden, die für den Betreffenden so faszinierend ist, dass dessen Aufmerksamkeit im entscheidenden Augenblick daran gebunden und von der unheilvollen Selbstbeobachtung und Negativerwartung abgezogen wird. Die Beschwernis tritt dann überhaupt nicht auf.

Berühmt geworden ist die Dereflexions-Methode nicht nur bei Schlafstörungen, sondern auch bei psychogenen Potenz- und Frigiditätsproblemen, weil auch in diesen Fällen das Erzwingen-Wollen einer körperlichen Reaktion und die damit verbundene ängstliche Selbstbeobachtung genau das Gegenteil des Gewünschten bewirken. Die Patienten sind daher anzuleiten, an alles andere zu denken als an ihre Körperreaktionen. Die Erektion bzw. der Orgasmus treten umso spontaner und unmittelbarer auf, als sie gar nicht beabsichtigt werden, weshalb man den Patienten empfiehlt, sich vorerst des Koitus zu enthalten, dafür sich aber intensiv und zärtlich mit dem Partner bzw. der Partnerin zu beschäftigen, was alsbald zum Erfolg führt.

Diese von Frankl ausgeklügelte Methode klingt einfach und ist doch weit mehr als ein bloßes Ablenkungsmanöver. Schließlich ist die gesamte bisherige geistige Entwicklung der Menschheit ein Weg der allmählichen Loslösung des Denkens von den ichbezogenen subjektiven Belangen unserer engsten Umgebung, in der ursprünglich nur Nahrung, Feind und Sexualpartner aufschienen, hin zur Versachlichung und Verobjektivierung der uns gegenüberstehenden Welt inklusive dem Untersuchen von funktionalen Zusammenhängen wie Planetenbahnen oder Atomstrukturen, die mit unserer Ich-Situation nur mehr abstrakt zu tun haben. Urvölker haben noch jeden Donnerschlag als eine persönliche Strafe oder Warnung aufgefasst, so wie sie auch die Erde als selbstverständlichen Mittelpunkt des Alls verstanden haben. Die Dinge, die sie ringsum vorfanden, gab es „nur für sie". Heute kennen wir das „Ding an sich", wir wissen um viele Naturvorgänge, die keineswegs auf uns bezogen ablaufen. Der Vulkanausbruch ist keine „Rache der Götter" mehr, und die Sonne scheint nicht mehr, „um uns zu wärmen". Der geistige Fortschritt der Menschheit ist die kontinuierliche Überwindung des ichbezogenen „Mittelpunktwahns", die uns niemals leicht gefallen ist, wie wir von Bruno, Kopernikus, Darwin und anderen Forscherschicksalen her wissen.

Der geistige Entfaltungsprozess unseres Geschlechts ist demnach nichts anderes als eine gewaltige wissenschaftliche „Dereflexion", eine Abkehr vom steten kognitiven Kreisen um uns selbst, und eine bewusste Erkennung und Anerkennung der Wirklichkeit, die in und außerhalb von uns, aber jedenfalls weitestgehend unabhängig von uns existiert.

Den gleichen Entwicklungsprozess muss jedes heranwachsende Kind in komprimierter Form nochmals durchlaufen auf seinem steinigen Weg vom ichbezogenen Kleinkind, dessen Welt nur aus „Bedürfnis befriedigenden" und „nicht Bedürfnis befriedigenden" Inhalten besteht, hin zum reifen Menschenkind, das sich in Mitmenschen einfühlen und mit ihnen zu teilen vermag und das Ideen nachvollziehen kann, die objektive Gegebenheiten betreffen. Geistiges Wachstum erfordert einen dereflektorischen Fortschritt, ein Über-sich-Hinausschauen, ein Hineintasten in die Wertewelt „an sich". Das ist ein schwerer Weg, denn auch das heranreifende Kind leidet schmerzlich am erzieherischen Appell, freiwillig auf die Position des familiären Mittelpunktes zu verzichten und möglichst sachlich statt rein triebhaft zu reagieren.

Dass ein solches Über-sich-Hinausschauen dem Menschen (im Unterschied zum Tier) angemessen ist, zeigt sich daran, dass sein Gesamtorganismus dabei in optimaler Balance ist. Ein Arbeiter, der abends müde, aber zufrieden mit seinem Tagewerk ins Bett fällt und noch ein wenig dieses Tagewerk überdenkt, ist schnell eingeschlafen. Ein Liebender, der sich seinem Partner zärtlich hingibt, ist auch des Aktvollzugs fähig. Ein schwimmkundiges Kind, das einem interessanten Märchen zuhört, bewegt sich wie ein Fisch im Wasser. Sie alle haben nicht ihr Selbst zum Ziel, sondern die Arbeit, das Du, eine Geschichte etc. Sie sind geistig darauf aus-

und hingerichtet wie eine Nadel auf einen Magneten, und ihr Körper reagiert automatisch richtig. Damit soll nicht gesagt sein, dass man *nie* seinen eigenen Körper oder seine eigenen Sorgen ins gedankliche Zentrum rücken dürfte. Der Körper muss gepflegt werden, Sorgen sollen behoben werden, Unannehmlichkeiten mögen tunlichst beseitigt werden. Dereflexion ist beileibe nicht immer die passende Richtschnur. Doch wäre so manchem Zeitgenossen geholfen, wenn er weniger Runden um sich selbst drehen und dafür intensiver auf die Signale aus seiner Mit- und Umwelt horchen würde. Es könnte sein, dass er sich, ähnlich wie das oben geschilderte Kind, von diversen Problemkomplexen freischwimmen würde.

Lehárs Kummer

Aufgerufen bleibt auch in unserer Zeit der Massen immer wieder der Einzelne, das Seine zu tun, ohne des Beifalls zu harren oder gar seiner als Dank zu bedürfen. Tu du das Deine, mein Sohn, aus dir nur heraus! Gültig erst wird es, wenn es die Weisung nur vom Gewissen empfängt.

(Hans Bahrs)

Beispiel 12

Vom Operettenkönig Franz Lehár ist ein humorvoller Text überliefert, der – psychologisch betrachtet – ein durchaus „zeitgenössisches Opus" darstellt. Er sei nachstehend abgedruckt[8]:

Schreib' ich ernste Musik, ist's zu opernhaft.
Schreib' ich heitere Musik, ist's zu trivial.
Schreib' ich einen Schlager, sagt man: Er schreibt für die Galerie.
Schreib' ich keinen Schlager, sagt man: Es ist ihm nichts eingefallen.
Fordere ich vom Sänger viel, sagt man: Das sind doch keine Opernsänger.
Fordere ich vom Sänger wenig, sagt man: Ja früher,
da war's anders, da haben die Operettenmeister
noch etwas für die Sänger geschrieben.
Beschäftige ich den Chor, sagt man: Das sind überflüssige Sachen,
kein Mensch hört, was die da oben singen.
Beschäftige ich den Chor nicht, sagt man: Wie prächtig
haben die Chöre in den alten Operetten geklungen.

Beschäftige ich die Harfe, sagt man: Das ewige Gezirpe
geht auf die Nerven.
Beschäftige ich die Harfe nicht, sagt man: Wo ist der Glanz
im Orchester? Heute klingt's so leer.
Schreib' ich eine Ouvertüre, sagt man: Wozu eine Ouvertüre?
Das ist unmodern. Man wird schon müde, bevor der Vorhang aufgeht.
Schreib' ich keine Ouvertüre, sagt man: Der macht sich's leicht,
nicht einmal eine Ouvertüre hat er geschrieben.
Suche ich den Verkehr mit Kritikern, dann denken sie sich:
Na wart', Kerl, mich wirst du nicht beeinflussen.
Suche ich keinen Verkehr mit Kritikern, dann denken sie sich:
Na wart', du arroganter Flegel, du wirst an mich denken.
Bekomme ich ein Libretto zugesandt,
und sende ich das Buch entweder
ungelesen dem Dichter zurück, dann ist er bös' –
oder gelesen dem Dichter zurück, dann ist er auch bös' –
oder ich lasse das Werk einige Monate liegen
und schick's erst dann zurück, dann ist er natürlich ebenfalls bös' –
oder ich komponiere es, und es fällt durch,
dann ist er erst recht bös'!

Ich bitte gute, nicht komponierende Freunde um einen Ausweg
aus diesem Dilemma. Ich habe bisher mehr als zweieinhalb Jahrzehnte
vergebens darüber ganze Nächte nachgedacht.
Ich bin aber noch immer ratlos! Gott helfe mir!

Das „Horchen auf die Signale aus der Mitwelt" bedeutet nicht, dass man sich von solchen Signalen fremdbestimmen lässt. Es bedeutet lediglich, dass man ein Ohr und Verständnis für ihre Anliegen hat. Bei all diesem Verständnis sind unsere Mitmenschen jedoch *nicht* die Entscheidungsträger unserer Handlungen. Was dabei herauskommt, wenn man sie irrtümlich dazu befördert, ist im obigen Gedicht perfekt nachgezeichnet. Nicht einmal Künstler beherrschen die Kunst, es allen recht zu machen! Schade um die Nächte, in denen Franz Lehár über diesen Unsinn nachgegrübelt hat. In denselben Stunden hätte er ebenso gut einen bunten Melodienreigen ersinnen können, der die Herzen seiner Zuhörer erfreut hätte. (Es ist jedoch zu vermuten, dass er das Ganze eher schalkhaft gemeint hat.)

***

Grübeleien eignen sich überhaupt nicht für die Nachtstunden. Sie halten unnötig wach und führen kaum zu brauchbaren Ergebnissen. In diesem Zusammenhang pflege ich meinen Patienten zu raten, abends, wenn sie sich ins Bett legen, alle ihre gegenwärtigen Sorgen, große wie kleine, in Gedanken zu einem Paket zu verpacken, mit einem Bindfaden zuzuschnüren und an einem Ort zu deponieren, von dem diese nicht entschlüpfen können, zum Beispiel im Keller oder in der Tiefkühltruhe. Ähnlich wie die Fußgängerzonen autofreie Zonen sind, gilt die Devise: *Nachtzeiten sind sorgenfreie Zonen.* Es reicht völlig, wenn man morgens nach dem Aufwachen sein Sorgenpaket wieder hervorholt, aufschnürt, voller Zuversicht auspackt und mit Elan darangeht, eine „Nuss" nach der anderen zu knacken. Durch eine erholsame Nacht ausgeruht, gelingt dies dann zumeist recht gut.

Was aber macht man *statt dem Grübeln*, sollte man nicht sofort einschlafen können oder nachts aufwachen? Dazu gibt es den dereflektorisch bewährten Tipp, den die Mutter aus Beispiel 11 so wirksam umgesetzt hat: Ab ins Traumland! Jeder hat in der Menge seiner Erinnerungen auch Bilder von „traumhaft" schönen Landschaften, die er einmal bereist oder durchwandert hat. Der eine erinnert sich an einen herrlichen Meeresstrand mit warmem Sand, wiegenden Palmen und leise plätschernden Wellen im Hintergrund. Der andere kennt eine Hochgebirgsalm mit duftenden Kräutern und blauem Wiesenenzian, zartem Kuhgeläute und endlosem Weitblick in Wolken und Täler. Ein Dritter weiß ein Plätzchen mit kleinen verschlungenen Pfaden zwischen Weiden und Schilf, verborgenen Lichtungen und Vögelgezwitscher. Nichts spricht dagegen, Nacht für Nacht jene herrliche Landschaft aus dem Erinnerungspool erneut zu besuchen, im Tagtraum der Seele, die sich aufschwingen kann, der Erdenschwere zu entrinnen und mit geistigen Flügeln in eine Überwelt einzutauchen. Nichts spricht dagegen, sich in schlaflosen Nachtzeiten am Meeresstrand wohlig in den warmen Sand zu kuscheln, sich auf eine Gebirgsalm zu legen und den köstlichen Almgeruch zu inhalieren oder sich unter eine Weide zu setzen, sich an ihren Stamm anzulehnen und mit geschlossenen Augen den Vögeln zu lauschen. Tut man dies, schläft man im Allgemeinen viel zu schnell ein, gerade dann, wenn man seine Traumlandschaft noch so richtig auskosten möchte. Ihre Schönheit und „Weltentrücktheit", in die man sich imaginativ hineinfallen lässt, trägt einen sanft hinüber in das Zwischenreich zwischen Bewusstem und Unbewusstem, Lebendigsein und (ewiger) Ruhe.

Um auf Lehár zurückzukommen: Angenommen, er hätte das nächtliche Grübeln tatsächlich abgestellt und sich bei Tag in aller Frische an sein Dilemma herangewagt: Wie hätte er es dann auflösen können? Nur dadurch, dass er sich radikal abgewöhnt hätte, den Meinungen und Urteilen seiner „lieben" Mitmenschen Gewicht beizumessen. Das Recht auf freie Meinungsäußerung steht jedem zu, und das heißt, auch dumme Kommentare, Fehleinschätzungen und Falschurteile dürfen – von Sonderfällen wie Hasstiraden abgesehen – ungehindert ausgedrückt werden. Das braucht uns nicht zu irritieren. Lehárs Maßstab waren sein künstlerisches Empfinden und sein kompositorisches Talent *allein*, und die erzählten ihm schon, wann eine Ouvertüre angebracht war, ein Chor passte oder die Harfe das Orchester vervollständigen sollte. Auch spürte nur *er allein*, ob ein Libretto seine Fantasie anfachte oder ungerührt ließ. Man soll den Mitmenschen (mit einem freundlichen Augenzwinkern) die Freiheit gönnen, mitzureden, selbst wenn sie nichts von einer Angelegenheit verstehen, und ihnen sogar erlauben, auf einen „bös zu sein", wenn sie es für richtig halten. Warum nicht? Entscheidend ist im Letzten nur die Übereinstimmung mit sich selbst im Wollen und Tun, entscheidend ist das ehrliche Ringen um Bestmögliches innerhalb der Chancen, die einem gegeben sind, und innerhalb der Grenzen, die einem gesetzt sind – sonst nichts.

Allerdings darf man, um zu einer solchen augenzwinkernden Großzügigkeit vorzustoßen, nicht selber voller Zweifel vibrieren. Die Banalität, dass man nicht alles haben kann und dass alles, *was* man haben kann, seinen Preis hat, gehört zu unserem „täglichen Brot", das man immer wieder schlucken muss. Niemand kann berühmt, geehrt und geschätzt sein, ohne gleichzeitig beneidet, abgelehnt, als Rivale empfunden zu werden. Und kein Werk ist zu vollbringen, an dem es nicht reale Mängel gibt; und gäbe es diese nicht, so gäbe es dennoch jemanden, der etwas Irreales daran zu bemängeln hätte. Also zahlen wir bereitwillig die „Preise", die ein fruchtbares Wirken kostet, und nehmen wir es denen nicht krumm, die solche „Preise" absichtlich oder aus purer Dummheit in die Höhe treiben. In einem kleinen verborgenen Winkel unserer Psyche sind wir ja auch nicht viel besser als sie ...

Die siebente Einsicht

Wir müssen lernen, jeden Tag, jede Stunde,
jede Minute als einen neuen Beginn zu leben,
als eine einzigartige Möglichkeit, alles neu zu machen.
(Henri J. M. Nouwen)

Fassen wir zusammen: Das klare Denken hat uns bisher auf viele nützliche Spuren gebracht. Es hat uns erstens die Erkenntnis beschert, dass es weniger auf die Länge eines Menschenlebens ankommt als auf dessen inhaltliche „Widmung und Weihung". Es hat uns zweitens erzählt, dass zum Selbstwertgefühl, also zum Glauben daran, dass *wir wichtig sind,* auch noch das Lebenswertgefühl dazugehört, also der Glaube, dass *wir für etwas und/oder jemanden wichtig sind.* Es hat uns drittens zwischen der illusionären Freiheit „von etwas" und der fakultativen Freiheit „zu etwas" unterscheiden gelehrt. Wir haben verstanden, dass wir zwar ständig mit schicksalhaften „Anfragen" bombardiert werden, dieses Bombardement aber in eigenen Wahlverfahren „beantworten" können.

Sind es unnötige Ängste, die uns bombardieren, so schafft die gedankliche Klarheit, worüber wir trotzdem hellauf lachen dürfen, eine ungeahnte Befreiung. Das hat uns viertens auf die Spur der Methode der Paradoxen Intention gebracht. Bei unnötigen Hineinsteigerungen wiederum schafft die Klarheit darüber, was unserer Beobachtung wert ist und was nicht, eine entkrampfende Aufmerksamkeitsrevision. Das hat uns fünftens auf die Spur der Dereflexions-Methode gebracht.

Bei der Abschätzung, wie viel (dereflektorische) Öffnung zur Außenwelt und wie viel Bewahrung der Innenwelt für uns bekömmlich ist, hat sich sechstens im Lichte klaren Denkens gezeigt, dass beides in einem austarierten Verhältnis zueinander stehen muss. Einerseits ist eine selbstüberschreitende (in Frankls Fachbegriff „selbsttranszendente“) Öffnung zur Außenwelt *das menschliche Spezifikum schlechthin*, das uns geistig zufriedenstellt und uns psychosomatisch gut tut. Egozentrismen sind vom psychohygienischen Standpunkt aus besehen selbststrafende Vorgänge, die unsere Ursehnsucht nach einem sinnerfüllten Leben verraten. Andererseits befindet sich unser Entscheidungszentrum inmitten unserer Innenwelt und darf nicht in die Außenwelt verlagert werden, wie anhand von Lehárs Kummer verdeutlicht. Das uns eingeborene Feingespür für das jeweils Richtige und Passende soll *unser ausschlaggebender Maßstab* sein und bleiben. Die Orientierung an fremden Einflüssen, Befehlen oder Meinungen, die vom eigenen Feingespür nicht mitgetragen werden, ist ein nicht minder selbststrafender Vorgang, der uns „innerlich zerreißt“, in Konflikte stürzt und aus der Bahn wirft.

Diesbezüglich sei eine siebte Einsicht angefügt. Dieser unser ausschlaggebender Maßstab ist auf uns selbst und auf die Lage, in der wir uns gerade befinden, geeicht. Es ist ein Maßstab, der sich weder auf andere Menschen noch auf uns selbst in früheren oder späteren Lebenslagen übertragen lässt. Deshalb wäre es ein grobes Missverständnis zu behaupten, zu viel „Sinnerfüllung“ könne dem Menschen schaden, etwa indem er sich bei sinnvollen Arbeiten überfordere und bis zur eigenen Totalerschöpfung aufopfere. Leider grassiert dieses Missverständnis nicht nur unter Laien, sondern auch in den Reihen mancher Wissenschaftler, die Frankls Texte nicht gründlich genug studiert haben. Das Phänomen „Sinnerfüllung“ basiert ja auf einer Aneinanderreihung von zahlreichen sinnvollen Detailentscheidungen, in Frankls Definition auf dem kontinuierlichen Befolgen des jeweiligen „Sinns des Augenblicks“. Findet etwa jemand Sinn darin, seine Französisch-Kenntnisse aufzufrischen, dann gebietet ihm der „Sinn des Augenblicks" in dem einen Augenblick, sich über Kursdaten in einem Spracheninstitut zu informieren, in einem anderen Augenblick, sich mit der Familie abzusprechen, in einem weiteren Augenblick, die Einschreibgebühr zu entrichten, usw. bis hin zu den sich summierenden Augenblicken des Vokabel- und Grammatik-Büffelns. Dabei steht der „Sinn des Augenblicks" jedoch unumstößlich auf den beiden Füßchen „ad personam et ad situationem", wie Frankl es lateinisch ausgedrückt hat, nämlich: *je Person und je Situation*. Das heißt, es könnte einen Kursabend geben, an dem Französisch für diese Person plötzlich „nicht dran ist", weil sich ihre Situation geändert hat, z. B. ein verreister Kollege zu vertreten ist. Und es gibt eine Menge anderer Leute, für die eine Auffrischung ihrer Französisch-Kenntnisse überhaupt nicht sinnvoll wäre.

Genauso können jede Handlung und jede Arbeit aus den Perspektiven der Vernunft, Gewinnbringung, Sozialität, Gefahreneingrenzung u. a. durchaus als sinnvoll aufscheinen, aber *ob es für eine bestimmte Einzelperson in der bei ihr vorliegenden Lebenssituation sinnvoll ist*, diese Arbeit zu übernehmen und abzuleisten, oder besser nicht, das hängt nicht von jenen Perspektiven, sondern allein vom Spruch ihres innersten Feingespürs ab, und dieses hat mit Selbstaufopferung und Totalerschöpfung „nichts am Hut". Man schiebe daher keiner Sinnerfüllung das Helfersyndrom oder das Burnoutsyndrom in die Schuhe. Es ist im Gegenteil in höchstem Maße sinnwidrig, sich exzessiv zu verausgaben. Der Sinn pendelt sich ohne Unterlass auf „das Bestmögliche für alle Beteiligten" ein, er unterfordert und überfordert niemanden. Klar durchdacht ist es sogar exakt das Sinnkriterium, das uns in der gesunden Mitte zwischen einem Zuwenig und einem Zuviel hält, beim zustimmenden Tun wie beim Verweigern eines Tuns, beim Uns-Engagieren wie beim Uns-Erholen, beim liebevollen Umgang mit unseren Nächsten wie beim vorsorglichen Umgang mit uns selbst.

Blinklichter

Spüre den Sinn deiner alltäglichen Arbeit auf,
und sein Lichtstrahl durchglüht deinen Tag.

(J. Iljin)

Zur Erinnerung: Leben gelingt nicht automatisch deswegen, weil man alle körperlichen und psychischen Bedürfnisse stillen kann. Menschliches Sein streckt sich nach mehr aus. Der Mensch ist eingeladen, Mitschöpfer der Erde und unserer Menschengemeinschaft zu sein. Er spürt seinen Auftrag, den er in Freiheit und Individualität erfüllen möchte, und zwar in Form konkreter Aufgaben im Dienst an einer würdigen Sache oder im liebenden Dasein für jemanden. Dabei kann es unter sich zusammenbrauenden Umständen allerdings schon vorkommen, dass sehr viele (durchaus sinnvolle) Aufgaben so herrisch und unausweichlich auf jemanden einströmen, dass sie von diesem als enormer Druck erlebt werden.

Beispiel 13

Betrachten wir als fiktives Beispiel eine alleinerziehende Mutter, die berufstätig ist, den Haushalt und ihr Kind zu versorgen hat und auch noch Schwierigkeiten mit ihrem Exmann bezüglich der Alimentezahlungen hat. Ihre eigene Mutter, die Großmutter des

Kindes, wird schwer krank und kann nicht mehr auf das Enkelkind aufpassen. Sie muss sogar selbst gepflegt werden. Jetzt ist die alleinerziehende Mutter dauernd am Laufen und Machen und fühlt sich permanent überfrachtet, weil die diversen Aufgaben, die sich ihr stellen, nicht mehr zu ihrer zeitlichen Disposition passen.

Was ist ihr zu raten? Nun, niemand muss sich unter Druck setzen lassen. Druck ist häufig „Druck in Eigenregie". Nirgends steht geschrieben, dass man alle (sinnvollen) Aufgaben *gleichzeitig* erledigen muss, um danach völlig ausgepowert darniederzuliegen. Die Gleichzeitigkeit, mit der mehrere zu erledigende Aufgaben vorliegen, ist in ein solides *Nacheinander* der Erledigungen aufzulösen, dann wird einem die Mehrfachbelastung nicht mehr wesentlich schaden.

***

Sinn und Werte stehen in einem besonderen Verhältnis zueinander. Werte sind nach Frankl „Sinnuniversalien". Als solche durchflechten sie – hoffentlich! – weite Areale unseres Lebens, einander überlappend und gelegentlich miteinander kollidierend. Einige sind „vorlauter" als andere und wollen unbedingt sofort „bedient" werden. Bei der alleinerziehenden Mutter, deren Situation wir anskizziert haben, könnten sechs Werte miteinander in einen solchen Widerstreit treten:

- Die Förderung der guten Entwicklung ihres Kindes
- Die Schaffung von Frieden mit dem Kindesvater
- Ihre berufliche Entwicklung und materielle Sicherung
- Die Unterstützung ihrer pflegebedürftigen Mutter
- Ihre eigene körperlich/seelische Regeneration
- Der Erhalt eines sauberen/gemütlichen Zuhauses

Im Unterschied zu den Werten, die einander überlappen und miteinander kollidieren können, ruft der „Sinn des Augenblicks" immer nur zu einer einzigen „Aktion" auf, wobei die Aktion auch in einer Unterlassung oder in einer stillen Wandlung bestehen kann, also in äußerlich inaktiven Vorgängen, die dennoch rege geistige Bewegungen beinhalten. Der Sinn legt sozusagen fest, welcher Wert gerade an der Reihe ist, „bedient" zu werden. Der Sinn dirigiert die übrigen Werte auf „Warteposition". Der Sinn definiert das jeweils Eine, das „Not tut", das Eine, das Priorität hat vor allem anderen.

Zum näheren Verständnis stelle man sich eine Reihe von Signallampen vor, die auf einem Brett befestigt sind. Sie alle besitzen die Leuchtkraft von Werten. Sie seien nun elektrisch so geschaltet, dass im Wechsel immer nur eine einzige Lampe aufleuchtet. Rein optisch wirkt es dann so, als würde das Licht zwischen den Lämpchen hin- und herhüpfen, ähnlich wie die Blinklichter über den Gates auf den Flughäfen, die signalisieren, dass ein Flugzeug bestiegen werden kann. Dieses hin- und herhüpfende Licht entspricht dann dem „Sinn des Augenblicks".

Auf die vorhin genannte gestresste Mutter angewandt: Um aus dem Stress herauszukommen, müsste sie sich konsequent an den Blinklichtern ihres gegenwärtigen Lebens orientieren. Was leuchtet *jetzt* auf? Wenn *jetzt* ein Federballspiel mit ihrem Kind an der Reihe ist, dann sollte sie nicht an ihre Bügelwäsche denken, dann muss ihre kranke Mutter auf sie warten und dann ist ihr Beruf momentan egal. Wenn sie *jetzt* ihre Mutter zum Arzt fährt, dann ist ihr Kind im Hort gut untergebracht, die Bügelwäsche muss noch immer warten und der Beruf ist noch immer egal. Wenn sie *jetzt* ihrem Beruf nachgeht, ist die geplante Diskussion mit ihrem Exmann kein Thema und die Belange von Mutter, Kind und Haushalt sind ausgeblendet. Analog geht es weiter.

Der Haken dabei ist, dass die Orientierung an den Blinklichtern des Lebens eine Palette gut entwickelter Fähigkeiten voraussetzt, nämlich eine sichere Entscheidungskraft, das Erkennen von Prioritäten, die ungeteilte Hingabe an Erstrangiges unter Verzicht auf Zweitrangiges, das Delegieren von Aufgaben an Hilfskräfte, ein Aushalten von Unvollkommenem und ein Ignorieren falschen „schlechten Gewissens", das einem suggerieren will, man sollte alles gleichzeitig und super bewältigen.

Zu der Sache mit dem „schlechten Gewissen" ein abschließender Tipp:

Frankl hat das menschliche Gewissen im Unterschied zu den Sinnesorganen (Augen, Ohren, Nase ...) als ein „Sinn-Organ" definiert; als unser „Organ", das den einzigartigen Sinn einmaliger Lebenssituationen aus dem Chaos vielfältiger innerer Impulse herausfiltern kann. Es ist sozusagen die Instanz, die uns jeweils das Aufleuchten einer bestimmten Signallampe wahrnehmen lässt. Dieses Gewissen kann nie ein „schlechtes" sein, sondern ist immer ein gutes, gnadenvolles und wegweisendes. Selbst wenn wir ihm nicht Folge leisten, flüstert es wohlmeinend in uns weiter und zeigt unbeirrt zum „Gate zum Licht". Anders ist es mit den internalisierten Fremdstimmen (dem „Über-Ich" nach Freud) aus unserer Lernvergangenheit. Da mögen scheltende Vorwürfe von Eltern, Lehrern, Kirchenvätern, Gesetzesvertretern etc. dabei sein, die in uns nachhallen und unangenehme Gefühle erzeugen, wenn wir nicht nach den Vorstellungen jener Autoritätspersonen handeln.

Freilich darf nicht alles pauschal über Bord geworfen werden, was uns einst in Bezug auf Moral gelehrt worden ist. Viel Vernünftiges wird dabei sein. Doch liegt es in jedem Jetzt an uns, *mit unserem eigenen Feingespür und Gewissen* nachzuprüfen, was davon noch Gültigkeit hat und was nicht oder nicht mehr. Wer sich bloß von einem veralteten Unbehagen dirigieren lässt, handelt nicht wirklich moralisch. Moralisch handelt, wer den jeweiligen „Sinn des Augenblicks" im Visier hat – von der Außenwelt sanktioniert oder nicht – und sich mutig zu ihm bekennt. Das „schlechte Gewissen" hingegen ist zu nichts zu gebrauchen und kann „guten Gewissens" abgelegt werden.

Vortrag mit Folgen

Nur wer Ehrfurcht vor dem geistigen Wesen anderer hat, kann andern wirklich etwas sein.

(Albert Schweitzer)

Wie sehr uns andere Menschen mit unüberlegt dahingesagten Sprüchen verunsichern können, ist nicht nur eine Lehár'sche Erfahrung. Zur Schande meines Berufsstandes muss ich zugeben, dass auch Patienten – also Personen, deren Selbstsicherheit sowieso oft angeknackst ist – durch die Aussage eines Therapeuten zusätzlich verunsichert werden. Mit seiner wissenschaftlichen Kompetenz kann er ihr eigenes Feingespür leicht übertünchen.

Beispiel 14

Durch Zufall hörte ich einmal den Vortrag eines renommierten Spezialisten zum Thema: „Sind Depressionen heilbar?" Es war kein Vortrag für ein Fachpublikum, und mich interessierte eigentlich nur, wie der Referent dieses komplexe und facettenreiche Thema für die Zuhörer aufbereiten würde. Was ich aber zu hören bekam, beunruhigte mich.

Wenn man einen öffentlichen Vortrag über Depressionen ankündigt, muss man damit rechnen, dass zu einem großen Teil Zuhörerinnen und Zuhörer kommen, die selbst unter Depressionen leiden oder Angehörige mit dieser Krankheit haben. Der Referent nahm jedoch auf diese Tatsache nicht die geringste Rücksicht, sondern erläuterte zwei Stunden lang mit monotoner Stimme, wie Depressionen sich aus frühesten Kindheitsdefiziten ableiten ließen, wie sie danach ein solches „Opfer der Kindheit" in unregelmäßigen Abständen quälen und desto schrecklichere Folgen zeitigen würden, je mehr der Betreffende sie zu unterdrücken versuche, und dass schließlich so und so viele Personen mit Selbstmord enden würden, weil sie in keiner Weise in der Lage seien, ihre Depressionen auszuhalten.

Den ganzen Vortrag über sann ich darüber nach, wie jemand, der in der psychotherapeutischen Branche zu Hause ist, derart deprimierende und Hoffnung vernichtende Erklärungen abzugeben vermochte vor einem Publikum, von dem er keineswegs annehmen konnte, dass es genug innere Distanz besaß, seine Ausführungen gut zu verkraften. Die Reaktion der Leute beim Hinausgehen war dementsprechend: bedrücktes Schweigen, blasse Gesichter, gerötete Augen.

Eine Frau, die besonders irritiert schien, begleitete ich zur U-Bahn und sprach ein paar Worte mit ihr. Im Gespräch stellte sich heraus, dass sie zweimal in ihrem Leben ernste Berufskrisen durchgemacht hatte. Zuerst hatte sie ihren geliebten Beruf als Stewardess aufgeben müssen, weil sie zu alt dafür wurde. Danach war sie in einer Firma, die sie als Telefonistin angestellt hatte, schlecht behandelt und ausgenützt worden, weswegen sie nochmals hatte umsatteln müssen. In beiden Fällen war sie nach ihrem Berufswechsel einige Zeit lang wie gelähmt gewesen und hatte tagelang geweint. Aber sie hatte jedes Mal wieder genug Energie aufgebracht, ihre Situation zu meistern und erneut Anschluss im Arbeitsleben zu finden. Vor Kurzem hatte ein Bekannter von ihr fast scherzhaft erwähnt, dass sie vielleicht zu Depressionen neige, und um sich über diese Möglichkeit zu informieren, hatte sie den erwähnten Vortrag besucht.

Bis hierher könnte man sagen: keinerlei krankhafte Abnormität, kein Anhaltspunkt für eine endogene (= biologisch bedingte)

Depression; allenfalls schwache vorübergehende reaktive Depressionen im Kontext mit beruflichen Enttäuschungen, aber auch diese Depressionen noch innerhalb jener Selbsthilferessourcen, die kein psychotherapeutisches Eingreifen erfordern. Nun aber, nach dem Vortrag, war eine *kritische Selbstdiagnose* entstanden, die einen seelischen Stachel implantieren konnte. „Meine Kindheit war nicht ungetrübt“, erzählte mir die Frau, die mit vier Jahren zu ihren Großeltern gekommen und mit neun Jahren gegen ihren Willen an ihre Mutter zurückgegeben worden war. „Vielleicht ende auch ich einmal durch Selbstmord?“ fügte sie ängstlich hinzu.

Es war an der Zeit, die Schieflage geradezurücken. „Nein“, antwortete ich, „das werden Sie bestimmt nicht. Ihre sogenannten Depressionsphasen sind nicht aus heiterem Himmel über Sie hereingebrochen, sondern beide Male im Zusammenhang mit einem gravierenden Problem entstanden, bei dem es eher sonderbar gewesen wäre, wenn Sie nonchalant und unbeschwert geblieben wären. Es ist durchaus verständlich, dass Sie über den Verlust Ihres Traumberufes bzw. über Mobbingzustände im Zweitberuf geweint haben. Das hätten andere Menschen auch getan. Doch bedenken Sie: Zweimal haben Sie sich ohne fremde Hilfe wie ein ‚Stehaufweibchen‘ wieder aufgerichtet, haben sich beruflich umorientiert und in bis dahin ungewohnte Tätigkeiten eingearbeitet. Das ist eine beachtliche Leistung, die Ihnen die Regenerierungskraft vor Augen führen kann, die in Ihnen steckt. Wer dort, wo sich die Tore eines Lebensabschnittes schließen, die Tore für den nächsten Lebensabschnitt aufzustoßen vermag, der braucht nichts zu fürchten.“ Die Frau lächelte, verwies aber nochmals auf ihre Kindheit. „Ach“, besänftigte ich sie, „das mit den Nachwehen schlechter Kindheit ist mehr Theorie als Praxis. In der Praxis werden die Kindheitserlebnisse auf die unterschiedlichste Weise verarbeitet, zum Teil sogar gegenläufig, nämlich objektiv gute Erlebnisse subjektiv schlecht und umgekehrt. Psychologische Prognosen, die allein aus der Kenntnis von Milieufaktoren eines Kindes erstellt worden sind, sind bisher allemal gescheitert! Bei Ihnen könnte es zum Beispiel der Fall sein, dass Sie die beiden Berufswechsel sogar *deswegen* mit Bravour überstanden haben, weil Sie durch die beiden Bezugspersonenwechsel in Ihrer Kindheit gelernt haben, flexibel und anpassungsfähig zu sein." „Das könnte wirklich sein", nickte die Frau, und ihr Lächeln vertiefte sich. Dann runzelte sie wieder die Stirne. „Aber die vielen Selbstmorde ..." „Ja", stimmte ich zu, „es sind zu viele. Aber sie geschehen nicht, wenn jemand leben will, wie Sie, und lebenstüchtig ist, wie Sie. Mit einer Ausnahme: Es gibt eine Krankheit, genannt *endogene Depression*, die Patienten in Abständen derart umnachten kann, dass sie es (wider ihre eigentlichen Intentionen) vorziehen zu sterben. Diese Krankheit hat weder mit einer schlechten Kindheit noch mit Berufskrisen oder sonstigen Stressfaktoren zu tun, sondern mit neurologischen Fehlregulationen. Sie tritt aufgrund einer erblichen Belastung in manchen Familien gehäuft auf und kann medikamentös behandelt werden. Bei Ihnen spricht jedoch nichts dafür, dass Sie an dieser Krankheit leiden –" „Erblich?" unterbrach sie mich. „Nein, meine Eltern hatten beide ein frohes Naturell! Ach, Sie haben gewiss recht! Schrecklich, wie diese Psychodoktoren einen durcheinanderbringen können!" Mit diesen Worten stieg sie in die U-Bahn, und ich hütete mich, ihr zu verraten, dass auch ich zur Sorte der „Psychodoktoren" gehöre.

***

Beispiel 15

Gerade der Fachmann bzw. die Fachfrau haben jegliche Verschärfung von Symptomen zu vermeiden. Einmal traf ich eine junge Frau auf einer Tagung. Sie war fremd in der Gruppe, sichtlich gehemmt und schüchtern. In der Kaffeepause sagte ich zu ihr, dass sie angesichts des übersteigerten Selbstbewusstseins mancher hypermoderner Leute, die lautstark dem Motto „Hallo, jetzt komme ich!" frönen, eine wahrhaft erfreuliche Ausnahme bilde. Zurückhaltung sei ein Zeichen von Noblesse. Sie strahlte mich an. „Na ja", gestand sie dann ein, „es kommt vor, dass ich einfach zu ängstlich bin, um mich an einer Diskussion zu beteiligen." „Dagegen weiß ich ein perfektes Rezept", antwortete ich und weihte sie im Plauderton in den heilsamen Effekt der Methode der Paradoxen Intention ein. Sie solle es ruhig wagen, für dumm oder unbeholfen gehalten zu werden, dann fühlten sich die anderen im Vergleich zu ihr wunderbar gescheit, und sie habe ein gutes Werk an ihnen vollbracht. Sie strahlte noch mehr und versprach, es auszuprobieren. Einen halben Tag später war sie in der Gruppe voll integriert. Was hätte es genützt, ihr einen Minderwertigkeitskomplex zu bescheinigen? Nichts!

Wir „Psychodoktoren" haben eine große Verantwortung bezüglich unserer Aussagen und Kommentare. Es können Schädigungen von Menschen allein durch das Gespräch mit einem Arzt oder Psychotherapeuten entstehen. Dabei handelt es sich um unselige Rückwirkungen leichtfertiger oder gedankenloser Äußerungen von Fachkräften, die als Autoritäten angesehen werden, was ihre Worte besonders schwer wiegen lässt. Solche Äußerungen erzeugen ein krankmachendes Echo in der Seele jener Menschen, die empfindlich sind.

Natürlich muss auch in unserem Beruf gelegentlich eine bittere Diagnose gestellt oder etwas Unerfreuliches offengelegt werden. Aber die Art, *wie* es gesagt wird, und das, *was* man dazufügt, kann viel Unheil verhindern. Fachlich korrekt zu sein ist unsere heilige Pflicht. Nur muss sich diese Pflicht mit menschlicher Einfühlsamkeit verbinden, und tut sie es nicht, ist „Entheiligung" das traurige Ergebnis.

Beispiel 16

So fragte mich ein älterer Herr, dessen psychiatrischen Befund ich in Händen hielt, einst voller Sorge, ob seine überstandene Depression wiederkehren werde, was – im Unterschied zu der Dame aus Beispiel 14 – angesichts der bei ihm festgestellten Diagnose „endogene Depression“ tatsächlich zu befürchten war. Da antwortete ich ihm: „Niemand kann mit Sicherheit wissen, ob ein depressives Tief wiederkehren wird. Aber was mit großer Wahrscheinlichkeit vorhersagbar ist, das ist, dass Sie nach jedem Tief eine längere Zeit geschenkt bekommen, in der Sie sich gesund fühlen und alles unternehmen können, was Sie möchten. Sie werden deshalb noch reichlich Zeit haben für Ihre individuellen Projekte. Gehen Sie nur zügig daran, solche auszuhecken …“ Der Mann vermochte diesen Bescheid mit einem Lächeln zur Kenntnis zu nehmen, obwohl er die Wahrheit sehr wohl verstanden hatte.

Der bestmögliche Rat

> Wer wirkliches Geschick im Gespräch mit anderen zeigt,
> ist gewöhnlich ein bescheidener und ruhiger Mensch.
> Das nennt man die Tugend der Widerstandslosigkeit.
> Das nennt man Einklang mit dem Himmel.
>
> *(Laotse)*

Kaum ein soziales Feld hat sich in den letzten hundert Jahren derart sprunghaft ausgedehnt wie die Beratungstätigkeit, sei sie baulicher, technischer, marktwirtschaftlicher, juristischer, ärztlicher, psychologischer oder sonstiger Form. Das zog den Ruf nach Qualitätskriterien nach sich. Es ist schließlich ein Unterschied, ob Bekannte und Verwandte „nach eigenem Ermessen" Rat spenden oder ob ausgebildete Berater ihr Handwerk ausüben. Letztere haben das „eigene Ermessen" zurückzustellen und den jeweils „bestmöglichen Rat" zu erteilen.

Aber was ist der bestmögliche Rat? In meiner Disziplin ist dies äußerst umstritten. Die meisten psychologischen Theorien erschöpfen sich in Entstehungsgeschichten und Querverbindungen von emotionalen und kognitiven Prozessen und den daraus resultierenden Verhaltensmustern. Aber was nützen dem Berater etwa Kenntnisse über das Zustandekommen und die Auswirkungen menschlicher Aggressivität, wenn ihn eine Frau um Rat fragt, weil ihr Mann sie verprügelt hat? Soll er ihr raten, sich in Karate ausbilden zu lassen? Ihren Mann bei der Polizei anzuzeigen? Ihn vor den gemeinsamen Freunden anzuprangern? Sich sofort von ihm zu trennen? Ihm noch eine weitere Chance einzuräumen? Die Schwiegermutter einzubeziehen? Die Sache den Kindern mitzuteilen? Ihren Mann zu einer Selbsthilfegruppe zu schleppen? Ihm die kalte Schulter zu zeigen? Ein klärendes Gespräch mit ihm zu suchen? ... Durchforstet man die psychotherapeutischen Schulen, so türmen sich Widersprüche über Widersprüche auf. Eine gemeinsame Richtlinie wäre in diesem Fall kaum erkennbar. Da lobe ich mir die Frankl'sche Logotherapie, denn *sie* hätte Richtlinien präsent, etwa folgende:

- Der Rat muss zugunsten aller Beteiligter ausfallen, nicht etwa zugunsten der Frau allein.
- Der Rat muss mit der innersten Gewissensstimme der Frau abgeglichen werden.
- Der Rat muss das Verantwortungsbewusstsein der Frau für das Wohlergehen ihrer Kinder anheben.
- Der Rat muss die Botschaft transportieren, dass es keine empfehlenswerte Option ist, eine erlittene Aggression bloß mit einer Gegenaggression zu beantworten.

Allein mit diesen vier Richtlinien ausgestattet, hätte der Berater schon einige konkrete Weisungen für sein Vorgehen.

Gliedern wir im Folgenden einen durchschnittlichen Beratungsverlauf (in Analogie zu Therapieverläufen) in drei Teile auf: in die diagnostische Phase, in die therapeutische Phase und in die Nachbetreuungsphase. In der *diagnostischen Phase* möchte der Therapeut genügend Informationen über einen Patienten gewinnen, um die Sachlage richtig einschätzen zu können. In der *therapeutischen Phase* möchte der Therapeut genügend Informationen an seinen Patienten übermitteln, damit dieser (der Sachlage gemäß) sein Leben besser bewältigen kann. In der *Nachbetreuungsphase* möchte der Therapeut die Fortschritte seines Patienten festigen und Rückfällen vorbeugen.

Die praktizierten Längen dieser Phasen haben sich im Zuge der Psychotherapiekundeentwicklung stark verändert. War in den

Anfängen die diagnostische Phase noch überlang und nahm schier dreiviertel der gesamten Beratungs- und Behandlungsschemata ein (vor allem in den analytischen Lagern mit ihrer frühkindlichen Ursachenforschung), so hat sie sich inzwischen deutlich verkürzt. Manchmal zu sehr verkürzt (vor allem in pharmakologischen Lagern, in denen flugs Medikamente verschrieben werden), als dass noch exakte Differentialdiagnosen gestellt werden könnten. Und war die Nachbetreuungsphase zunächst eher unüblich, so versteht man heute allmählich die zentrale Bedeutung jeder Krankheitsprophylaxe und „Wiedererkrankungsprophylaxe", die eine Menge Schmerz, Zeit und Geld erspart.

Da es, wie gesagt, an allgemein gültigen Qualitätskriterien für den bestmöglichen Rat mangelt, möchte ich zumindest ein paar *logotherapeutische Kurzkriterien* für die drei Phasen zusammentragen und im Anschluss exemplifizieren.

- In der *diagnostischen Phase* ist es unter den Fachleuten Usus, eine Vertrauensbasis zu den Patienten schaffen zu wollen. Dies tun sie durch geduldiges, verständnisvolles Zuhören. In der Logotherapie wird der Akzent vermehrt darauf gelegt, eine Vertrauensbasis der Patienten zu ihrem Leben und der Bedeutung ihres Lebens zu schaffen. Dies geschieht auf mehreren Wegen, vor allem aber durch ein Herunterbrechen der Problem-Hyperreflexion.
- In der *therapeutischen Phase* kommen neben dem Einsatz spezifischer Psychotechniken wie der Methode der Paradoxen Intention oder der Dereflexionsmethode (eventuell in Kombination mit Entspannungsverfahren, Naturheilverfahren, Kunsttherapien oder notfalls pharmakologischen Hilfen) fast immer auch unspezifische Einstellungskorrekturen zum Zug. Es werden Selbsttranszendenz und Mut zur konstruktiven Veränderung eingefordert.
- In der *Nachbetreuungsphase* wird nicht damit gespart werden, die Sinnthematik zu beleuchten und die Patienten in einem vielfältigen Wertesystem zu verankern. Es wird das Augenmerk auf ihren Lebensstil gelegt und an der „Psychohygiene-Schrau-

be“ gedreht. Die Versöhnung mit der Vergangenheit und die Erarbeitung von bejahungswürdigen Zukunftsvisionen sollen die Elastizität der genesenen Patienten für ihre Gegenwartsgestaltung festigen.

Keine Problem-Hyperreflexion!

Mein Leben beginnt jeden Tag neu und endet jeden Abend;
Pläne und Absichten darüber hinaus habe ich keine;
das heißt, es kann natürlich zum Tagewerk gehören,
vorauszudenken,
aber eine „Sorge" für den kommenden Tag darf es nie sein.

(Edith Stein)

Wer bezüglich eines Problems Rat und Hilfe sucht, hat sich vor seinem Hilferuf schon eine ansehnliche Weile damit herumgeschlagen. Das Problem hat in seiner Gedankenwelt bereits einen umfangreichen Platz erobert. Beginnt derjenige, der Rat spenden soll, nun damit, sämtliche Facetten des vorliegenden Problems zu eruieren, was natürlicherweise während der diagnostischen Phase zu geschehen hat, dann dehnt sich das Problem in der Gedankenwelt des Ratsuchenden gigantisch aus. Es ergreift Besitz von weiteren Arealen in dessen Gedankenwelt, bis scheinbar das ganze Leben des Patienten nur noch im Zeichen seines Problems steht. Alles andere ist wie weggefegt. Gelangt zudem die (echte oder mutmaßliche) Genesis des Problems zur Sprache, erhält die Vorgeschichte des Betreffenden den giftigen Beigeschmack, schnurgerade zum gegenwärtigen Problem geführt zu haben, was sie mit diversen Schuld- und Anklageverteilungen anreichert und verdüstert.

Das alles ist eine denkbar schlechte Ausgangsposition für den Therapiestart am Ende der diagnostischen Phase, weil der Patient deprimiert ist und sein Vertrauen in die Zukunft unterminiert ist. Da nützt auch ein gutes Vertrauensverhältnis zum Therapeuten nicht viel. Es nützt zwar insofern, als therapeutische Anweisungen kooperativer befolgt werden, aber da das Problem bei allen Beseitigungsanstrengungen im Fokus verbleibt, sinkt die Problem-Hyperreflexion nur minimal.

Leiten wir jetzt zum Idealfall über: das Problem habe sich lösen lassen. In der Nachbetreuungsphase soll der Kopf des Patienten wieder frei werden für „Sonstiges", für „Erfreuliches", für „unbelastetes Leben". So rasch zieht sich die Problem-Hyperreflexion aber von den eroberten Arealen in der Gedankenwelt des Betreffenden nicht zurück. Er hat lange genug daran „geknabbert", er ist gewöhnt, in des Problems Kategorien zu denken. Es hat seine Befindlichkeit beeinträchtigt, es hat ihn verfolgt, und es könnte jederzeit wieder auftauchen ... Der Patient findet in den normalen Bereich, in dem die Zuversicht überwiegt und mit keiner versteckt lauernden Problemerwartung interferiert, nicht mehr hinein.

Die durch übersteigerte Hyperreflexion (aus der diagnostischen Phase) bedingte Rückfallgefahr nach Abschluss der Nachbetreuung:

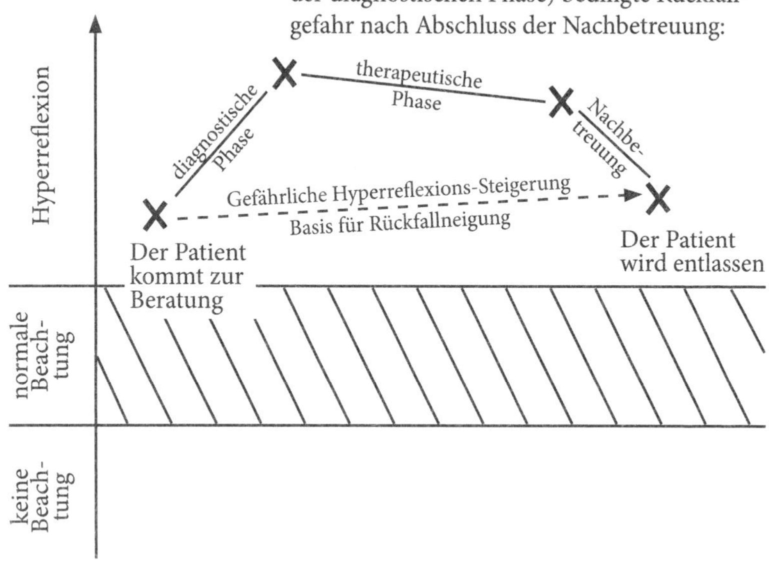

Um dem vorzubeugen, ist es ein logotherapeutisches Kriterium bestmöglicher Beratung, in der diagnostischen Phase, und das heißt, von allem Anfang an, das Problem des Ratsuchenden zu relativieren. Denn es ist ja *wirklich relativ*, auch wenn es subjektiv gewaltig dünkt. Jemand hat z. B. schlimme Probleme mit einem seiner Söhne. Okay. Derselbe hat kein gesundheitliches Problem, kein Ernährungsproblem, kein Obdachlosenproblem, kein Problem mit überfluteten Räumlichkeiten, kein Problem mit seinem Chef, kein Problem mit einem korrupten Staatswesen, usf. Das mag ihm nicht klar bewusst sein, aber im Rahmen der diagnostischen Gespräche kann es in sein Bewusstsein einsickern. Warum denn nicht? Deshalb wird ein Logotherapeut nie ausschließlich Fragen über die Schwierigkeiten mit dem Sohn stellen. Freilich muss er erfahren, worum es sich bei diesen Schwierigkeiten handelt, wann sie begonnen haben, wie sie sich äußern, etc., aber parallel dazu wird er auch Fragen jenseits der Sohnproblematik einwerfen. Welche Kompetenzen bringt der Ratsuchende beruflich ein? Ist seine Ehe glücklich? Was sind seine nächsten Pläne? Und ähnliches. Bei solch einer „Wechseldiagnostik" (Lukas) wech-

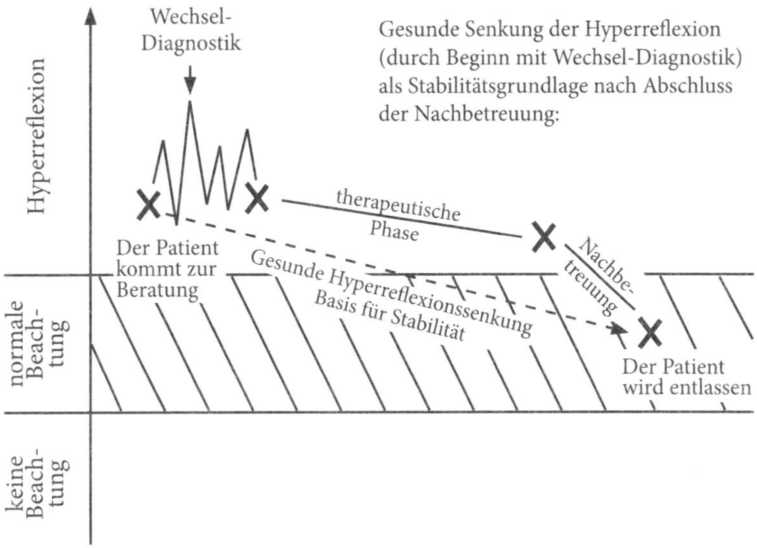

selt das Interesse des Beraters zwischen problembezogenen Sachverhalten, die er für sein auszuarbeitendes Therapiekonzept kennen muss, und intakten Lebensumständen des Ratsuchenden, die ebenfalls der Beachtung wert sind, weil sie dessen Bewusstsein stählen, dass viel Gelungenes in seinem Leben vorhanden ist, das ihn stützt und trägt.

Die Wechseldiagnostik verhindert ein Hinaufschnellen der Problem-Hyperreflexion, erleichtert den Therapiestart und trägt noch in der Nachbetreuungsphase Früchte, weil kein essenzielles Misstrauen des Patienten der Rückkehr zur Normalität mehr im Wege steht. Manchmal verschwindet während der Wechseldiagnostik die Hyperreflexion sogar schon zur Gänze, wodurch die Probleme des Ratsuchenden eine völlig neue Optik bekommen und er sich ihnen plötzlich gewachsen fühlt. Obwohl dies eher die Ausnahme als die Regel ist, beweist es doch das heilsame Element dieses logotherapeutischen Ansatzes.

Seltsame Blockaden

Ein seit Jahrhunderten verdunkelter Raum kann
sofort erhellt werden,
wenn man das Licht einlässt,
nicht aber,
wenn man versucht, die Dunkelheit auszutreiben.

(Paramahansa Yogananda)

Beispiel 17

Ein junger Musiklehrer kam zu mir mit einem merkwürdigen Anliegen. Er sei ein munterer und ideenreicher Mensch, der es liebe, seine Zeit bis an den Rand auszufüllen und allen möglichen Beschäftigungen nachzugehen, aber mitunter habe er so etwas wie eine „Blockade". Dann sitze er im Sessel, starre vor sich hin und habe zu nichts mehr Lust, was er sich auch ausdenke; schlagartig sei „die Flamme in ihm wie erloschen". Ich solle ihm diese Blockaden „wegtherapieren".

Er war wegen seines Problems bereits bei zwei Ärzten gewesen, doch hatten ihm diese trotz neurologischer und endokrinologischer Untersuchungen keine hinreichenden Erklärungen dafür anbieten können. Außerdem hatte er sich eine Menge Fachliteratur beschafft und in einem Buch eine Stelle gefunden, an welcher behauptet wurde, dass radikale Stimmungsumschwünge erste Anzeichen einer sich anbahnenden Persönlichkeitsspaltung seien, was ihn alarmiert hatte.

Ich fühlte mich verlockt, ihn über die geheimnisvollen Blockaden näher zu befragen: woran er dabei denke oder was ihnen unmittelbar vorausgehe. Aber andererseits scheute ich davor zurück, all dies bei ihm hochzuspielen, nachdem er schon im Zuge der ärztlichen Untersuchungen ausführlich darüber berichtet hatte. Deshalb nahm ich mir vor, die notwendigen Informationen bei den Ärzten, die er konsultiert hatte, einzuholen und lieber den intakten Bereich seines Lebens auszuloten. Dazu bedurfte es kaum einiger Fragen, denn der junge Lehrer erzählte von sich aus stolz, was er alles unternehme und welche Ziele er anstrebe. Er arbeitete gerne mit seinen Schülerinnen und Schülern, war zusätzlich in einem Jugendclub tätig und organisierte kleine Jugendorchester, die er leitete und für halbjährliche Vorspiele trainierte. Daneben bildete er sich weiter, indem er Hochschulkurse in den verschiedensten Disziplinen besuchte. An den Wochenenden und Feiertagen fuhr er in eine entfernte Stadt zu seinen Verwandten; dort traf er sich auch mit einer lieben Bekannten, in der seine Eltern bereits die zukünftige Schwiegertochter sahen. Er war ein begeisterter Turner auf dem Reck, und es verging kaum ein Woche, in der er nicht mehrmals im Turnverein übte. Andere Geschicklichkeits-Sportarten hatten es ihm ebenfalls angetan. Er sparte auf ein eigenes Motorboot, mit welchem er im Sommer Fahrten entlang der dalmatinischen Küste absolvieren wollte. Im Winter huldigte er dem Ski-Langlauf. Er war sehr belesen und fragte mich sogleich, ob ich diesen oder jenen Schriftsteller kennen würde und was ich von ihm hielte.

Fast zwei Stunden lang sprudelte er über vor lauter Schilderungen seiner Aktivitäten, dann wurde er ruhiger. Er schien sich daran zu erinnern, weshalb er gekommen war. „Ich bewundere Ihre physische und psychische Ausdauer“, sagte ich zu ihm. „Ich verstehe nicht, dass Sie nie müde werden und keine Ruhepause brauchen. Wie ist es Ihnen möglich, ununterbrochen produktiv zu sein, ohne zwischendurch einmal abzuschalten und sich zu erholen?“ Er dachte nach. „Ja nun“, antwortete er nach einer Weile, „diese Blockaden, von denen ich heimgesucht werde ... da schalte ich schon geistig ab ... vielleicht sind das vom Organismus erzwungene Ruhepausen, weil ich ansonsten meine Kräfte überstrapazieren würde." Ich lobte ihn für seine Klugheit. Er sei schließlich keine Maschine, die Tag und Nacht laufen könne, und selbst Maschinen würden dabei alsbald ausgeleiert sein. Auch ein Musikstück wäre überfrachtet ohne Pausen zwischen den Tonsequenzen. Er dachte noch länger darüber nach. „Eigentlich leiste ich ja sehr viel, nicht wahr? Warum rege ich mich dann über die kurzen Phasen auf, in denen ich nichts leiste?"

Verlegen blickte er mich an. „Nach dem Gespräch bei Ihnen kommt es mir fast lächerlich vor, mir deswegen den Kopf zu zerbrechen ... Jedenfalls danke ich Ihnen, dass Sie mir zugehört haben. Es war zwar überflüssig, Ihnen zu erzählen, womit mein Alltag vollgepackt ist, aber ich sehe jetzt selbst ein, dass ich im Grunde mit meinem Leben zufrieden sein kann ..." „Na, dann war es vielleicht doch nicht so überflüssig, dass Sie es mir erzählt haben", konterte ich. „Ihre Blockaden sind wahrscheinlich ein Rettungsanker, den Ihr Organismus auswirft, wenn ihm Ihr Treiben zu bunt wird. Dafür können Sie ihm dankbar sein, anderenfalls hätten Sie nämlich bereits in jungen Jahren ein Erschöpfungssyndrom. Sie können dem aber auch vorbeugen, indem Sie gezielt kleine Meditations- und Stillezeiten in Ihren Alltag einbauen. Dreimal täglich zehn Minuten, morgens, mittags und abends, würden schon genügen, um Sie in Ihrer ‚inneren Raserei' aufzuhalten. Über kurz oder lang müsste Ihr Organismus gar keinen Rettungsanker mehr auswerfen –". Der Musiklehrer sträubte sich ein bisschen gegen eine „vergeudete halbe Stunde" täglich, doch als ich ihm versicherte, dass alle Genies ihre besten Ideen stets in entspanntem Zustand hatten, freundete er sich damit an und ist, wie ich bei einem späteren Kontrollgespräch erfahren habe, von seinen „seltsamen" Blockaden genesen.

Was aber erbrachten meine Anrufe bei den beiden Ärzten? Der eine vermutete einen ins Unbewusste verdrängten Schuldkomplex, vor dem der Patient ständig auf der Flucht sei und dem er sich nur mittels Blockaden entziehen könne. Das ärztliche Rezept hieß:

Die Ursachen des Schuldkomplexes müssten tiefenpsychologisch aufgedeckt werden. Der andere beabsichtigte, den jungen Mann in eine Nervenklinik zur Beobachtung einzuliefern, um dort feststellen zu lassen, ob dessen „Absenzen" hirnorganischen Ursprungs seien.

Ich bin überzeugt, dass die Erkenntnis, zu der der junge Musiklehrer in unserem Gespräch gelangt ist, nämlich dass er in der selbst gewählten Unruhe seines Lebens regelmäßige Momente der Ruhe und Besinnung brauchte, stimmte. Jedenfalls erübrigte sich eine weitere Therapie, was in Anbetracht der ärztlichen Vorschläge, die bereits im Raum standen, nur gut war.

***

Frankl hat seine Schüler ermahnt, von Anbeginn einer therapeutischen Sitzung an nicht bloß das Misslungene, Krankhafte und Störende im Leben einer Person zu betrachten, sondern mindestens so häufig (wenn nicht noch häufiger) nach dem Gelungenen, Gesundgebliebenen und Tragenden in ihrem Leben zu forschen und zu fragen. Seine Ermahnungen beherzigend, wird deshalb in der Logotherapie die Wechseldiagnostik angewandt, die von den Patienten durchwegs als wohltuend erlebt wird. Dabei wechseln sich Fragen zur Symptomatik mit Fragen zu problemlosen Zonen ab. Letztere sind eben auch wichtig, denn dort befinden sich die Stützen zur Bewältigung der Symptomatik.

Das obige Fallbeispiel ist in diesem Zusammenhang lehrreich. Das Wort „Blockade", das der junge Mann benützt hat, lenkt die Tendenzen eines Beraters schnell in Richtung „Entblockierung". Nahtlos schließt sich (wie bei den beiden Ärzten) die Überlegung darüber an, was denn eine solche „Entblockierung" des Patienten behindern könnte. Können es seelische Verwundungen sein? Können es körperliche Defizite sein? Man gräbt nach, man bohrt nach, andauernd auf der Suche nach Verwundungen und Defiziten. Wenn man nichts findet, muss man noch tiefer graben und noch mehr bohren ... Das hinterlässt sogar bei robusten Menschen Spuren, die das Problem eher verschärfen als lindern.

Dem beugt die Wechseldiagnostik vor. Der Musiklehrer durfte bei mir zunächst in seinen problemlosen Zonen schwelgen, und das tat er ausführlich. Es eröffnete sich mir der Blick auf einen vitalen, energischen Mann, der seine Schülerinnen und Schüler für die Musik zu begeistern vermochte, der sich unentgeltlich in Jugendclubs engagierte, der konstante Beziehungen zu Verwandten und Bekannten pflegte und der am Sport seine helle Freude hatte. Ist das nicht herrlich? Allein, in der Zusammenballung von all dem hätte selbst ein Laie gemerkt, dass sich der Mann zu viele Programmpunkte auf einmal aufhalste. Die Konsequenz daraus war die Notwendigkeit, seine Überaktivität zurückzuschrauben. Aber wie motiviert man jemanden, der so energiegeladen ist, dazu? Jetzt erst wechselte unser Gespräch zur Symptomatik. Bisher hatten ihn die Blockaden „zwangsbesänftigt", und das war unangenehm für ihn, aber, wie ich ihm dargelegt hatte, seine Rettung. Also war nicht „Entblockierung" angesagt, sondern ein freiwilliger gelegentlicher Rückzug in die Stille, um frische Kräfte zu sammeln. Es brauchte nicht viel Überredungskunst von mir, um den jungen Mann davon zu überzeugen. Noch stand er (dank der Wechseldiagnostik) im Scheinwerferlicht seines reichhaltigen und glückenden Lebens, über das wir soeben gesprochen hatten – da ist die Einsichts- und Umsetzungsbereitschaft groß.

Kritische Stimmen halten dem Prinzip der Wechseldiagnostik zwei Einwände entgegen. Der eine lautet: Sie zieht die anamnestischen und diagnostischen Gespräche ungebührlich in die Länge. Der andere lautet: Es ergibt sich sowieso, dass Themen außerhalb des Symptombereichs mit angeschnitten werden. Beides möchte ich entschieden verneinen. Was die Verlängerung der Eingangsgespräche betrifft, wird diese vielfach aufgewogen durch die wertvollen Hinweise, die man daraus für die spätere Therapie gewinnt. Arbeiten kann jeder Mensch doch nur mit seinen Stärken und nicht mit seinen Schwächen! Und was das „Sowieso" der positiven Themen betrifft, habe ich in meiner Kollegenschaft die Erfahrung gemacht, dass das Nicht-Krankhafte und Nicht-Problematische höchstens zufällig einmal gestreift wird. Es konsequent zu einem bedeutenden Dialogthema zu machen haben nur wenige Berater gelernt, weshalb der bestmögliche Rat bereits in der diagnostischen Phase verfehlt werden kann.

Lügen und Vorwürfe

Kleine Morgengymnastik:
Ich stehe mit dem richtigen Fuß auf,
öffne das Fenster der Seele,
verbeuge mich vor allem, was lebt,
wende mein Gesicht der Sonne entgegen,
springe ein paarmal über meinen Schatten
und lache mich gesund.

(Hans Kruppa)

Wenden wir uns jetzt der *therapeutischen Phase* zu. In ihr kommen spezifische Psychotechniken zur Anwendung, aber nicht nur. Während solche „Techniken“ durch die eine oder andere Methode ersetzt werden können, haben sich die unspezifischen Einstellungskorrekturen, die eine Domäne der Logotherapie sind, als unentbehrlich erwiesen. Es bildet eine permanente Herausforderung für ratgebende Personen, die inneren Einstellungen und Haltungen der Ratsuchenden auf deren gesundheitsrelevante, ethische und menschliche Akzeptierbarkeit zu überprüfen. Genauso, wie man rassistische und diskriminierende Aussagen in den Medien nicht dulden soll, und genauso, wie man falsche Behauptungen in der Wissenschaft entlarven soll, ist es auch eine therapeutische Verpflichtung, krankmachende und leidproduzierende Ansichten argumentativ ins Wanken zu bringen. Denn von Fehlhaltungen zu Fehlhandlungen ist es bloß ein winziger Schritt.

Wiederholen wir vorerst die spezifischen Psychotechniken, die bereits angeklungen sind. Bei allen Arten von überzogenen Ängsten ist es *nicht* der bestmögliche Rat, den Ängsten auszuweichen. Ob man in flachen Stufen trainiert, das Gefürchtete auszuhalten, ob man sich in einem mutigen Trotzakt daran ausliefert oder ob man es sogar humorvoll herbeiwünscht – immer ist eine Konfrontation damit vonnöten. Konfrontieren kann man sich aber nur mit einem Gegenüber, weshalb der „Urbaustein" der Angstbewältigung die innere Distanzierung des Selbst vom drohenden Angstgespenst ist. Das „selbstbewusste Selbst" ist in der Lage, ein aufgebauschtes Angstgespenst in seine Schranken zu weisen. Die logotherapeutische Methode der Paradoxen Intention stattet das Selbst mit einem solchen Selbstbewusstsein aus und eignet sich in vielen Variationen dazu, den Einfluss irgendwelcher „Gegner", die den Willen des Selbst unterdrücken wollen, aus den eigenen aufschäumenden Emotionen auszuschwemmen.

Beispiel 18

> Es ist gefährlich,
> die Ursache eines Übels außerhalb von sich zu sehen;
> das macht Reue unmöglich.
>
> *(Frederick William Robertson)*

Mir bekannte Eltern waren verzweifelt über die wiederholten Lügereien ihres kleinen Sohnes, dem aufgrund einer feinmotorischen Ungeschicklichkeit allerlei Malheur passierte, das er jedoch anderen in die Schuhe schob. Zum Beispiel kam er mit tintenverschmierten Heften nach Hause und erklärte auf Befragung, sein Sitznachbar in der Schule habe ihm die Tinte auf die Hefte geschüttet. Oder er kam mit einer zerrissenen Hose und der Ausrede, ein unbekannter Junge auf der Straße habe sie ihm mit der

Schere aufgeschlitzt. Jedes Mal hatten die Eltern erfahren, dass der Schaden in Wirklichkeit vom eigenen Sohn verursacht worden war. Sie waren darüber entsetzt und bangten um seine Charakterentwicklung.

Auch mir missfiel die Ausredentaktik des Jungen. Da er anscheinend noch nicht reif genug war, um für seine Fehlhandlungen einzustehen, schien es mir besser, wenn er *gar keine* Erklärung abgäbe, statt andere Leute fälschlich zu beschuldigen. Deswegen riet ich den Eltern, beim nächsten auftauchenden Schaden im Kontrast zu früher nicht nach dessen Verursachung zu fragen, sondern so zu tun, als wäre dessen Entstehungsgeschichte gänzlich uninteressant. Worauf sie hingegen Wert legen sollten, das war die Erörterung einer möglichen Wiedergutmachung durch den Jungen. Kam er also wieder mit tintenverschmierten Heften nach Hause, sollten die Eltern ihn dazu veranlassen, die Tintenflecken sorgfältig zu überkleben und notfalls einige Seiten nachzuschreiben, jedenfalls alles zu tun, um die Hefte wieder instand zu setzen. Dabei war davon abzusehen, ihm irgendwelche Fragen zu stellen oder Vorwürfe zu machen. Kam er mit zerrissenem Gewand an, sollte er, so gut es ging, Ausbesserungen mit Nadel und Zwirn vornehmen müssen oder beim Waschen und Bügeln helfen, aber nicht zu Erklärungen gedrängt werden. Ich hoffte, dass der Junge bei diesem veränderten Elternverhalten den Mut zur Aussprache entfalten und sich von selbst den Eltern anvertrauen würde.

Der erhoffte Effekt trat bereits nach einer Woche ein. Eines Nachmittags kehrte der Junge mit einem zerbrochenen Uhrglas vom Spielplatz heim. Die Hand mit der Uhr ohne Glas versteckte er hinter seinem Rücken, die Glassplitter warf er heimlich in einen Abfalleimer. Die Mutter tat, als sähe sie nichts davon. Als es eine Zeit lang sehr ruhig war, ging sie nachschauen und fand den Jungen in seinem Kinderzimmer sitzen, wo er die Uhr in der Hand hielt und ein paar Tränen hinunterschluckte. „O“, sagte sie und tat, als wäre es das Selbstverständlichste auf der Welt, „deine Uhr hat kein Glas mehr. Wenn wir die Glassplitter hätten, könnten wir sie vorsichtig zusammenkleben." Damit verließ sie das Zimmer. Nach einer Weile kam der Junge, immer noch stumm, und kramte die Splitter aus dem Abfalleimer heraus. „Fein", sagte die Mutter, als sie dies bemerkte, „jetzt holen wir durchsichtige Klebebänder und machen uns ans Werk." Der Junge konnte es gar nicht fassen, dass kein Donnerwetter erfolgte, und half eifrig bei der Kleberei mit. Schließlich war das Glas wieder einigermaßen an der Uhr befestigt. In der Familie wurde über den Vorfall nicht mehr gesprochen.

Als die Mutter an jenem Abend zum Bett des Jungen trat, um ihm „Gute Nacht" zu wünschen, zog er ihren Kopf zu sich herab und flüsterte ihr ins Ohr, wie die Sache mit der Uhr abgelaufen war. Er hatte die Uhr am Spielplatz an den Rand gelegt und war dann versehentlich daraufgetreten. Vor lauter Freude darüber, dass er sein „Vergehen" ehrlich zugegeben hatte, versprach ihm die Mutter, ein neues Uhrglas zu kaufen, und drückte ihn fest an sich.

Auf diese Weise gewöhnte sich der Bub die verlogenen Ausreden ab, und die viele kleinen „Selbstreparaturen" die er künftig vornahm, haben ihm auch keinesfalls geschadet. Im Gegenteil, sie haben dazu beigetragen, seine psychomotorische Ungeschicklichkeit mit der Zeit zu mindern.

***

Das den Eltern empfohlene Vorgehen lehnte sich an die Frankl'sche Methode der Paradoxen Intention an, die, wie gesagt, nicht nur ein Instrument zum Überwinden von pathologischen Angstbarrieren ist, sondern für jede Situation abgewandelt werden kann, in der die Macht eines inneren Gegners (eigener „Schweinehund") oder äußeren Gegners (nervenaufreibendes Familienmitglied) überlistet werden soll. Droht zum Beispiel eine dominante Ehefrau ihrem Mann wiederholt mit der Scheidung und beginnt sie jedes Mal demonstrativ die Koffer zu packen, wenn er ihren Wünschen nicht sogleich willfährt, wird ein ständiges Nachgeben des Mannes auf diese Drohung hin die Lage kaum retten. Der beste Rat könnte in diesem Fall lauten, dass der Mann bei der nächsten

Scheidungsandrohung seiner Frau beginnen möge, ihr auf liebenswürdige Weise beim Kofferpacken zu helfen und ihr freundlich zuzustimmen, dass eine Trennung, zumindest vorübergehend, vielleicht keine schlechte Lösung sei. Mit hoher Wahrscheinlichkeit wird die Ehefrau dadurch von ihrer Erpressermethode kuriert oder zumindest nicht mehr bei jeder kleinsten Meinungsdifferenz die Koffer packen.

Analog kann verfahren werden, wenn Kinder im Kräfteringen mit ihren Erziehern oder Geschwistern versuchen, die Stärkeren zu sein. Ein Kollege erzählte mir einmal, wie schnell seine beiden Söhne, die miteinander in eine wilde Prügelei verwickelt waren, damit aufhörten, als er ihnen ernsthaft vorschlug, ihnen „das Prügeln abzunehmen", indem er sie gemeinsam verklopfe. Sein Hilfsangebot wurde nicht nur nicht angenommen, es bewirkte auch das sofortige Auseinandergehen der beiden Streithähne.

Paradoxes Agieren ist ein Ausbruch aus einem erwarteten und monoton wiederkehrenden Verhalten, *ein Ausbruch, der imponiert* – sei es dem Betreffenden selbst, sei es seiner Mitwelt. Wenn derjenige, der sein Leben lang Angst vor Höhen gehabt hat, plötzlich Rundflüge bucht und mit Todesverachtung in die Tiefe späht, oder wenn der Ehemann, der sich jahrelang von seiner Frau hat kommandieren lassen, plötzlich souverän in ihre Scheidungsandrohung einwilligt und ihr auch noch die Koffer packt, oder wenn der Vater, statt mit den streitenden Söhnen zu schimpfen, vergnügt erklärt, er wolle ihnen gerne beim Prügeln helfen, oder wenn die Eltern sich für die Schadenserklärungen ihres Sohnes nicht im Mindesten mehr interessieren ..., so sind dies unerwartete Reaktionen, die jeweils zeigen, „dass man auch anders kann". Sie stärken das Selbstbewusstsein, sie fördern die Achtung der Mitmenschen und sie schwächen den „Gegner" innen und außen. Ein Ausbruch aus dem Netz der Gewohnheiten, aus übersteigerten Gefühlen und abhängigen Reaktionsmustern wird nahezu immer honoriert, zumal dann, wenn gezielte und sinnorientierte Willensvorgänge dahinter stehen, die die Macht des Geistes gegenüber den Emotionen demonstrieren.

Ein bedenkenswerter Anschlussgedanke dazu: Frankl hat in seinen Schriften darauf aufmerksam gemacht, dass durch die Methode der Paradoxen Intention letzten Endes eine Art „Urvertrauen zum Dasein" wiederhergestellt wird. Just im Sich-Exponieren an eine gefürchtete Vorstellung, vor der man bislang kapituliert hat, erlebt man die – wenn auch brüchige – Geborgenheit im Dasein überdeutlich. Das Flugzeug stürzt nicht so schnell ab, die Ehefrau zieht nicht sogleich weg, die Söhne schließen Frieden, das Kind hört auf zu lügen ... Insofern Urvertrauen sehr viel mit Glauben (im weitesten Wortsinn) zu tun hat, schien ihm in dieser seiner Methode jene Weisheit zum Tragen zu kommen, die in dem alten amerikanischen Sprichwort anklingt:

Fear knocked at the door,	Die Angst klopfte an,
faith answered,	der Glaube öffnete die Tür,
and no one was there.	und niemand stand draußen.

Es ist kein schlechter Rat, gelegentlich, wenn es klopft – und sei es unser Herz, das klopft! – den Glauben zur Türe zu schicken.

Überflüssiges Leid

Dazu mahnen wir vor allem:
Man unterlasse das Murren!

(Benedikt von Nursia)

Zu den spezifischen Techniken der Logotherapie zählt ferner die Dereflexionsmethode, die bei sämtlichen Sorten von Hineinsteigerungen indiziert ist. Wie sehr es Hyperreflexionen zu wehren gilt, haben wir bei der diagnostischen Phase abgehandelt. Im Grunde ist der (nicht psychotisch bedingte, sondern) bei vollem Verstand beabsichtigte Suizid die logisch letzte Station einer alles überwuchernden Hyperreflexion. Denn wenn nichts anderes mehr im Leben eines Menschen zählt als sein Problem, um das er Tag und Nacht gedanklich kreist, ohne einen Ausweg zu finden, dann wird nachvollziehbar, dass er seine Verzweiflung gewaltsam beenden möchte.

Menschliches Leid kann in zwei Arten aufgeteilt werden, nämlich in das *schicksalhafte Leid*, das einen Menschen überfällt und nicht zu ändern ist, und in das *überflüssige Leid*, das vom Menschen selbst initiiert wird, gewollt oder ungewollt. Während nun unspezifische Einstellungskorrekturen Beistand leisten können, damit Ratsuchende mit einem schicksalhaften Leid fertig werden, ist die Dereflexion eine gezielte Methode, um überflüssiges Leid abzubauen.

Würde ich gefragt, ob ich im Laufe meiner psychotherapeutischen Praxis eher mit der einen oder anderen Leidart zu tun hatte, müsste ich antworten, dass das überflüssige Leid bei Weitem überwogen hat. Die Probleme, die an mich herangetragen wurden, betrafen in der Mehrheit verfahrene und missliche Lebenssituationen, die durch die Patienten selbst heraufbeschworen worden waren. Das Paradebeispiel dazu ist die Sucht. Jemand beginnt, aus welchen Gründen auch immer (vielleicht bloß aus Leichtsinn, Lust und Laune heraus), mehr Alkohol zu konsumieren, als für ihn zuträglich ist. Er lässt sich immer öfter gehen, sein Bekanntenkreis zieht sich schleichend von ihm zurück. Wer will schon mit einem unordentlichen, nach Schnaps riechenden Individuum zusammen sein? Der Betreffende wird einsamer, was ihn vermehrt zur Flasche greifen lässt. Er beginnt, auch im Dienst heimlich zu trinken, seine Arbeit wird unkonzentrierter und schlechter. Es gibt Ärger, und Ärger muss wiederum hinuntergespült werden. Am Ende steht die Entlassung, vielleicht eine Entziehungskur. Danach wird mühsam um die Wiederaufnahme eines beruflichen Einstiegs gerungen. Gelingt dieser nicht gleich oder in der gewünschten Weise, wirft das den Betreffenden ins alte Fahrwasser zurück. Jetzt will seine Familie nicht mehr mitmachen, sie meint, es ist des Jammers genug. Die gruseligen Scheidungsquerelen demotivieren ihn, sich ein weiteres Mal einer Kur zu unterziehen. Allein gelassen, ohne Arbeit, ohne Freunde, ohne Familie, ohne Perspektiven, schwinden seine Hoffnungen dahin. Nur der Alkohol tröstet ihn noch, aber immer kurzfristiger, denn die physische und psychische Kondition des Abhängigen rinnt unaufhaltsam den Bach hinunter. Müsste schon ein gesunder Mensch einen Neustart ohne jegliche Ressourcen sehr schwer erkämpfen, so kann ein rundum ausgepumpter und seiner Hoffnungen barer Alkoholiker eine solche Ausnahmeleistung nicht zuwege bringen. Wenn er jetzt fällt, steht er nicht mehr auf und wird zum lebenslangen Opfer seiner Sucht.

Dabei ist das gesamte Elend nicht unumgänglich gewesen. Mit ein wenig Selbstdisziplin und Willenskraft in entscheidenden Augenblicken hätte der Betreffende ein zufriedenstellendes Leben im Kreis seiner Freunde, Angehörigen und am Arbeitsplatz führen können. Allerdings nur, wenn … *ja, wenn es etwas gegeben hätte, das wichtiger für ihn gewesen wäre als die Zuflucht zur Flasche;* etwas, um dessentwillen er ein striktes Nein hätte sagen können zur allgegenwärtigen Verführung; etwas, woran er intensiver und inständiger gedacht hätte als an den nächsten Schluck Bier oder Schnaps.

Exakt *das* ist es, was die Frankl'sche Dereflexionsmethode anpeilt: das Ansichtigwerden von Werten im Leben, die es eben wert sind, Schwächen zu überwinden und Verführungen eine Absage zu erteilen. Die es wert sind, kurzfristig zu erhaschendes „Ego-Glück" einzutauschen gegen eine langfristige „Liebesbeziehung" zu den Berührungspunkten mit der je persönlichen kleinen „Welt". Man kann es nicht häufig genug betonen: Es geht nicht primär darum, ein gutes Gefühl bei sich selbst zu erzeugen und konstant zu halten! Gefühle drehen sich im Karussell des Lebens mit, schwingen hinauf und hinunter, wie der Wind gerade bläst. Man braucht sie nicht zu unterdrücken, soll sie aber auch nicht zum Leitmotiv hochstilisieren. *Sinn und Werte* sind es, die uns leiten sollen, und solange sie dies tun, werden auch unsere Gefühle nicht im finstersten Keller landen.

Beispiel 19

> Niemand außer dir kann dich glücklich oder unglücklich machen.
>
> (Martin Opitz)

Als ich einmal mit zwei Praktikanten ein Heim für schwerstbehinderte Kinder besucht hatte, sagte danach der eine zu mir: „Entsetzlich, wie manche Kinder gehandikapt sind! Ich könnte hier nie arbeiten. Ich könnte ihren Anblick nicht ertragen!" Der andere Praktikant meinte hingegen: „Wenn ich wüsste, dass Personalmangel herrscht und es den Kindern an Betreuern fehlt, dann würde ich hier schon zu arbeiten anfangen. Denn hier wird jede Hand und jedes gute Wort gebraucht." Ja, *das* ist der Unterschied! Zweifellos ist der Heimbesuch beiden Praktikanten nahe gegangen. Doch während der eine in sich selbst hineinhorchte, dachte der andere an die bedauernswerten Kinder.

Wer begriffen hat, wo und für wen er gebraucht wird, *dem wachsen auch die Kräfte zu,* die er für diese Aufgabe benötigt. Wer jedoch erst des Langen und Breiten seine Kräfte abwägt, ob sie wohl für eine Aufgabe ausreichend seien, der stellt lediglich seine Schwächen fest und ist frustriert.

Selbstbespiegelung

Eines Menschen Einsicht leiht keinem anderen ihre Schwingen.

(Khalil Gibran)

Nachstehend ein Originalzitat aus dem Prosastück *Über das Marionettentheater* von Heinrich von Kleist:

> Ich badete mich, vor etwa drei Jahren, mit einem jungen Mann, über dessen Bildung damals eine wunderbare Anmut verbreitet war. Er mochte ohngefähr in seinem sechszehnten Jahre stehn, und nur ganz von fern ließen sich, von der Gunst der Frauen herbeigerufen, die ersten Spuren von Eitelkeit erblicken. Es traf sich, dass wir grade kurz zuvor in Paris den Jüngling gesehen hatten, der sich einen Splitter aus dem Fuße zieht; der Abguss der Statue ist bekannt und befindet sich in den meisten deutschen Sammlungen. Ein Blick, den der junge Mann in dem Augenblick, da er den Fuß auf den Schemel setzte, um ihn abzutrocknen, in einen großen Spiegel warf, erinnerte ihn daran; er lächelte und sagte mir, welch eine Entdeckung er gemacht habe. In der Tat hatte ich, in eben diesem Augenblick, dieselbe gemacht; doch sei es, um die Sicherheit der Grazie, die ihm beiwohnte, zu prüfen, sei es, um seiner Eitelkeit ein wenig heilsam zu begegnen: Ich lachte und erwiderte – er sähe wohl Geister! Er errötete und hob den Fuß zum zweiten Mal, um es mir zu zeigen; doch der Versuch,

wie sich leicht hätte voraussehn lassen, missglückte. Er hob verwirrt den Fuß zum dritten und vierten, er hob ihn wohl noch zehnmal: umsonst! er war außerstand, dieselbe Bewegung wieder hervorzubringen – was sag ich? Die Bewegungen, die er machte, hatten ein so komisches Element, dass ich Mühe hatte, das Gelächter zurückzuhalten: –

Von diesem Tage, gleichsam von diesem Augenblick an, ging eine unbegreifliche Veränderung mit dem jungen Menschen vor. Er fing an, tagelang vor dem Spiegel zu stehen; und immer ein Reiz nach dem anderen verließ ihn. Eine unsichtbare und unbegreifliche Gewalt schien sich, wie ein eisernes Netz, um das freie Spiel seiner Gebärden zu legen, und als ein Jahr verflossen war, war keine Spur mehr von der Lieblichkeit in ihm zu entdecken, die die Augen der Menschen sonst, die ihn umringten, ergötzt hatte. Noch jetzt lebt jemand, der ein Zeuge jenes sonderbaren und unglücklichen Vorfalls war und ihn, Wort für Wort, wie ich ihn erzählt, bestätigen könnte. –

Was Heinrich von Kleist im Jahr 1810 beschrieben hat, ist ein Phänomen, das heutzutage so manchen Leuten Einweisungen in psychiatrische Krankenhäuser beschert, ohne dass eine echte Indikation dafür vorläge. Sind sie aber erst einmal drinnen, kommen Sekundär- und Tertiäreffekte dazu. Sie büßen an Selbstvertrauen ein, sie werden künstlich ruhiggestellt, was auch die Lebensfreude „hinwegberuhigt", und sie erfahren eine diffizile Ächtung im Bekanntenkreis, die noch schlimmer ist als Neugierde oder Mitleid.

Damit will ich keine Kritik an den psychiatrischen Krankenhäusern üben, sondern lediglich feststellen, dass es Patienten gibt, die dort gar nicht hin müssten, die aber dort landen aufgrund von nichts anderem als einer übermäßigen Selbstbeobachtung und Selbstbespiegelung, in deren Gefolgschaft irritierende Hineinsteigerungsmechanismen ablaufen. Genau wie bei dem anmutigen Jüngling in Kleists Erzählung, der all seine Anmut in dem Moment verlor, als er bewusst anmutig sein wollte, verlieren solche Leute ihre Unbefangenheit im Daseinsvollzug, weil sie etwas für sich erzwingen wollen, das ihnen nur dann gehört, wenn es unreflektiert bleibt. Das gilt nicht nur für Zwangskranke, die sich in ihrem Perfektionismus verfangen, oder für Schönheitsfanatikerinnen, die sich mit Anti-Aging-Prozeduren kasteien, bis sie ihr sympathisches Aussehen verdorben haben. Wiederholt sind mir Personen vorgestellt worden, die durch die Teilnahme an einer Selbsterfahrungsgruppe aus dem Gleichgewicht geraten sind. In der Gruppe haben sie Horrortrips erlebt, weil sie ihr Leben – sämtliche Negativerfahrungen herauspickend und unter heftigen Gefühlsausbrüchen – innerlich rückspulen mussten, sich dabei in Schrei- und Weinkrämpfe verstrickten und völlig außer sich gerieten. Das sind keine „reinigenden Gewitter", sondern gefährliche Aufschaukelungsprozesse, im Zuge derer es geschehen kann, dass sich das spontane und unkomplizierte Leben von früher nicht mehr einstellt.

Um vieles besser sind dem gegenüber die Selbsthilfegruppen, die es für diverse Problemlagen gibt, und die *ohne* Therapeuten (!) mit hohen Erfolgsquoten arbeiten. Während die Selbsterfahrungsgruppen ihre Teilnehmer darauf programmieren, ihr Selbst schonungslos voreinander zu entblößen, fordern die Selbsthilfegruppen dazu heraus, einander zuzuhören und zu helfen, und das ist der entscheidende Unterschied. Wer einem anderen helfen will, erfährt sich automatisch selbst, aber wer sich selbst erfahren will, der hilft niemandem ... meistens nicht einmal sich selbst.

Beispiel 20

> Bist du einsam, so besuche einen,
> der noch einsamer ist als du.
>
> *(D. Dorenbeck)*

Ein warnendes Beispiel dazu ist eine ältere Dame, der Folgendes passiert ist: Sie hatte jahrelang ein Reformhaus geführt und schließlich beschlossen, in den Ruhestand zu treten und das Geschäft zu verkaufen. Ein solcher Abschied ist für jeden Menschen, der ein größeres oder kleineres Lebenswerk aufgebaut hat, ein markanter Einschnitt. Die alleinstehende Dame wusste dies und beabsichtigte deshalb, nach Aufgabe ihres Geschäftes eine Weile in ein Kloster zu übersiedeln; doch wenige Tage vor der geplanten Abreise verstarb ihre Mutter, mit der sie ein inniges Verhältnis gehabt hatte, und sie musste deren Nachlass ordnen. Dadurch kam die natürliche Trauer über den Verlust der Mutter zu dem ebenso natürlichen Abschiedsgefühl nach Beendigung der Berufstätigkeit hinzu, und das klösterliche Auffangnetz entfiel. Das versetzte die Dame in einen deprimierten Zustand, in dem sie nichts mehr essen wollte oder konnte, was genügend Anlass für den behandelnden Arzt war, sie in ein psychiatrisches Krankenhaus einzuweisen. Dort ging es mit ihr rapide bergab. Sie erhielt Psychopharmaka und Gespräche, die sich ausschließlich um sie selbst drehten: Um ihre Verlassenheitsgefühle, um ihre angeblich regressiv-kindliche Anhänglichkeit an die Mutter, um ihre berufsbedingt unterdrückten Bedürfnisse, um ihre enttäuschten Partnerschaftswünsche usw., kurz, ihre Welt wurde stetig enger, und alles, was einmal ihr Leben lebenswert gemacht hatte, entschwand aus ihrem Bewusstsein. Sie begann, sich selbst als hoffnungslosen Fall zu betrachten, und das war sie denn auch: Eines Tages blieb ihr Herz über Nacht einfach stehen.

Ich habe mich mit einem der Krankenhausärzte, den ich später traf, darüber unterhalten, und er sagte mir, wenn er damals schon über das Frankl'sche Gedankengut informiert gewesen wäre, hätte er die Patientin vielleicht durchgebracht. Er glaubte nämlich nicht an einen rein organisch verursachten Tod. Was der Dame gefehlt hatte, war ein Stück Lebensfreude in frei beschwingter Selbstvergessenheit gewesen. Hätte man ihre einstigen beruflichen Leistungen anerkannt, ihre ungebrochen gute Beziehung zur Mutter gewürdigt und danach eine angenehme Form des Gebrauchtwerdens arrangiert, und sei es nur über ein Kätzchen, das sie zu füttern gehabt hätte, oder über den Anschluss an eine Telefonkette, bei der sich alleinstehende ältere Menschen gegenseitig kontaktieren (um sich zu vergewissern, dass alles in Ordnung ist), hätte ihr Herz vermutlich noch eine Weile weitergeschlagen.

***

Es mag nachdenklich stimmen, dass die Teilnahme an Selbsterfahrungsgruppen zum Standardangebot der Beraterausbildung gehört. Meines Erachtens ist dabei äußerste Behutsamkeit erforderlich, damit das Unterfangen nicht zu einer perfiden Nabelschau degeneriert. Unsere visuelle Wahrnehmung zentriert sich immer auf einen abgegrenzten Bereich. Selbst fotografisch können nicht gleichzeitig aus der Nähe und aus der Ferne scharfe Bilder präsentiert werden. Entweder erscheint der Fensterrahmen scharf und die Landschaft außerhalb des Fensterrahmens verschwommen, oder es erscheint die Landschaft scharf und der Fensterrahmen verschwommen. Analog geht es bei der *geistigen* Wahrnehmung des Menschen zu. Entweder werden das Ich und seine Belange groß geschrieben und das Außerhalb des Ichs verblasst, oder umgekehrt.

Die von Frankl entwickelte Methode der Dereflexion holt nun mit ihrer „Fernrohrwirkung" den (in der Ferne verschwommenen?) „Sinn des Augenblicks" ganz nah an den Betrachter heran, indem sie ihm vermittelt: „Denk nicht nur an dich selbst. Stell dich etwas zurück. Es gibt noch anderes außer dir. Schau hin auf das Andere, entwickle Interesse für das Anderen, und du wirst dich selber geschenkt bekommen." Sowie jemand verstanden hat, dass er noch irgendwie wichtig ist und sich deswegen nicht in seinem Schmerz verkriechen und in seinem Kummer einigeln darf, hat er auch schon Hoffnung geschöpft. Mag sein, nicht die Hoffnung auf ein langes und glückliches Leben, aber zumindest die Hoffnung auf ein *sinnvolles* Leben, unter welchen Umständen auch immer, und *das* ist der Kernpunkt jeder Heilung und jeden Heil-Seins menschlicher Existenz. Die forcierte Selbstbeobachtung hingegen fixiert auf einen „blinden Fleck“ in der geistigen Optik, was die Sinnwahrnehmung reduziert, wodurch sich der Mensch selbst entgleitet.[9]

Schutz der Intimsphäre

Der Mensch, der nur sich liebt, hasst nichts so sehr,
als mit sich allein zu sein.
Deshalb suchen die Menschen so sehr den Lärm und das Geräusch der Welt,
deshalb ist Gefangenschaft eine so schreckliche Strafe,
und deshalb gibt es so wenige Menschen,
welche die Einsamkeit zu ertragen imstande sind.

(Blaise Pascal)

In seinen Vorlesungen an der United International University in Kalifornien hat Frankl im Jahr 1971 überzeugend dargelegt, dass die der „Humanistischen Psychologie" entsprungenen „encounter groups", die zu der damaligen Zeit in der Psychoszene boomten, mehr Schaden als Nutzen anrichteten.[10] Interessant ist, dass seine Begründung fast eins zu eins übertragbar ist auf viele soziale Interaktionen, die seit der kybernetischen Revolution im Internet boomen. Deshalb wollen wir uns kurz auf die Fährte seiner Darlegungen begeben.

Beginnen wir mit dem Sachverhalt, dass die menschliche Sprache nicht bloß eine *Ausdrucksfunktion* hat. Das Muhen einer Kuh, der Schrei eines Eichelhähers drücken Gefühlsregungen aus. Menschlicher Sprache kommt darüber hinaus eine *Darstellungsfunktion* zu. Beim Sprechen möchte der Sprecher im Allgemeinen seinem Gesprächspartner etwas Selbstüberschreitendes zur Kenntnis bringen und nicht nur die eigene Gestimmtheit in Laute „übersetzen". Im Allgemeinen möchte er Inhalte vermitteln, die ihm auch *für den anderen* bedenkenswert dünken, mit dem er kommuniziert. Sprache ist der sich gegenseitig befruchtende Austausch von Gedanken zweier Personen „über ein Drittes", mit dem sich beide gerade gedanklich beschäftigen.

Bei den typischen „encounter groups" wird jedoch dieser Sachverhalt vernachlässigt. Der Blick der Teilnehmer wird nicht auf ein „Drittes", eben „zu Besprechendes" gelenkt, sondern lediglich darauf, dass sie ihre eigenen seelischen Spannungen zum Ausdruck bringen, um sie – verbal, emotional und ggf. motorisch – zu „entsorgen". Sie sollen in einer Art „Libidohydraulik" (Peter R. Hofstätter) ihre unangenehmen Gefühle ausagieren, um sie loszuwerden.

Beispiel 21 (Bericht von Viktor E. Frankl)

„Im Folgenden wird ein Fall wiedergegeben, der diese Fehlauffassung ... illustrieren mag. Die Patientin hatte sich einer „encounter group" angeschlossen und brachte im Rahmen einer Sitzung ihre Erregung und ihren Ärger zum Ausdruck, die auf ihren in Scheidung begriffenen Mann gerichtet waren. Der Gruppenleiter forderte sie nun auf, auf einen Luftballon einzustechen und solcherart ihrem Ärger und ihrer Aggression ‚Luft zu machen'. Der Ballon trat also an die Stelle des ursprünglich gemeinten Objekts ihrer Aggression, nämlich ihres Mannes ..."

Es ist zu vermuten, dass die Attacke auf den Luftballon der Patientin eine momentane Erleichterung verschafft hat, dass diese Erleichterung aber so schnell wieder entwichen ist wie die Luft aus dem Ballon. Was änderte sich denn mit der Stecherei in der Realität? Nichts! Wenn die Patientin einen echten Grund hatte, sich zu ärgern, dann bestand dieser nach wie vor, und hundert kaputte Luftballons hätten daran nicht rütteln können. Weshalb Frankl fortfuhr:

„Der Grund dafür, unglücklich zu sein, wird damit noch lange nicht aus der Welt geschafft … Wie wäre es [hingegen], wenn die in Scheidung begriffene Frau von ihrer Fähigkeit Gebrauch machte, … zu ihrer in Brüche gegangenen Ehe Stellung zu nehmen, indem sie sich nicht dem Ärger überlässt, sondern eine Aussöhnung herbeiführt, und zwar entweder, wenn es noch möglich ist, mit ihrem Mann, oder, wenn es wirklich nicht mehr gehen sollte, mit ihrem Schicksal, dem Schicksal einer geschiedenen Frau? So oder so würde sie etwas unternommen haben, jedenfalls mehr, als wenn sie nur dafür gesorgt hätte, die Aggression zu ventilieren. Erst dann hätte sie als Mensch agiert und nicht nur als Apparat reagiert.

Blockiert aber nicht eine Psychologie, die den Menschen nicht als Stellung nehmendes, sondern nur als ein von Mechanismen und Impulsen gesteuertes Wesen ansieht, die Fähigkeit des Menschen, auf menschlicher Ebene eine Situation zu meistern, indem er nicht nur äußerlich ihr gewachsen ist, sondern auch innerlich an ihr über sich hinauswächst? Blockiert nicht eine Psychologie ohne Logos, die nur Ursachen und Wirkungen kennt, aber keinen Sinn, der noch das Leid zu krönen vermöchte, blockiert nicht diese Psychologie, wenn sie vom Therapeuten auf den Patienten übertragen wird, des letzteren Fähigkeit, äußere Tragödien in innere Triumphe zu verwandeln und Zeugnis abzulegen vom humanen Potenzial, das in ihm schlummert? Und lässt sie nicht in unserem Fall die Patientin in dem Glauben, sie sei abhängig davon, ob sich irgendein Mann von ihr scheiden lässt oder nicht, und ob irgendwelche gegen ihn gerichteten, in ihr gestauten Aggressionen dräniert werden oder nicht?“

***

Der Modehit „encounter groups“ ist inzwischen veraltet, aber das von ihm propagierte Rezeptmuster wird fleißig nachgeahmt. Im computerisierten Zeitalter hat sich der Fortschritt mit einer allmählichen Vereinsamung der Menschen in der Masse gekoppelt. Während sich das Erdklima kontinuierlich erwärmt, kühlt das Beziehungsklima zwischen Völkern, Parteien, Kollegen und Angehörigen ab. Mitten aus den immer intelligenteren Gerätschaften, mit denen wir uns umgeben, steigt ein Schrei nach simpler menschlicher Zuwendung und Anteilnahme empor und verhallt ungehört. Allerdings nicht ganz ungehört: Clevere Geschäftsfreaks können mit diesem Schrei viel Geld scheffeln. Das haben Giganten wie Facebook-Manager und Co. durchschaut und bieten Plattformen an, auf denen sich jedermann (und jede Frau) „ausdrücken, Luft machen und symbolisch um sich stechen kann", genauso wie in den ehemaligen „encounter groups". Dabei darf in einer Art „emotionaler Inkontinenz" (Frankl) jedwede Intimität Beifall heischend oder provozierend ausgewalzt werden, zu keinem anderen Zwecke, als überschüssige Gefühlsregungen abzuladen, cool dazustehen oder eine Resonanz (gleichgültig welcher Art) einzuholen. In den zahllosen virtuellen Chatrooms gibt es unter dem Deckmantel des Inkognito-Status keinen „Schutz durch Scham" mehr, dafür aber das, was Frankl als „Monologe à deux" gegeißelt hat, das heißt, jeder schwatzt bloß über sich selbst in der Sehnsucht, dass jemand aus dem Cyberspace ihn beachten bzw. ihm lauschen möge. Das Dumme ist nur, dass dafür teuer gezahlt werden muss, aber das war bei den „encounter groups" nicht anders.

Die Vorbilder aus der Flimmerkiste verstärken (unabsichtlich) diesen Trend. Für Schauspielerinnen und Schauspieler ist es ein künstlerisches Qualitätsmerkmal, wenn sie starke Gefühle simulieren können, als wären diese total echt. Darauf sind sie ja gedrillt. Die exzellenten Mimen verstehen es, „himmelhoch zu jauchzen oder zu Tode betrübt zu schluchzen", je nach den Vorschriften ihres Drehbuchs. Daher werden in den Fernsehstücken die Gefühle der darzustellenden Figuren durchwegs *überdeutlich* zur Schau gestellt. Was aber in der Bühnen- und Filmwelt ein Plus ist, das ist in der Welt des Normallebens ein Minus. In der Realität ist es nicht der bestmögliche Rat, jedwede Gefühlsregung ungefiltert auszuposaunen und seine Mitmenschen mit allen Details aus der Privatsphäre einzudecken. Vielmehr empfiehlt es sich, die eigene Privat- und Intimsphäre vor einer Begaffung durch Fremde zu schützen und eine eventuelle Einsamkeit schöpferisch auszugestalten. Nur: Wer von denjenigen, die täglich stundenlang vor dem Fernsehapparat hocken, weiß das? Wer von denjenigen, die ihre Freizeit mit Surfen und Wischen auf ihren Smartphones verbringen, weiß das? Und wer erfährt dank einer „Psychologie *mit* Logos", wie er mit seinem Ärger und seinen Aggressionen so weise umgehen kann, dass er sein Leid (statt es bloß hinauszubrüllen) sogar noch „zu krönen vermag"?

Zumindest Letzteres kann ich beantworten: Derjenige weiß es, der mit der Frankl'schen Logotherapie vertraut ist.

Tränen aufheben

Dies aber bedenkt, ihr Menschen im Leid:
Immer noch leben elender andre,
deren Tränen tief euch beschämten,
sähet ihr nicht immer nur wieder euch selbst!

(Hans Bahrs)

Es ist eine der imposanten Stärken der Logotherapie, dass sie neben ihren spezifischen Methoden (Paradoxe Intention, Dereflexion) auch unspezifische Einstellungskorrekturen in ihrem therapeutischen Gepäck hat. Sie hat sich, auf Frankls genialem Konzept der „Ärztlichen Seelsorge" fußend, intensiv wie keine andere psychologische Richtung mit der Frage der Leidbewältigung befasst. Und zwar auch mit der Frage, wie man (nunmehr nicht „überflüssiges", „selbstgestricktes", neurotisches, sondern) *schicksalhaftes Leid* bewältigt. Während in der diagnostischen Phase Probleme in ihrer Relativität offengelegt werden – Stichwort „Reduktion der Hyperreflexion" –, werden bei der Anwendung der Ärztlichen Seelsorge Wertverluste in ihrer Relativität offengelegt. Kein Wertverlust darf und soll den Lebenssinn „absolut" schmälern! In der Praxis kann zum Beispiel mit einem Beinamputierten darüber diskutiert werden, ob der Wert der menschlichen Existenz tatsächlich an den Besitz zweier Beine geknüpft ist oder ob nicht ein sinnerfülltes Leben *trotz* Einbeinigkeit und *mitsamt* Einbeinigkeit möglich ist.

Oft wird Rat gesucht wegen eines Verlustes, der nicht hingenommen werden will, oder wegen einer tristen Angelegenheit, die nicht eliminiert werden kann. Die Einstellungen der Personen zu ihrem Leid werden jedoch *nicht* von jenen Verlusten oder Angelegenheiten geprägt, sondern *von den Betreffenden selbst*. Erst diese Prägung verleiht den Verlusten und Angelegenheiten deren subjektive Relevanz. Wenn im Herbst graue Nebelschwaden durchs Land ziehen, Stürme pfeifen, und die Blätter von den Bäumen rieseln, bedeutet dies nicht zwangsläufig das Aufkeimen von melancholischer Trübsal. Ebenso gut kann die geschilderte Szenerie Assoziationen mit gemütlichen Winterabenden im warmen Wohnzimmer bei Kerzenschein, heißem Kräutertee und duftendem Tannenreisig wachrufen. Bekanntlich liegt alles „im Auge des Beschauers", genauer gesagt, an dessen *Einstellung* zu den von ihm nicht handhabbaren Vorgängen, und diese Einstellung färbt seine Emotionen ein und beeinflusst seinen psychischen Zustand. Das Herbstbeispiel zeigt, dass es keineswegs hochdramatische Ereignisse sein müssen wie etwa eine Beinamputation, die eine psychische „Ebbe" herbeiführen. In unserer verwöhnten Wohlstandsgesellschaft genügen kleine Unbequemlichkeiten oder Verzichtsnotwendigkeiten für heftige Protestbewegungen mit obsoletem seelischem Nachhall. Doch soll man einen Kummer nicht gegen einen anderen aufrechnen, denn jeder tut weh. Und jedes Leid bedarf einer Einstellung, mit dem es getragen werden kann unter Aufbietung derjenigen Potenziale, die einem zur Verfügung stehen.

Beispiel 22

Eine junge Mutter saß bei mir und klagte heftig über die viele Arbeit, die sie mit ihren zwei kleinen Kindern hatte. „Ich habe überhaupt keine Zeit mehr für mich", jammerte sie. „Ständig muss ich hinter den Kindern her sein und aufpassen, was sie gerade anstellen. Nichts gibt es für mich jetzt außer Muttersein! Einmal müssen die Kinder gefüttert, einmal angezogen, einmal frisch umgezogen werden, das verstreute Spielzeug muss weggeräumt werden, Berge an Wäsche sind zu waschen, und das Einkaufen mit den beiden Kleinen ist eine Tortur. Bis die Kinder endlich abends im Bett liegen, bin ich mit meinen Nerven fix und fertig."

Ich entschloss mich zu einer Schocktherapie. „Ja", antwortete ich in beiläufigem Ton, „wenn Ihre Kinder eine schwere Krankheit bekämen und daran stürben, wären Sie wieder frei von Ihren Verpflichtungen und könnten Ihr Leben nach Ihren Wünschen gestalten ..." „Um Gottes Willen", rief die junge Mutter, „an das darf ich gar nicht denken! Nein, nein, ich bin natürlich froh, dass die beiden Kinder gesund sind, auch wenn sie viel Arbeit bedeuten. Vielleicht sollte ich mich gar nicht darüber beschweren ..., am Ende könnte der Herrgott mich hören ..."

***

In der Psychotherapie ist es unumgänglich, allzu destruktive und pessimistische Einstellungen zu „modulieren", um psychische Dekompensationen zu verhindern. Dabei ist es (außer über Medikamente bzw. Drogen) fast unmöglich, die Stimmungslage einer Person *direkt* zu lichten. Gelingt es aber, ihre geistige Einstellung zu einem Sachverhalt zu positivieren, verbessert sich *indirekt* auch ihre Stimmungslage.

Zum Beispiel ist es im Umgang mit mürrischen Leuten schwieriger, sie aufzuheitern, als ihnen auseinanderzusetzen, dass der Gegenstand ihres Grams auch sein Gutes haben kann, und sei dies nur ein Zugewinn an Erfahrung oder der Preis für einen Gegenwert, der ihnen anders nicht erreichbar gewesen wäre. Auch die vorhin erwähnte „geplagte Mutter" konnte an der Versorgung ihrer Kinder Freude finden oder sich darüber ärgern, je nach Laune, und es wäre kaum möglich gewesen, ihren Ärger direkt in Freude zu verwandeln. Über die Einstellung allerdings, wie glücklich sie sich doch preisen konnte, gesunde Kinder zu haben, ließ sich ihr psychischer Zustand und damit ihr Umgang mit den Kindern harmonisieren.

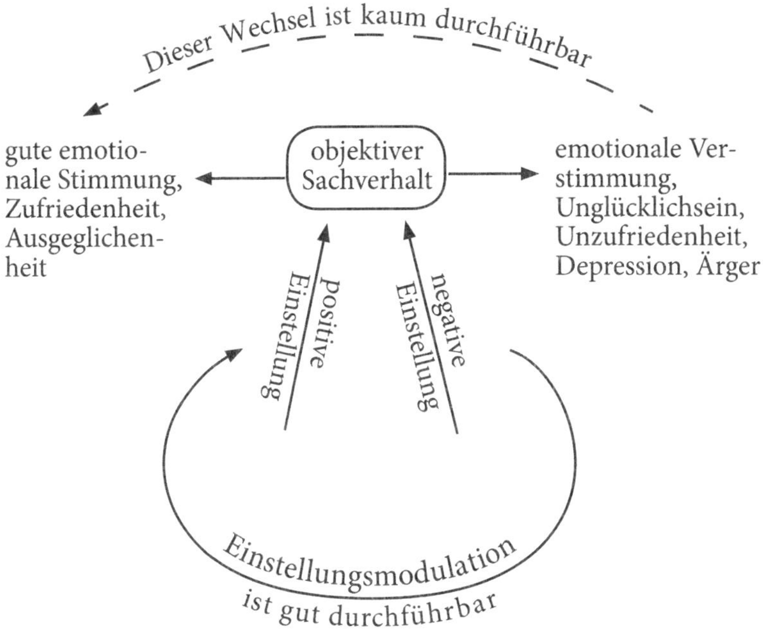

Ich habe so viele unzufriedene Frauen kennengelernt, dass ich manchmal daran zweifle, ob die Emanzipationsbewegung des letzten Jahrhunderts den Frauen unseres Kulturkreises wirklich mehr Freude beschert hat. Der durchschnittliche weibliche Frustrationspegel ist hoch:

- Entweder sind die Frauen berufstätig und ohne Kinder, dann genießen sie nicht ihre (den männlichen Kollegen gleichgestellte) Selbstständigkeit, sondern sehnen sich nach Mutterschaft und Familie.
- Oder sie haben Mann, Kinder und keinen Beruf, dann genießen sie es nicht, finanzielle Sicherheit und Zeit für ihre Kinder zu haben, sondern klagen über ein unerfülltes Leben im Haushalt.
- Daneben gibt es die große Gruppe der berufstätigen und Kinder aufziehenden Frauen, die wahrlich gesegnet ist mit Aufgaben, aber nicht die Fülle ihres Lebens registriert, sondern nur dessen Belastung.

- Und es gibt eine kleinere Gruppe von Frauen, die aus verschiedenen Gründen weder berufliche noch familiäre Verpflichtungen hat und der bei allem damit verbundenen Chancenreichtum „die Decke auf den Kopf fällt".

Des Weiteren:

- Unzählige Mütter haben sich bei mir beschwert, dass ihr Ehemann ihnen die gesamte Bürde der Kindererziehung überlasse. Was sie übersehen, ist die enorme Freiheit, die es ihnen gestattet, diesen wichtigen Part nach eigenem Gutdünken zu regeln.
- Auf der anderen Seite stehen Mütter, die sich über permanente Eingriffe ihres Ehemannes in ihr Erziehungskonzept beschweren und über diese Einschränkung ihrer Freiheit empört sind. Sie registrieren nicht die Kooperationsbereitschaft des Partners, sondern nur dessen Einmischung.

Vielleicht ist meine Beurteilung zu kritisch, und die „löblichen Ausnahmen" von Frauen, die zu ihrer Entbundenheit von bzw. Eingebundenheit in Arbeit, Familie und Freizeitaktivitäten von ganzem Herzen Ja sagen können, sind verbreiteter, als ich es weiß. Der Blick des Psychotherapeuten fällt eben stets ins Zentrum seelischer Nöte, bei Einzelindividuen wie bei ganzen Bevölkerungsschichten. Dazu kommt, dass Männer ca. dreimal seltener psychotherapeutische Praxen aufsuchen als Frauen, was nicht bedeutet, dass sie es weniger nötig hätten. Da sie aber seltener die Dienste eines Psychotherapeuten in Anspruch nehmen, hört man von ihnen ein entsprechend geringeres Ausmaß an Klagen. Wie dem auch sei, ich finde es bei allen Menschen schade, wenn sie sich ihre kostbare Lebenszeit mit Jammereien und Nörgeleien (oft über Banalitäten) verfinstern. Menschen, die sich ewig „nach dem gegenüberliegenden Ufer" sehnen, kommen nicht nur niemals dort an, sondern integrieren sich auch nicht am eigenen Ufer. Sie treiben sozusagen im Strom geweinter und ungeweinter Tränen dahin.

Apropos Tränen: Manchem Patienten oder mancher Patientin, der oder die wegen dem Klecksen der Kinder, einer verpatzten Prüfung, einer Vergesslichkeit des Partners und ähnlichem Kleinkram bei mir geweint hat, habe ich schon gesagt: „*Heben Sie sich Ihre Tränen auf* – für einen Anlass, der sie wert ist! Sie werden sehen, ein solcher kommt. Dann werden Ärger, Trauer, Kummer und Rebellion am richtigen Platz sein, und dann darf ihre Seele auch meutern. Aber im Moment ist die Zeit dafür noch nicht gekommen. Und dafür falten Sie in Demut die Hände und danken Sie Gott."

Zwei Töchter

> Wenn du zu lange in einen Abgrund blickst,
> blickt auch der Abgrund in dich hinein.
>
> *(Friedrich Nietzsche)*

Eine andere häufig zu beobachtende Fehleinstellung vieler Ratsuchender (und auch Nicht-Ratsuchender) ist die flapsig hingeworfene Behauptung, etwas, das sehr wohl von ihnen zu erwarten wäre, einfach „nicht zu können". Das Ausredenarsenal, das als Scheinbegründung vorgeschoben wird, ist reich bestückt und nicht selten pseudo-psychologisch untermauert.

Beispiel 23

Eine Mutter war bei mir in Beratung wegen ihrer Tochter, die sich nicht zufriedenstellend entwickelte. Das Mädchen zeigte wiederholt asozial-aggressive Entgleisungen. Zuletzt hatte es „zum Spaß" zwei Mitschülerinnen im Turnunterricht von der Leiter geschubst, wobei sich eine der beiden eine Rippe gebrochen hatte. Die Schulleiterin hatte eine Heimeinweisung des aggressiven Mädchens befürwortet.

Ich schloss mich dieser Befürwortung unter der Voraussetzung an, dass das zu wählende Heim eine heilpädagogische Begleitung des Mädchens leisten könne. Auch riet ich der Mutter zu einem resolut-konsequenten Erziehungsstil in unerschütterlicher Freundlichkeit, aber mit Nulltoleranz gegenüber jedem verletzenden oder kränkenden Verhalten des Mädchens in der Gemeinschaft.

Zufällig stellte sich im Gespräch mit der Mutter heraus, dass die zweite Tochter dieser Frau, um die es bei der Beratung gar nicht ging, von den Eltern nicht geplant – krass ausgedrückt: „unerwünscht" – gewesen war, weil die Eltern damals kaum Zeit für sie gehabt hatten. Ich erfuhr, dass diese zweite Tochter im Alter von zehn Jahren von einem unbeaufsichtigten Spielplatz weg in den nahe Wald gelockt und dort misshandelt worden war. Der Täter war trotz Polizeifahndung nie erwischt worden. Zu meinem Erstaunen hatte sich diese zweite Tochter zu einer fleißigen und beliebten Schülerin entwickelt, spielte Blockflöte und Gitarre, war Pfadfinderführerin und plante, Journalistin zu werden.

Die andere Tochter hingegen, derentwegen die Mutter zu mir gekommen war, war von ihren Eltern erwünscht gewesen, behütet aufgewachsen, nie misshandelt worden, und hatte die besten Chancen gehabt. Sie aber war psychisch labil und steckte voller Probleme.

***

Solche Geschichten widersprechen den traditionellen Entwicklungstheorien und beweisen, dass jeder Mensch auf seine Weise sein Schicksal mitformt, zwar beeinflusst von seiner Konstitution und seiner Vergangenheit, aber dennoch in geistiger Freiheit und Selbstgestaltung. Es ist schlichtweg nicht wahr, dass die frühkindlichen Eindrücke beim Menschen genauso unausmerzbar wären wie bei den Affen, und selbst bei den Affen sind sie es nur, wenn sie in eng bemessene Entwicklungsperioden hineinfallen. Am nachhaltigsten *prägt der Mensch sich selbst* durch seine Entscheidungen und Taten, von Kindheit an; und wenn tatsächlich noch ein dominanter äußerer Faktor mitspielt, dann ist es der unbekannte Zufall, der überall seine Finger im Spiel hat und der auch gelegentlich die Weichen in unserem Lebenslauf stellt.

Die traditionellen Entwicklungstheorien sind überholt, aber sie haben ihren Nachhall im Selbstverständnis gebildeter Leute. Ich habe viele Ratsuchende erlebt, die ihren Könnensradius als eingeschränkt deklarierten, weil sie sich selbst als traumatisiert, vernachlässigt oder sonst unter keinem guten Stern stehend einschätzten. Der eine konnte angeblich nicht lieben, weil ihn seine Mutter als Kind zu früh abgestillt hatte, und der andere konnte am Vormittag nicht freundlich sein, weil er ein „Morgenmuffel" war. Der eine konnte kein Kaufhaus betreten, weil er Platzängste bekam, und der andere konnte sein Plansoll nicht erbringen, weil sein Biorhythmus-Kalender ein Tief konstatierte. Der eine konnte sich nicht durchsetzen, weil er von Hemmungen gequält wurde, und der andere war keiner Partnerschaft gewachsen, weil ihm ein Vorzeigemodell dazu gefehlt hatte. Realiter konnten alle diese Menschen alle diese Dinge bewerkstelligen, aber sie glaubten es nicht, und da sie es nicht probierten, erfuhren sie auch nicht, dass es ihnen trotz diverser Gegengründe gelungen wäre. Um sie herum schloss sich der Teufelskreis, den die Amerikaner „selffulfilling prophecy" nennen: Die negative Erwartung, etwas nicht zu können, bestätigt sich ständig, weil nicht gekonnt wird, was nicht versucht wird, und nicht versucht wird, was man glaubt, nicht zu können. (Analoges haben wir im Kapitel über die „teuflische Erwartungsangst" bereits erörtert.)

Als Berater wird man mit solchen „Nicht-Können-Gründen" bombardiert und muss sorgfältig sortieren, welche gerechtfertigt sind und welche nicht. Sind sie es *nicht*, gilt es, den Ratsuchenden zu überzeugen, dass er mehr Talente und Fähigkeiten hat als er denkt und dass es an ihm selbst liegt, die vermeintlichen „Nicht-Können-Gründe" als „Falschhypothesen" zu entlarven und aus seinem Leben zu streichen. Zu diesem Zweck sind Geschichten wie die von den zwei Töchtern und ihrer unterschiedlichen Entwicklung sehr geeignet.

Beispiel 24

Hier noch eine kleine Anschlussgeschichte:
Eine beleibte Dame, die einmal im Gespräch mit mir nebenbei bemerkte, dass sie nie an einem bestimmten Süßwarengeschäft vorbeigehen könne, ohne sich dort eine Kleinigkeit zu kaufen, unterbrach ich mitten im Gespräch. Ich schlug ihr vor, den Mantel anzuziehen und gemeinsam mit mir zu der Straße zu fahren, in der sich dieses Geschäft befand. Wir könnten unser Gespräch auch dort fortsetzen und auf der Stelle prüfen, ob sie nicht *doch* genügend Willenskraft aufbringe, den süßen Angeboten zu widerstehen. Verdutzt gehorchte sie mir, und als wir die besagte Straße erreichten, widerstand sie ohne Komplikationen.

Später erzählte sie mir, dass sie seither öfters durch diese Straße spaziere, hauptsächlich, um sich selbst herauszufordern und den Sieg über sich selbst mit Genugtuung nach Hause zu tragen. Der Sieg über sich selbst ist aber auch der allerschönste Sieg!

***

Die orthodoxe (längst überholte) Freud'sche Tiefenpsychologie hatte in dieser Hinsicht einen „Knackpunkt" mit dem wissenschaftlichen Namen „Determinismus". Denn da sie vorrangig auf triebhaft Unbewusstes zurückgriff, um Symptome zu deuten, war sie gezwungen, ein abhängiges Menschenbild zu postulieren: das Bild eines Menschen, der nicht voll verantwortlich ist für sein Tun und Handeln, weil er durch seine psychischen Untergrundbewegungen geleitet wird. Abkömmlinge des Determinismus gibt es noch heute auf dem Büchermarkt. Ein solchermaßen „aufgeklärter" Patient versteht sich selbst als ein seinen ihn bestimmenden Einflüssen Verfallener, der zwar diese Einflüsse analysieren und ihnen damit vielleicht die Spitze nehmen kann, der aber stets von Neuem seinen Triebregungen und seinen Umwelteinflüssen untertan ist. Seine mühsam eroberte „Ich-Stärkung" und „Ich-Befreiung" erscheinen ihm bei einigem Nachdenken wie ein aussichtsloses Zappeln gegenüber schwer durchschaubaren und quasi unsteuerbaren („unbewussten“) Mächten, die sein Leben gegen seinen Willen dirigieren. Dies leistet einer nihilistischen und fatalistischen Resignation Vorschub und lähmt jedwede Initiative, das Leben autark in die Hand zu nehmen und es trotz diverser Einflussfaktoren nach den eigenen Wertvorstellungen zu konkretisieren.

Wie deprimierend und Resignation suggerierend dieser originär tiefenpsychologische Blickwinkel war, bewies u. a. eine Studie des Wissenschaftlers Ferries Pitts von der „National University“ in Kalifornien aus dem Jahr 1982, der herausfand, dass Psychiater, die sich im psychoanalytisch-aufdeckenden Sinne eingehend mit der Psyche ihrer Patienten befassen, dreimal mehr in Gefahr sind, „verrückt“ zu werden als andere Leute, und doppelt so hohe Selbstmordraten zu verzeichnen haben als andere Berufsgruppen! Wenn also schon die „Ratgeber“ durch ihre eigenen Seeleninterpretationen gefährdet sind, wie sehr müssen dann erst die „Ratempfänger“ unter der Wucht der ihnen präsentierten Seelenanalysen einknicken ...

Dem gegenüber ist der logotherapeutische Blickwinkel, den uns Frankl gelehrt hat, wesentlich optimistischer und realitätskonformer. Sein Menschenbild skizziert ein Wesen, das sich seinen Trieben und Einflussfaktoren nicht unterzuordnen braucht und allen widrigen Umständen zum Trotz das Leben selbstbestimmend meistern kann. Es skizziert ein Wesen, das kraft seiner Geistigkeit ausgestattet ist mit einer Palette prachtvoller Optionen, von denen die Ergreifung jeder einzelnen ausschließlich davon abhängt, welchen Sinn der Betreffende in ihr sieht und welche inneren Energien er für ihre Verwirklichung zu mobilisieren bereit ist. Freilich ist Frankls Optimismus ein „tragischer Optimismus“, wie er selbst definiert hat. Es ist kein illusionärer, der Tragödien verniedlicht, Triebe ignoriert und schier alles für machbar hält. Der Psychiater und Neurologe Frankl wusste ganz genau um die psychophysischen Grenzen, die uns Menschen gesetzt sind. Aber das weite Land persönlicher Authentizität *innerhalb dieser Grenzen* wollte er mit seiner ärztlichen Kunst doch ausschreiten – und das ist ihm auch geglückt.

Im Schonraum

> Wäre jeder Tag ein Feiertag,
> sich vergnügen wäre so ermüdend wie arbeiten.
> *(William Shakespeare)*

Der Dreiteilung von Beratungsverläufen folgend haben wir bislang die Quintessenz der *diagnostischen* und der *therapeutischen* Phase abgehandelt. Die therapeutische Phase betreffend haben wir verstanden, dass es *spezifische* Methoden gibt, um Patienten sozusagen wieder auf ihre „seelischen Füße" zu stellen, sowie *unspezifische* Einstellungskorrekturen, damit sie sich auch als „standfest" erweisen und nicht jedweden Anfechtungen erlauben, sie stracks wieder umzuwerfen, oder sich gar selbst unnötigerweise den Boden unter den Füssen wegziehen. Das Thema „Möglichst nicht wieder Umfallen" leitet nahtlos über zur *Nachbetreuungsphase*. Es ist die Zeit, in der die ehemaligen Patienten noch ziemlich wackelig auf ihren Füßen stehen. Die durchlittenen Probleme sind ihnen noch stark in Erinnerung, stecken ihnen gleichsam „in den Knochen". Sie sind erst schwach konsolidiert und misstrauen ihren Erfolgen. Da ist es wichtig, sie in eine ausgewogene „Noodynamik" hineinzulotsen.

Mit dem Begriff „Noodynamik" umschrieb Frankl ein Leben in einem wohltuend vibrierenden und inspirierenden Spannungsbogen zwischen Sein und Soll. Das heißt: zwischen realen „so seienden" Gegebenheiten und der Vision von denselben, aber idealen („so sein sollenden") Gegebenheiten. Klinkt sich jemand in eine solche Noodynamik ein, dann ist er beseelt von dem Wunsch und Auftrag, das jeweils wahrgenommene Sein ins visionierte Soll überzuführen. Leben wird für ihn „prickelnd“, „würzig“, „spannend“ statt „geschmacklos“, „fade“, „leer“. Dabei ist freilich auf die Spannungsdosis zu achten. Ein Zuwenig könnte die (überwundene?) Problemhyperreflexion von Rekonvaleszenten wieder aufflackern lassen; ein Zuviel könnte sie schnell überlasten.

Beispiel 25

Eine Frau war zum dritten Mal wegen allgemeiner Erschöpfung und Depressionen in einer Nervenklinik aufgenommen worden. Bei diesem ihrem dritten Aufenthalt wurde ich zur Behandlung zugezogen, doch war kein großer therapeutischer Aufwand nötig, denn im Schonraum der Klinik erholte sich die Frau rasch. Während sie nun in der Klinik war, wurden ihre zwei schulpflichtigen Kinder vom Vater in einem angesehenen Internat untergebracht, weil er einerseits wünschte, dass die Kinder rund um die Uhr versorgt würden, und andererseits seine Frau nach ihrer Rückkehr aus dem Krankenhaus entlastet wissen wollte.

Kurz vor der Entlassung der Frau aus der Klinik führte ich ein ausgiebiges Gespräch mit ihr. Die Ärzte schätzten sie als „rehabilitiert“ ein, und tatsächlich wirkte sie munter und fröhlich. Sie lenkte das Gesprächsthema jedoch immer wieder auf ihre Kinder, von denen sie das eine oder andere Vorkommnis erzählte; weitere Lebensinhalte erwähnte sie nicht. Für mich war dies ein Alarmzeichen, denn offensichtlich hatten die Kinder das Leben der Frau bislang ausgefüllt. Ab jetzt würden sie aber nur mehr selten bei ihr zu Hause sein. Ich fürchtete, dass die Frau bei ihrer Heimkehr eine durch die ungewohnte Abwesenheit der Kinder bedingte Unausgefülltheit verspüren würde.

Jeder, der seine Lebenskraft längere Zeit einem bestimmten Inhalt gewidmet hat und diesen plötzlich verliert, driftet zunächst auf ein „existenzielles Vakuum“ (Frankl) zu und braucht allerhand innere Stärken, um sich „mitten im Leerlauf" umzuorientieren und etwas Neues aufzubauen. Wir kennen diese Gefahr vom „Pensionierungsschock", den manche frischgebackenen Rentner und Rentnerinnen erleiden. Beim Suchtkrankenthema haben wir gehört, dass eine solche Um- und Neuorientierung von Patienten, die gerade einem seelischen Tiefgang entronnen sind, ohne professionelle Hilfe kaum erwartet werden kann. Dasselbe galt in diesem Falle auch, weshalb ich die zuständigen Ärzte bat, die Frau noch eine Weile in der Klinik zu behalten, um mit ihr eine Neustrukturierung ihres Lebens unter dem Aspekt der Abwesenheit der Kinder planen und besprechen zu können. Die Ärzte waren jedoch von der Wiederherstellung der Frau überzeugt, und auch der Ehemann drängte auf ihre Entlassung.

Wenige Wochen später wurde die Frau mit einer Schlafmittelvergiftung in die Klinik zurückgebracht. Sie hatte die Entlastung zu Hause, die ungewohnte Stille und Einsamkeit tagsüber nicht ertragen und aus dem Leben scheiden wollen. Muße und Entspannung genügen eben nicht zur Zufriedenheit eines Menschen, und schon gar nicht unmittelbar nach einer Schonzeit, in der man sowieso von allen Aufgaben entlastet war. Der Mensch braucht ein gesundes Angefordertsein, eine austarierte „Spannung zwischen Sein und Soll", wie es Frankl mit seiner „Noodynamik" ausgedrückt hat, um sich behaglich zu fühlen.

Ich setzte also meine psychotherapeutischen Klinikgespräche mit der Patientin fort auf der Suche nach einem Lebensinhalt, der für sie passen würde. Wir entdeckten, dass die Frau sehr tierliebend war, und überlegten miteinander, wie sie ihre Tierliebe irgendwie sinnvoll nützen könnte. Mehr spaßeshalber als ernsthaft bewarb sie sich im öffentlichen Tiergarten der Großstadt, in der sie wohnte, für einen Job, und fand dort überraschend eine Halbtagsbeschäftigung, woraufhin sie die Klinik voller Elan verließ. Die neue Arbeit machte ihr Freude, wie sie mir telefonisch versicherte, und es war rührend zu hören, wie sie mit den Tieren umging und fast jedes einzelne in den Gehegen kannte und mit einem Namen benannte. Für die Kinder der Frau war es eine Sensation, dass sie durch die Tätigkeit der Mutter freien Eintritt in den Tierpark hatten. Fast jedes Wochenende brachten sie Freunde und Freundinnen aus dem Internat mit, um ihnen stolz „ihren“ Tierpark zu zeigen, in welchem ihre Mutter aushalf.

Als ich an einem solchen Sonntag die Frau an ihrer Arbeitsstelle besuchen wollte, sah ich aus der Ferne, wie sie mit ihren Kindern lachte und scherzte. Da kehrte ich beruhigt um. Die Therapie war erfolgreich beendet.

***

Es ist bezeichnend, dass Freizeitangebote auch mit der Vokabel „Zeitvertreib“ benannt werden, gerade so, als wäre freie Zeit eine, die „vertrieben“ werden müsste. Tatsächlich aber ist „vertriebene“ Zeit oft „ungenützte“ Zeit, die ein Gefühl des Unbefriedigtseins auslöst, was kein Votum gegen gesunde Entspannung und Muße sein soll. Stress und Muße sind Kontrastpole menschlicher Aktivitätsformen, die sich abwechseln sollen wie Ebbe und Flut. Die Flut brandet an die Küste heran, erobert dem Meer neues Terrain und wirft seine Schätze an Land. Die Ebbe zieht sich wieder ins Ursprungsbecken zurück, die Wasser sammelnd, die Schätze hütend. Ähnlich der Mensch: Im Stress prescht er vor in die Zukunft, fährt Ergebnisse ein und verausgabt seine Potenziale; in der Muße besinnt er sich wieder auf sich selbst, sammelt Kräfte und erinnert das in der Vergangenheit Geschehene. Es ist eine „goldene Regel“ der Psychohygiene, dass *Stress eine Beziehung zur Zukunft und Muße eine Beziehung zur Vergangenheit haben soll.*

Überhaupt darf Stress nicht nur mit negativem Vorzeichen gelesen werden. Er wird akzeptabel unter dem Zielkriterium des Etwas-schaffen-Wollens, des Eines-zu-entstehenden-Werkes-ansichtig-Seins. Wer eine Arbeit vor sich hat, die er als wichtig und dringlich versteht und (in der Zukunft) vollenden möchte, wird sich ungeachtet aller Mühe und des Zeitaufwandes hineinknien und wäre eher unglücklich, wollte ihn jemand dabei aufhalten. Anders ist es bei der Muße, die voraussetzt, dass vor ihr (in der Vergangenheit) eine Aufgabe vollbracht worden ist, von deren Anstrengungen ausgeruht werden soll, um Kräfte aufzutanken. Eine solche „Entspannung danach“ ist weder langweilig noch frustrierend, weil sie noch überstrahlt wird von dem Geleisteten und Erlebten, dem mit Genugtuung „nachgesonnen“ werden kann.

Schwierigkeiten tauchen auf, sobald Stress keine Zukunft oder Muße keine Vergangenheit hat, das heißt, wenn sich jemand sinnlos abrackert bzw. abrackern muss, ohne zu wissen *wofür*, oder wenn jemand viel Muße hat ohne vorhergehende schöpferische Phase, die ein Ausruhen sinnvoll macht. Man kann weder nur ausruhen, noch immer nur arbeiten, weswegen der Begriff des Stresses von H. Selye mit dem „Salz des Lebens“ verglichen worden ist, denn auch Salz kann man nicht „immer essen“ und vermisst es doch, wenn es fehlt.

Insbesondere Personen, die gesundheitlich auf wackeligen Beinen stehen, brauchen beide Kontrastpole in einem fein dosierten Ausmaß. Werden sie zu früh mit Stress überlastet, geraten sie in eine Überforderungskrise. Werden sie zu stark geschont, gerinnt Muße zur Leere. Zudem gibt die Krankheitszeit, die Rekonvaleszenten hinter sich haben, keinen guten Vergangenheitsbezug für die Muße her – eine Erholung vom Nichtstun ist keine Erholung. Im Sinnvakuum steigt eher das Grübeln über sich selbst, über die

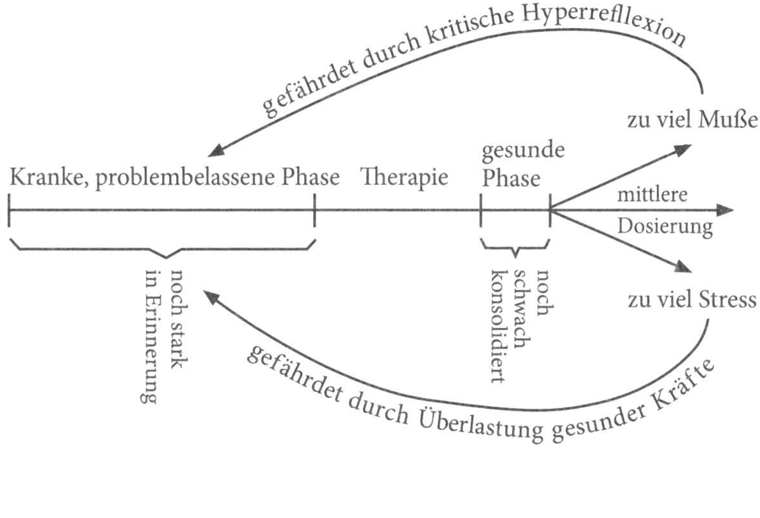

(überstandene) Krankheit, über die damit verbundenen Rückstände, über düstere Aussichten etc. und drückt in den Rückfall hinein.

Beim obigen Beispiel hatte sich das Problem bereits im Krankenhaus angebahnt und zu einem ernsten Zwischenfall geführt. Die Frau war ohne Beleuchtung neuer Lebensperspektiven entlassen worden. Dabei bietet das Leben Sinnmöglichkeiten in Hülle und Fülle an, nur ist oft der Blick dafür getrübt und wie von Schleiern verhangen. Deswegen finde ich den Ausdruck „beleuchten" auch so zutreffend für das Vorgehen nach Frankl'schem Muster, denn etwas, das beleuchtet wird, *ist schon da*, es wird durch das Beleuchten nicht erschaffen, es wird nur sichtbar und transparent gemacht und dadurch in den Verfügungsraum der Person gestellt. Kein Berater kann seinen Patienten Sinn „verordnen" oder für sie aus dem Nichts holen, er kann nur hinweisen auf etwas, das latent in ihnen schlummert und der Erweckung harrt.

Wäre bei der geschilderten Mutter die Liebe zu den Tieren nicht in ihrem Innersten längst vorhanden gewesen und hätte die Frau nicht zutiefst aus dieser Liebe heraus den richtigen Umgang mit Tieren erahnt, hätte sie an dem neuen Job niemals so große Freude finden können, und er wäre als Alternative zu ihrem bisherigen Leben wenig geeignet gewesen. Meine Aufgabe war es nicht, ihr die Liebe zu den Tieren einzupflanzen, sondern gemeinsam mit ihr zu entdecken, dass diese positive, knospenhafte Anlage in ihr darauf wartete, im rechten Moment und am rechten Ort aufblühen zu dürfen. Individuelle Sinnmöglichkeiten zu beleuchten ist ein faszinierendes Unterfangen, das (nicht endogen) depressive Stimmungen gründlich verjagt. Wer fantasiereich genug ist, möge es bei sich selbst ausprobieren ...

V. E. Frankl und L. Wittgenstein

Immer ist jetzt die beste Stunde.

(Paul Claudel)

Auf einem Logotherapie-Weltkongress im kalifornischen San Diego im November 1980 hat Thomas T. Tominaga, Philosophieprofessor an der University of Las Vegas, auf eine interessante Parallele hingewiesen. Er dokumentierte anhand von Belegen, dass in der Philosophie von Ludwig Wittgenstein genauso wie bei Viktor E. Frankl unterschieden wird zwischen dem, *was sich sagen lässt*, und dem, *was sich nur zeigen lässt*. Offenbar sind beide Forscher unabhängig voneinander und durch räumliche und zeitliche Distanz voneinander getrennt zu analogen Resultaten gelangt.

Frankl ist immer bei seiner Behauptung geblieben, dass niemand einem anderen Menschen sagen kann, was der Sinn von dessen Leben ist. Auch ein geschulter Berater kann (und darf) das nicht. Dennoch kann „aufgezeigt“ werden, dass das Leben einen Sinn hat – auch das eigene Leben – und dass es unter keinen Bedingungen und Umständen aufhört, diesen Sinn auch zu behalten. „Geben kann man also niemandem einen Sinn“ so die Originalaussage Frankls, „der lässt sich nur finden. Aber finden muss ihn jeder für sich selbst.“

Nun kommt es vor, dass sich eine entdeckte Sinnmöglichkeit leider nicht verwirklichen lässt. Oder dass ihre Verwirklichung schief geht. Zum Beispiel hätte die Bewerbung der erwähnten Mutter im Tierpark abgelehnt werden können, wodurch diese Sinnmöglichkeit ihr abruptes Ende gefunden hätte. Natürlich wären meine therapeutischen Such- und Aufzeigbewegungen weitergelaufen, um ähnliche Chancen zu eröffnen, die aber nicht verbürgt sind. Es hätte eine Flaute am einschlägigen Markt herrschen können. Oder es hätte niemand eine Person ohne entsprechende Zeugnisse aufnehmen wollen. Bei all dem Scheitern wäre die Tierliebe der Frau jedoch bestehen geblieben. Ihr diesbezüglicher Wertbezug hätte nicht aufgehört, einer zu sein, insbesondere nicht, nachdem er ihr klar bewusst geworden war. Und *das* ist – mit Blick auf ihre seelische Genesung – der entscheidende Faktor. Denn Wertbezüge halten den Menschen auch im Scheitern noch aufrecht. Niemand hätte die Mutter etwa daran gehindert, sich einen Dackel zu halten, die Enten im Teich zu fotografieren oder in Abständen das Naturhistorische Museum zu besuchen. Das sind nicht genug Aktivitäten für einen Tagesablauf, aber wenn sich drei, vier andere Wertbezüge dazugesellen, dann weben sie miteinander ein tragfähiges Netz aus Hobbys und selbst gewählten Verpflichtungen, das Enttäuschungen und sogar „Stürze aus großer Höhe" auffängt, wenn es sein muss.

Wegen der engen Verknüpfung zwischen der seelischen Stabilität und der Wertfülle, die jemand seinem Leben zuspricht, wird in der Nachbetreuungsphase an der Verankerung des Rekonvaleszenten in einer reichhaltigen Wertorientierung gebastelt. Es gilt ja nicht mehr, krankhafte Entgleisungen einzudämmen, Symptome zu reduzieren und Fehlhaltungen aufzudröseln. Das ist (im Rahmen des Machbaren) bereits geschehen. Jetzt darf der ehemalige Patient sein „erneuertes" Leben „umarmen", nicht zu wild, aber auch nicht zu lahm. Die schönsten Seiten beruflicher, familiärer, freundschaftlicher, religiöser und sonstiger Engagements sind ihm zu erschließen und aufzupolieren. Jetzt darf er „in concreto" demonstrieren, was er im logotherapeutischen Beratungskontext gelernt hat: dass er bis zu seinem letzten Atemzug die Möglichkeit hat, sein Leben frei und selbstverantwortlich zu gestalten und mit Sinn zu durchwirken.

Wenn das gelingt, sind Rückfälle rar.

Vernunft im Zwielicht

Viele Menschen sind nur deshalb so einsam,
weil sie Dämme bauen statt Brücken.

(Theodor Fontane)

Ich habe an früherer Stelle dargelegt, dass es zwei Arten von Leid gibt, nämlich das schicksalhafte (unumgängliche) Leid und das überflüssige (selbstproduzierte) Leid. Zum Umgang mit Ersterem bin ich den Leserinnen und Lesern bislang ausführliche Antworten schuldig geblieben, obwohl die Frage nach dem Verwinden von Lebenstragödien so akut ist wie keine andere, und derzeit „über die Internetportale rast", wie moderne Statistiken berichten. Im Folgenden will ich mich dieser Frage stellen.

Beginnen wir damit, inwieweit die Disziplin der Psychotherapie überhaupt Antworten auf existenzielle Grundsatzfragen liefern kann und tut, und hören wir uns ein bisschen in der „Szene" um. Der Forscher John N. Marquis hat in dem von Arnold A. Lazarus herausgegebenen Buch *Angewandte Verhaltenstherapie* folgende Kritik an den Methoden der Psychoanalyse und der nondirektiven Psychotherapie geübt:

„Herkömmliche Methoden der Psychotherapie sind nicht nur unwirksam, sondern auch patientenfeindlich. Ein Vertreter der klassischen Psychoanalyse bringt es fertig, sechs Monate lang nichts anderes zu tun, als den Analysanden in den Techniken der freien Assoziation zu unterweisen und seine Widerstände zu deuten. Fast alles, was der Patient sagt, wird als falsch angesehen. Es ist bestenfalls irgendeine Art von Derivat seiner unaussprechlichen Triebe, gefiltert durch Ich-Mechanismen, deren Hauptfunktion darin besteht, dem Patienten und anderen etwas über ihn vorzumachen. Schlimmstenfalls ist es ein absichtlicher Versuch, den Bemühungen, ihm zu helfen, auszuweichen und sie zunichte zu machen.

Die non-direktive Therapie ist vielleicht respektvoller, und gewiss kann man von Carl Rogers in Bezug auf die Achtung vor unseren Mitmenschen, gleichgültig, wie gestört sie sein mögen, viel lernen. Trotzdem ist es eine äußerst feindselige Verhaltensweise, auf eine direkte und vernünftige Frage die Antwort zu verweigern oder Patienten Informationen vorzuenthalten, anstatt ihnen das zu geben, was sie in Form fachlicher Hilfe brauchen, um mit den Problemen des Lebens fertig zu werden."

***

Das sind schwere Vorwürfe. Aber auch mir haben Patienten schon geklagt, dass sie auf eine vernünftige Frage ihrerseits keine vernünftige Antwort bei ihrem Therapeuten erhalten hätten. Die Funktion der Vernunft ist innerhalb des bunt bestückten Psychotherapie-Reigens in Misskredit geraten, und ich weiß auch, warum. Ein uraltes Dilemma des Menschen ist daran schuld. In der psychotherapeutischen Praxis (und ebenso außerhalb von ihr) begegnet man häufig Personen, die glaubhaft erklären, dass sie zwar „mit dem Kopf" begreifen, was für sie geeignet und richtig wäre, dass sie aber „mit dem Bauch" nicht mitziehen, was bedeutet, dass sie rationale Einsichten besitzen, die sie emotional nicht umzusetzen vermögen. Z. B. wissen sie durchaus, dass Eifersucht der Liebesbeziehung schadet und ab einer gewissen Intensität den Partner eher forttreibt als festbindet. Dieses Wissen ändert aber nicht das Geringste an ihrer unter Umständen krankhaften Eifersucht. Aufgrund solcher Rückmeldungen entstand der Trend in der Wissenschaftslehre der Psychotherapie, auf vernünftige Ratschläge, die an die Ratio eines Patienten appellieren, zu verzichten, und sich mehr der Aufhellung seines Gefühlswirrwarrs zu widmen.

Dass dem Patienten auf diesem Wege zu einem angemessenen Lebensstil verholfen werden kann, ist allerdings zweifelhaft. Wie beim Projekt „encounter groups“ erfahren, setzt ein hemmungsloses Hochkommen- und Hinausschreien-Lassen der Gefühle den Verstand eines Patienten zunehmend außer Kraft. Eine reife Persönlichkeit wird er dadurch nicht.

Nach Frankl bildet das Oppositionspaar „Vernunft – Gefühl“ eine „Koalition“ in der Geistigkeit des Menschen. Die Teilhabe an einer geistigen Dimension charakterisiert den Menschen als ein Wesen, auf dessen Lippen die ewige Frage „Wozu?“ brennt, und gleichzeitig als ein Wesen, das als einziges fähig ist, diese Frage *selber* von Stunde zu Stunde zu beantworten durch sein Tun. Insofern umfasst das Geistige „Vernunft und Gefühl und noch mehr“, was auch in dem schönen Wort „Herzensweisheit“ *(sapientia cordis)* zum Ausdruck kommt, die, aus geistig unbewusster Tiefe stammend, rationale und emotionale Elemente in sich vereint und darüber hinaus eine Intuitivität in sich birgt, die weder auf das eine noch auf das andere gänzlich zurückzuführen ist.

Diese Beschreibung sei anhand eines Berichtes aus einer Dorfchronik von Otto Voll aus Lichtenfels in Bayern, exemplifiziert:

> Als in unserem Dorf vor Jahren ein starker Gewitterregen niederprasselte, sodass im Unterdorf das Vieh und Kleingetier zu ersaufen drohte, sind alle, die Hände und Füße hatten, herbeigeeilt, um tatkräftig zu helfen. Dabei waren zwei erstaunliche Beobachtungen zu machen. Leute, die sich jahrelang kein gutes Wort gegönnt hatten, ja, die in einem gespannten, widergemeinschaftlichen Verhältnis zueinander gestanden waren, packten plötzlich gemeinsam mit an und haben durch dieses Ereignis gelernt, wieder miteinander zu sprechen. Weiters empfand keiner der Dorfbewohner, obwohl sie alle bis in den Morgen zu tun hatten, irgendeine Müdigkeit. Drei Stunden Schlaf genügten ihnen vollauf, um am selben Tage nach der nächtlichen Rettungsaktion ihrer gewohnten Arbeit nachzugehen.

Das Hervorzuhebende an dem obigen Bericht ist die Tatsache, dass – ausgelöst durch eine Notsituation – innere Kräfte bei den Dorfbewohnern freigesetzt worden sind, die ihnen zuvor verschlossen gewesen waren. Denn wenn Nachbarn jahrelang miteinander verfehdet sind, darf man annehmen, dass ihnen die Vernunft längst eingeflüstert hat, dass dies für beide Parteien nur Nachteile bringt und letztlich einen unhaltbaren Zustand darstellt. Dennoch hat die Vernunft keinen Sieg davongetragen – bis zu jener Nacht, als das Gewitter kam. Dafür wird es andererseits so und so oft Notwendigkeiten für die Dorfbewohner gegeben haben, noch die eine oder andere Arbeit zu beenden, was jedoch aufgrund von Ermüdungs- und Erschöpfungsgefühlen nicht mehr gelungen ist. Nicht aber in jener Gewitternacht, als das Vieh zu ersaufen drohte. Da hatten die Gefühle keine Macht mehr über die Menschen, weder ihre Hassgefühle untereinander, noch die Müdigkeitsgefühle ihrer Arbeit gegenüber, da handelten die Menschen – sinnorientiert!

Wir sehen: Was die Vernunft allein nicht geschafft hätte, nämlich eine abrupte Überwindung sozialer und vitaler Hindernisse, war durch das Ansichtigwerden einer gemeinsamen sinnvollen Aufgabe in die Wege geleitet worden.

***

Dass dies nicht nur im Hinblick auf gemeinsame Aufgaben, sondern auch im Hinblick auf persönliche Lebensentscheidungen möglich ist, beweist die Geschichte eines mir bekannten ehemaligen Alkoholikers, der sich in seiner Trinkerzeit vehement gegen jeden vernünftigen Ratschlag, sich in eine Entziehungskur zu begeben, gewehrt hatte. Wie bei Süchtigen üblich, hatte auch er seine Alkoholabhängigkeit geschickt verdrängt. Doch eines Tages, als er, wie schon oft, schwankend heimkam, öffnete ihm sein sechsjähriger Sohn die Tür, schaute ihn ängstlich an und fragte mit leiser, stockender Stimme: „Papi, bist du wieder betrunken?" Da muss sich bei dem auf der Schwelle stehenden Mann etwas durch sein benebeltes Hirn hindurch den Weg freigekämpft haben bis in sein innerstes Personenzentrum. Er drehte sich um, schleppte sich in die Klinik und meldete sich zur Entwöhnung an. Danach gelang es ihm, trocken zu bleiben.

Aus alledem kann die Psychotherapie lernen. Die Vernunft ist nicht das schlechteste Werkzeug des menschlichen Geistes, und einem Patienten vernünftige Antworten bzw. Ratschläge zu geben soll auch nicht verpönt sein. Aber alle Vernunft verpufft ungehört, wenn sie nicht in eine Sinnfühligkeit einklinkt, die die Kraft zuschießt, seelische oder körperliche Hindernisse zu überspringen. *Sie* ist zu mobilisieren! Im Gleichnis schlägt das Herz „zwischen Kopf und Bauch", und analog sitzt auch die Herzensweisheit des Ichs dazwischen, beides benützend, beides vereinend, und auf ein Du hin ausrichtend – auf Vieh und Kleingetier, auf ein sechsjähriges Kind ..., was es auch sei. Nur so wird das Ich stark und gesund. Oder mit Frankls Worten: „Das Ich wird Ich erst am Du."

Jeder hat sein „Auschwitz“

> Vor den Abgrund gestellt, sieht der Mensch in die Tiefe, und wessen er auf dem Grunde des Abgrunds gewahr wird, das ist die tragische Struktur des Daseins. Was sich ihm erschließt, das ist: dass menschliches Sein zutiefst und zuletzt Passion ist – dass es das Wesen des Menschen ist, ein leidender zu sein: Homo patiens.[11]
>
> *(Viktor E. Frankl)*

Frankl war nicht nur Arzt, Philosoph und Psychotherapeut, er war auch ein „Anwalt des leidenden Menschen“, in lateinischer Übersetzung: des *homo patiens*. Dieses Recht und diese Aufgabe fielen ihm zu, nachdem er selbst unvorstellbares Leid in den deutschen Todeslagern des Zweiten Weltkrieges erlitten hatte. Dass er seine Qualen und schmerzlichen familiären Verluste nicht nur physisch, sondern auch *seelisch heil* überlebt hat, hat Millionen Leserinnen und Leser seines Zeitzeugenberichtes *Trotzdem Ja zum Leben sagen* bewegt und beeindruckt wie kaum ein anderes Buch. Sein Buch wurde zum Wegweiser für heroische Leidbewältigung schlechthin.

Schreiben kann man freilich vieles. Es selber leben und vorleben ist weitaus schwieriger, und genau dies hat Frankl nach seiner Befreiung aus der Zwangsknechtschaft 1945 getan. Er hat buchstäblich den grauen Häftlingskittel ausgezogen und den weißen Arbeitskittel des Arztes wieder angezogen und ging daran, allen kranken Menschen, die seine Hilfe brauchten, nach besten Kräften zu helfen – und zwar *ohne Ansehen der Person*! Er fragte keinen seiner Patienten, ob dieser vor dem Krieg Hitlers verbrecherischer Politik vielleicht zugejubelt hatte, ob er dessen Antisemitismus unterstützt hatte, ob er angesichts der ungeheuren Vernichtung unschuldiger Menschen feige weggeschaut hatte ... Nein, Frankl bemühte sich unter Einsatz seiner ganzen therapeutischen Kompetenz, das Leid jedes seiner Patienten zu lindern. Er hat die „Kette des Bösen" mit einem Akt der Würde durchbrochen.

Frankls grandioses Vorbild wurde zur Garantie für seine Glaubwürdigkeit. Man nahm ihm die Behauptung ab, dass es keine Lebenssituation gibt, die keine Sinnmöglichkeit in sich berge. Viele rangen sich zu seiner Überzeugung durch, dass der Mensch frei ist, seine innersten Haltungen zu wählen, und dass es gelingen kann, sich geistig über die Dinge und notfalls über bedenkliche Tendenzen in sich selbst zu stellen. Es setzte sich ein Begreifen durch, dass ein erfahrenes Leid nicht wieder an jemanden ausgeteilt werden muss, ja, dass es sogar in einen „menschlichen Triumph" verwandelt werden kann in der Art und Weise des Umgang damit. Weil die Menschen Frankl glaubten, begannen sie, an sich und ihre eigenen humanen Fähigkeiten zu glauben.

Bei einem meiner Besuche in seiner Wiener Wohnung diskutierte ich mit Frankl darüber. Ich sagte ungefähr Folgendes zu ihm: „Herr Professor, Sie haben mit Ihrem Leben bezeugt, was Sie lehren. Aber was sollen wir Schüler machen, die wir keine Kriegsgräuel erlebt haben und keine persönliche Bewährung mitten in der Hölle vorweisen können?" Frankl sah mich ernst an. „Ach, Frau Lukas", antwortete er, „jeder Mensch hat sein Auschwitz!" Verblüfft schwieg ich.

Längst weiß ich, dass Frankl recht gehabt hat. Man darf ein Leid nicht mit einem anderen vergleichen, und der *homo patiens* ist überall in der Welt. Es sind nicht nur die entsetzlichen Schrecken, denen die Bevölkerungen in Kriegs- und Terrorgebieten oder

Hunger- und Armutszonen bis auf den heutigen Tag ausgeliefert sind. Es sind auch die unvermeidlichen Katastrophen und Schicksalsschläge, die uns dann und wann beuteln. Dazu kommen die „kleinen" Lästigkeiten und Enttäuschungen, die uns den Alltag vergällen und sich höchst unangenehm aufaddieren. Niemand entkommt dem Leid, jeder hat sein „Auschwitz" ...

Deshalb sind Frankls Thesen auch für den „Normalverbraucher" kostbar und wichtig. Greifen wir nur *einen* Aspekt heraus, der in den modernen Gesellschaften unseres Zeitalters der Digitalisierung eine erhebliche Rolle spielt: die Vermeidung von Überlastungssyndromen und Burnout-Kollapsen. Obwohl Frankl noch nicht mit der ständigen Erreichbarkeit und der heutigen Überflutung durch E-Mails und die sozialen Medien zu kämpfen hatte, war er dennoch enorm beschäftigt. Als Leiter der Neurologischen Abteilung der Wiener Poliklinik hatte er täglich Patienten zu betreuen. Daneben erwarb er sein zweites Doktorat, habilitierte sich für eine Professur und hielt Vorlesungen – bis zu seinem Lebensende an insgesamt ca. 230 Universitäten rund um den Globus, was mit anstrengenden Vorbereitungen und Flugreisen verbunden war. Damit nicht genug. Er schrieb zahlreiche Fachbücher und baute sein Werk, die Logotherapie, zu einer anthropologisch untermauerten und praktikablen Psychotherapieform aus, die sich mit den bis dahin gängigen Ansätzen durchaus messen konnte, ja, sie teilweise übertraf. Und nicht zu vergessen: Er gründete eine Familie und zeigte sich als liebevoller Ehemann und Vater. Fazit: Er schaffte dies alles, ohne jemals auch nur in die Nähe eines Überlastungssyndroms zu geraten! Wie konnte er so viel Arbeit unbeschadet meistern?

Nun, *man macht eine Arbeit gut, wenn man sie gern macht.* Nur kann man nicht jede Art von Arbeit mit Begeisterung vollbringen. Es ist z. B. nicht jedermanns Leidenschaft, Geschirr zu spülen, den Garten zu mähen, langweilige Kostenberechnungen zu erstellen oder schwere Pakete auszutragen. Die amerikanische Formel „change it, love it or leave it" ist nicht generell anwendbar. Manches lässt sich weder ändern noch lieben und kann auch nicht ohne drastische Folgen einfach „verlassen" werden. Aber etwas ist fast immer machbar: *Man kann sich den Sinn seiner Tätigkeit in Erinnerung rufen.* In dem Augenblick, da das *Wozu* einer Mühe und Plage im klaren Denken aufscheint, ändert sich etwas im Menschen. Der innere Widerstand gegen das ihm Abverlangte reduziert sich, und sein Einverständnis damit erhöht sich. Der Wille, etwas Sinnvolles zu leisten, regt sich und schwemmt die Misslaunigkeit fort. Klar ist es schön und sinnvoll, wenn die Küche sauber ist, der Garten nicht vor Unkraut strotzt, die Firma auf einer soliden Basis ruht oder die Leute ihre bestellten Pakete erhalten. Unser „Wille zum Sinn" streut zumindest Farbtupfer des Trotzdem-gerne-Machens in unseren Alltag, und das verleiht uns zusätzliche Kräfte. Kräfte sogar in zweifacher Hinsicht! Zum einen müssen wir nicht mehr eine Menge Energie aufwenden, um unseren seelischen Widerstand gegen die auf uns wartenden Aufgaben zu überspringen. Diese frei gewordene Energie kommt der Qualität unserer Arbeit zugute. Zum anderen fließt uns bei allem, was wir als sinnvoll verstehen, Energie aus psychophysischen Quellen zu. Man denke etwa an die Einsatzkräfte und Helfer bei Bränden, Überschwemmungen, Erdbeben usw., deren Engagement ausnahmslos bewundernswert und knapp an der Grenze des Menschenmöglichen ist. Oft schuften sie rund um die Uhr, um zu retten, was zu retten ist (vgl. die Dorfchronik von Otto Voll). Es ist unschwer zu erraten, woher sie die Kräfte dafür beziehen. Das Wissen darum, *wie* sinnvoll und notwendig ihr Engagement ist, hält sie bei ihren ermüdenden Diensten aufrecht.

Das Wissen um die Sinnhaftigkeit einer persönlichen Aufgabe intensiviert also unsere „Leidensfähigkeit", wie Frankl es ausgedrückt hat, das heißt, unsere Frustrationstoleranz und unser Durchhaltevermögen. Weitere positive Auswirkungen sind eine Steigerung unserer Kooperationsbereitschaft und unserer Authentizität. Das klingt fast wie ein Widerspruch, ist es aber nicht.

Der Blick auf sinnvolle Projekte und der aufkeimende Wunsch, sie zu realisieren, fördert die Bereitschaft zum Teamwork. Auch gemeinsame Not mit ihrem Kreativitätsappell schmiedet Menschen zusammen (vgl. die Dorfchronik von Otto Voll). Große Ziele überfordern die Anstrengungen des Einzelnen, können aber in Gemeinschaftsaktionen erreicht werden. Was einem fruchtbaren Teamwork leider häufig im Wege steht, sind Neid, Missgunst, Konkurrenzdenken und die Angst, selber zu kurz zu kommen. Es wird gedanklich und gefühlsmäßig um das Ich rotiert, es wird um das Ich gebangt. Aus dieser „Selbstfesselung" befreit der Blick auf einen anvisierten Sinn. Frankl sprach symbolisch vom „gesunden Auge, das sich selbst nicht sieht, sondern die Welt außerhalb von sich selbst wahrnimmt". Menschen, die sich einem zu erfüllenden Sinn in der Welt zuwenden, gewinnen massiv an partnerschaftlichem und kommunikativem Verhalten. Sie werden offen für ein Du.

Gleichzeitig werden sie unabhängiger vom Du, und zwar insofern, als sich ihre Standfestigkeit stärkt. Wer von der Bedeutung seines persönlichen Beitrages und Einsatzes für eine sinnvolle Sache durchdrungen ist, fragt weniger, ob seine Mitmenschen ihn dafür loben, es ihm danken, ob sie ihn behindern oder ignorieren. Er benötigt weder die Anfeuerung durch Fremde, noch stürzt er über Anfeindungen durch Fremde. „Der Misserfolg wird mich nicht beirren, und der Erfolg wird mich nicht verführen" war Frankls Motto, das ihm zeitlebens half, in den Wogen zwischen manch gehässiger Kritik durch Fachkollegen und den Faszinationsstürmen seiner Fans treu auf seinem Weg zu bleiben. Er war gelassen und bescheiden und hing sein Herz nicht an seinen Ruhm, was vermutlich seine optimale Trumpfkarte war. Glück und Ruhm stellen sich wenn, dann unbeabsichtigt und unangestrebt ein. Wer treu auf seinem Weg bleibt, jagt keinen Erfolgen hinterher und brennt nicht aus.

Frankl, der, wie erwähnt, auch nach seiner KZ-Befreiung von Strapazen nicht verschont war, wusste sich noch mit einer anderen genialen Methode zu schützen. An freien Wochenenden zog er sich mit seiner Gattin auf seinen Lieblingsberg, die Rax[12], zurück. Dort konzentrierte er sich bei Klettertouren auf die Haltegriffe in der Felswand, was ihm half „seelisch abzuschalten". Oder er entspannte sich bei meditativen Wanderungen über die Gipfel. Jeder Mensch benötigt ein ähnliches „Refugium“, in das er sich zurückziehen kann, um Einkehr in die Stille zu halten. In der Stille spricht unser „Sinn-Organ“ Gewissen am lautesten. In der Abgeschiedenheit können wir am ehesten überprüfen, ob das, was wir für sinnvoll halten, *auch wirklich sinnvoll ist.* Denn der Sinn verleiht uns nicht nur zusätzliche Potenzen, wie dargelegt, sondern auch die Weisheit, diese Potenzen achtsam zu nutzen und uns nicht blindlings und sinnlos zu verausgaben. Er steuert uns unverletzt durch die Turbulenzen des Lebens.

Frankl betonte wiederholte Male, dass ihm bei seinen Ausflügen auf die Rax die klügsten und stimmigsten Ideen eingefallen sind. Lassen wir uns im Folgenden von diesen seinen Ideen inspirieren – damit wir unser eigenes „Auschwitz“ bravourös durchstehen.

Homo patiens

> Als du auf die Welt gekommen bist, hast du geweint,
> und alle um dich herum haben sich gefreut.
> Lebe so, dass du dich freust, wenn du diese Welt verlässt,
> und alle um dich herum weinen.
>
> *(Indische Weisheit)*

Beispiel 26

Ein ca. vierzigjähriger Mann suchte mich auf und fragte, ob ich notfalls eine gute Unterbringungsmöglichkeit für sein wenige Monate altes Kind wüsste. Als ich nachfragte, was „notfalls" bedeuten sollte, konnte er, von Rührung übermannt, nicht weitersprechen. Ich ließ ihm Zeit, und schließlich breitete er seinen Kummer vor mir aus. Seine Frau war schwer krebskrank, und die Ärzte hatten ihr schon vor der Geburt des Kindes den Tod prophezeit. Wie durch ein Wunder war das Kind jedoch gesund zur Welt gekommen.

Ich versprach dem Mann, ihm eine Kontaktadresse zu beschaffen, an die er sich wegen einer geeigneten Pflegestelle wenden konnte. Da fragte er zögernd, ob ich auch bereit wäre, seine Frau diesbezüglich zu beruhigen, weil sie sich verständlicherweise um die Zukunft des Kindes sorgte. So lud ich beide für den nächsten Tag zu mir ein.

Als die Eheleute bei mir saßen, gab ich ihnen Informationen über geprüfte Pflegestellen und bat sie dann, mir über ihr gemeinsames Leben zu erzählen. Sie waren erst sechs Jahre verheiratet und hatten sich immer gut verstanden. Offenbar war ihnen eine „Traumehe" gelungen. Als die Krankheit der Frau ihre Schatten vorauszuwerfen begonnen hatte, hatten sich beide noch enger aneinander angeschlossen. Das Kind war dann ein ganz unerwartetes, bezauberndes Geschenk für sie gewesen, das ihre Gemüter tief aufgewühlt hatte, zumal die Geburt wider ärztliche Prognosen komplikationslos verlaufen war.

Es entstand eine Pause, und beide warfen mir flehende Blicke zu, die etwa besagten: „Und was soll jetzt werden ...?" Sorgfältig wählte ich meine Antwort, die folgendermaßen ausfiel: „Herr und Frau X, ich möchte Ihnen beiden gratulieren. Sie haben in Ihr bisheriges gemeinsames Leben so viele Beweise gegenseitiger Liebe und menschlicher Tapferkeit hineingebracht, wie selten ein Ehepaar, auch wenn es dreißig oder vierzig Jahre lang verheiratet sein mag. In meinem Beruf sehe ich täglich Familienmitglieder, und was ich dabei oft mit ansehe, sind kleinliche Zwietracht, Selbstsüchtigkeit und gegenseitige Intoleranz. Kaum jemals glückt es zwei Personen, unter erschwerten Bedingungen so harmonisch miteinander umzugehen, wie Sie es tun. Darauf können Sie wirklich stolz sein, denn nicht die Länge der Zeit, die man miteinander verbringt, ist ausschlaggebend, sondern die Intensität der gelebten Zuneigung, mit der man diese Zeit anreichert. So etwa, wie es nicht darauf ankommt, wie lange jemand zur Schule geht, sondern wie viel an Schulbildung er mit ins Leben nimmt. Glauben Sie mir: Würde man bei manchen Paaren, denen das Glück gewährt ist, miteinander alt zu werden, die Stunden des gegenseitigen Verstehens und Für-einander-da-Seins zusammenzählen, ergäbe ihre Summe nicht einmal sechs Jahre, jene Zeitsumme, die Sie beide gehabt haben und die Ihnen niemand mehr, auch der Tod nicht, rauben kann."

Dem Mann wurden die Augen feucht, und die Frau ergriff meine Hand und drückte sie fest. Sie hatte jedoch noch etwas auf dem Herzen. „Ich habe keine Angst vor dem Tod, der uns bald trennen wird", sagte diese mutige Frau. „Aber ich habe Angst um meinen Mann. Ich fürchte, dass er, alleingeblieben, den Halt verlieren könnte."

„Aber liebe Frau X", entgegnete ich, „Sie hinterlassen Ihrem Mann doch einen Halt, wie es keinen festeren gibt, nämlich eine *Aufgabe*, für die er verantwortlich ist: Ihr gemeinsames Kind! Niemand, der sich einer wichtigen Aufgabe voll bewusst ist, verliert seinen Halt. Im Gegenteil, er findet noch Kraft für andere dazu. Ihr Mann wird stark sein, auch wenn Sie nicht mehr neben ihm stehen. Stark genug für sich und das Kind, dessen Entwicklung er behutsam und ganz in Ihrem Sinne überwachen wird." Da sprang der Mann auf, kniete vor seiner Frau nieder und versprach ihr feierlich, diese Kraft aufzubringen und sich beständig und liebevoll um das Kind zu kümmern, solange es nur seiner bedürfe. Ich konnte die beiden fast heiter und mit gestärkter Zuversicht aus dem Gespräch entlassen, wenngleich der tragische Tatbestand um den schlechten Gesundheitszustand der Frau natürlich unverändert geblieben war.

Wollten wir die hilfreichen Elemente aus dieser logotherapeutischen Intervention extrahieren, kämen wir auf zwei tröstliche Aspekte, die ihre Wirkung nicht verfehlt haben. Es war darum gegangen, die zwei bangen Fragen der Eheleute, nämlich *warum* ihre schöne Partnerschaft ein so rasches Ende finden müsse, und *wie* es nach dem Ableben der Frau weitergehen würde, mit einem Sinnzusammenhang zu verknüpfen. Wenn nun ein kurzes vereintes Leben vielleicht genau so viele Stunden harmonischer Verbundenheit geboten hat wie in anderen Fällen eine lange Zweisamkeit, dann tritt die Dauer gegenüber dem Inhalt in den Hintergrund, und diese sechs glücklichen Ehejahre leuchten in ihrer Bedeutung und Sinnhaftigkeit auf, selbst wenn sie zeitlich begrenzt sind. Und wenn diese Frau bedenkt, dass sie zugleich mit ihrem Kind ihrem Mann eine Aufgabe und Stütze hinterlassen wird, die ihn über den Abschiedsschmerz hinweg heben wird, dann war auch die Geburt des Kindes so knapp vor ihrem Tod nicht sinn-fragwürdig, sondern bildete ein Vermächtnis ihrer großen Liebe, das weit in die Zukunft hinein sinn-wirksam sein wird.

***

Beispiel 27

Eine Mutter kam unangemeldet in meine Praxis, an der Hand ein kleines, etwas unproportioniertes Mädchen. „Hallo, junge Dame, hast du Lust mit mir zu plaudern?“ fragte ich das Mädchen lächelnd. Da ergriff es eine Bleistiftbox von meinem Tisch und schleuderte sie gegen die Wand. „Ich bin keine junge Dame!“ schrie es laut. Ich bat die Mutter, im Warteraum Platz zu nehmen, und führte das Mädchen in mein Zimmer, wo ich es in einen Sessel niederdrückte. „Du trägst einen großen Kummer mit dir herum“, sagte ich zu der Kleinen, „und den werden wir jetzt schwesterlich teilen. Einen Teil behältst du für dich, der geht mich nichts an. Den anderen Teil, den du gerne los werden möchtest, erzählst du mir jetzt in aller Ruhe, und dann werden wir weitersehen.“

Was bei der Erzählung herauskam, war erschütternd. Sie sei genau 18 Jahre, vier Monate und zehn Tage alt, erklärte sie mir, aber sie wachse einfach nicht, obwohl sie bereits eine Operation, eine Rückenmarkpunktur und mehrere Krankenhausaufenthalte mit diversen Hormonkuren hinter sich hatte. Es sei etwas mit ihrer Hypophyse nicht in Ordnung. Sie sei oft krank, habe ein geringes Durchhaltevermögen, ermüde schnell, und vor allem habe sie es satt, nie für vollwertig genommen zu werden und immer Extraerläuterungen abgeben zu müssen. Auch mit der Schule gebe es ein Riesenproblem. Die Mutter habe versucht, ihr mittels Privatlehrer einen Realschulabschluss zu ermöglichen, aber wegen ihrem häufigen Kranksein und den vielen Stoffversäumnissen habe sie sich zu einem solchen noch nicht aufgerafft.

„Ich möchte mich bei Ihnen entschuldigen, dass ich Sie vorhin geduzt habe“, schaltete ich mich ein. „Aber ich konnte Ihr wahres Alter nicht wissen. Genauso können andere Menschen, die mit Ihnen zu tun bekommen, die Wahrheit nicht wissen. Deshalb müssen Sie lernen, diesen Irrtum auszuhalten, denn es gibt keine Schuld, die nicht willentlich und wissentlich begangen wird, und eine Fehleinschätzung Ihres Alters geschieht nicht wissentlich.“ Sie nickte. „Aber ich möchte Sie etwas fragen: Wenn der erste Eindruck, den man von jemandem hat, sich beim näheren Kennenlernen wandelt, ist es dann besser, der erste Eindruck ist vage, und die wahren Qualitäten des Menschen werden später entdeckt, oder ist es besser, der erste Eindruck ist okay, und nachher kommt die Enttäuschung?" „Klar ist es besser, wenn derjenige mehr Qualitäten hat, als man am Anfang vermutet", erwiderte die Kleine. „Na, so ist das mit Ihnen", hakte ich nach. „Hätten Sie den Körper einer ausgewachsenen jungen Frau, aber den Verstand eines Kindes, würde man Sie als mündig einschätzen und alsbald betrübt feststellen, dass Sie mental zurückgeblieben sind. Sie hingegen wirken zunächst mädchenhaft zart, bald aber muss man erkennen, dass in Ihnen eine reife Persönlichkeit steckt mit einem wachen Verstand. Sie können nicht auf den ersten Eindruck erwachsen wirken, aber Sie können den zweiten Eindruck, den man von Ihnen gewinnt, sehr verändern und dabei jedermann in Erstaunen versetzen. Gerade die anfängliche Fehleinschätzung durch andere ermöglicht es Ihnen, im Urteil der Leute umso mehr zu steigen, je besser diese Sie kennenlernen. Wenn *mir* zum Beispiel jemand neu begegnet, dann müsste ich mir schon etwas überaus Besonderes einfallen lassen, um ihm bei der zweiten Begegnung mehr zu imponieren als bei der ersten ... Ihnen hingegen gelingt dies im Handumdrehen!" Die Kleine lachte. „Das stimmt! Die Leute sind immer ganz perplex, wenn sie sich mit mir kindgemäß unterhalten und ich Ihnen mit einigen Fremdwörtern antworte ..."

Die kleinwüchsige Frau erfasste im Gespräch, dass der Preis für ihre Fähigkeit, ihre Mitmenschen in Erstaunen versetzen zu können, die Inkaufnahme der anfänglichen Fehleinschätzung ihres Alters war. Dadurch bekam ihre Frustration den dämpfenden Akzent einer sanften Vorfreude auf die zu erwartende Überraschung bei den Fremden. Ich führte unsere Überlegungen dahingehend weiter, dass sich der Überraschungseffekt noch enorm vergrößern würde, wenn sich auch ihr Wissen und ihre Ausbildung vergrößern würden. Kluge Aussprüche und fundierte Informationen aus dem Munde eines nach maximal zwölf Jahren aussehenden „Kindes" beeindrucken zwangsläufig, auch wenn sich das Geheimnis schließlich aufklärt. Die Kleine begann fröhlich aufzuleben bei dem Gedanken, auf diese Weise Akzeptanz und Anerkennung im Bekanntenkreis zu erlangen, denn ihre bisherigen Erfahrungen waren eher in Richtung „abgesondert und ausgeschlossen zu sein" gegangen. Sie fand wieder den Mut, ihren Realschulabschluss durchzuziehen.

Danach zog ich die Mutter hinzu, die sich freute, ihre Tochter vergnügt vorzufinden. Gemeinsam berieten wir, welche individuelle Bildungsförderung für die Tochter weiterhin infrage käme. Wir fanden die Lösung in einem Fernlehrgang, der den Vorteil hatte, durch Krankheits- und Schwächephasen der Absolventin zwar hinausgezögert, aber nicht gefährdet zu werden. Als sich die beiden von mir verabschiedeten, flüsterte mir die Tochter zu, ich dürfe sie jetzt ruhig als „junge Dame" ansprechen. Sie würde es nicht mehr als Spott auffassen, sondern sich wirklich als vollwertige „junge Dame" fühlen. Wenige Tage später traf ein Päckchen bei mir ein, das einen schicken Bleistifthalter und einen herzlichen Gruß von ihr enthielt.

***

Die Hilfe, die wir anbieten können, besteht oft nur in Kleinigkeiten des Umdenkens. Doch darf nicht vergessen werden, dass auch der Anstoß zur völligen Verzweiflung oft in Kleinigkeiten begründet liegt. Der „homo patiens" bewegt sich wie auf einer dünnen Eisdecke. Es braucht nicht viel zu seinem seelischen Einbruch. Lässt sich seine Einstellung zum Unabänderlichen jedoch mit einem Funken Humor, mit einem winzigen Lächeln und einem Hauch von Großzügigkeit verbinden, zieht es ihn schon auf sicheren Boden. Die echten Helden des Lebens sind nicht die Sieger, die jubelnd feiern (denn das ist leicht), sondern die Besiegten, die sich im Schmerz noch einen Gedanken der Zuversicht abringen. Sie sind es, vor denen wir uns zu verneigen haben.

Wer ist behindert?

> Jeder Mensch ist achtenswert,
> wie elend oder lächerlich er auch sei.
> Denke daran, dass derselbe Geist, der in uns weilt,
> jeden Menschen beseelt.
>
> *(Arthur Schopenhauer)*

Beispiel 28

Im Unterschied zur Mutter aus Beispiel 27 hatte ich einmal mit dem Vater eines körperbehinderten Mädchens zu tun, der bei mir saß und weinte, weil er seine Tochter nicht zu akzeptieren vermochte. „Die Ärzte haben mir alles über ihre Behinderung gesagt“, schluchzte er, „nur nicht, wie ich sie ertragen soll. Wenn ich das Mädchen humpeln sehe, ekelt es mich, würgt es mich im Hals, ich könnte in den Boden versinken vor Scham. Ich bringe einfach keine Vatergefühle auf ...“

Ich ließ mir seine Tochter schildern. Sie hatte einen Geburtsfehler, eine Rückenmarksmissbildung, aufgrund derer sie sich nur unbeholfen, „watschelnd“, fortbewegen konnte. Trotzdem war sie ein aufgewecktes, lustiges Kind, besuchte das Gymnasium und war beliebt bei ihren Mitschülerinnen. Sie hatte sogar ein sonniges Verhältnis zu ihrem Vater und gerade erst zu seinem Geburtstag eine Strickweste mit Zopfmuster für ihn gehandarbeitet. Dann ließ ich mir vom Vater über sich selbst berichten. Er gab zu, ein skrupulöser, pedantischer Mann zu sein, der an allem etwas auszusetzen hatte. Er sei selten gelassen und eigentlich nie beliebt gewesen; eine engere Beziehung zu den Mitmenschen sei ihm von jeher schwer gefallen. Er verachte das Schwache, Fehlerhafte, strebe Vollkommenheit an, aber wo gäbe es diese schon?

Nachdenklich betrachtete ich ihn. „Es gibt eine gewisse Vollkommenheit", sagte ich zu ihm, „nämlich in gegenseitiger Ergänzung. Sie denken, nur Ihre Tochter sei behindert, aber Sie irren sich. Auch Sie selbst sind behindert, wenn auch auf eine andere Weise. Ihre Tochter ist körperlich behindert, aber seelisch erstaunlich stabil. Sie wiederum sind körperlich gesund, aber seelisch verwachsen. Wenn Sie beide sich als zwei behinderte Menschen miteinander solidarisieren würden, wären Sie miteinander stark und tüchtig." „Sie vergleichen mich mit meiner Tochter?" fragte der Vater erstaunt. „Ja", antwortete ich, „Sie beide besitzen große intakte Lebensbereiche, dennoch haben Sie beide einen kleinen Schönheitsfehler. Ihre Tochter kann nicht normal gehen, wie andere Menschen, und Sie können nicht normal fühlen, wie andere Väter. Leihen Sie Ihrer Tochter Ihre Beine, indem Sie sie herumkutschieren, begleiten, abholen, usw., und sie wird Ihnen ihr Gefühl leihen, indem sie genug Liebe aufbringt für Sie beide. Vielleicht können Sie sogar einen verborgenen Sinn aus der Behinderung Ihrer Tochter herausholen, indem Sie lernen, in der Auseinandersetzung damit Ihre eigene Behinderung zu erkennen und zu überwinden."

Die Tränen des Vaters versiegten bei meinen Worten. Seine Schultern strafften sich unwillkürlich. „So habe ich es noch nie gesehen", erklärte er mir. „Immer habe ich auf sie hinuntergeschaut. Aber wenn wir beide in einem Boot sitzen ..." „Wenn Sie beide in einem Boot sitzen, könnten Sie ein paar falsche Ansichten über Bord werfen! Dann wäre das gemeinsame Boot leichter zu steuern ..." Aufgeschreckt und irritiert verließ er mich, doch, wie ich nachträglich von seiner Frau gehört habe, befasste er sich von Stunde an wesentlich freundlicher und zugewandter mit seiner Tochter.

***

Ich halte es für unbedingt notwendig, dass jeder Heilkunde ausübende Fachmann selbst zur Lebensbejahung und Sinnorientierung tendiert, um etwas davon als „mit einzusetzendes Heilmittel“ auszustrahlen: ein Stück seiner Heilkunst, das sich beim zu Heilenden in Lebenskunst verwandeln soll.

Solange diagnostische Untersuchungen oder gezielte Behandlungen an der Reihe sind, mag die persönliche Lebenseinstellung des Therapeuten unerheblich sein. Er ist als Spezialist am Werk, und vom Spezialisten wird erwartet, dass er sein „Handwerk“ versteht. Der Arzt, der operiert, oder der Psychologe, der testet, sieht nur einen bestimmten Ausschnitt seines Klienten, und zunächst hat ihn auch nur dieser Ausschnitt zu interessieren. Ihm hat er seine volle Aufmerksamkeit zu widmen. Sobald aber die Operation oder die Eignungsuntersuchung vorüber ist und der Arzt ans Krankenbett seines Patienten tritt oder der Psychologe dem Ratsuchenden die Ergebnisse vorlegt, muss sich das Gesichtsfeld des Spezialisten weiten. Nun sind es nicht mehr die Gallenblase oder die Intelligenz allein, die ihn an seinem Gegenüber zu interessieren haben. Jetzt steht er als Mensch einem Menschen von Angesicht zu Angesicht gegenüber und muss ihm Kunde tun von dem, was er als Diagnostiker festgestellt hat, und von dem, was er als Therapeut zu empfehlen hat. Im Gespräch wird sich manche Not und Angst des Klienten offenbaren, zum Beispiel die Frage, ob ein von einer schweren Operation überschattetes Leben noch lebenswert ist; oder ob der psychologische Befund nicht Defizite enthüllt, die das Vertrauen in sich selbst erschüttern können.

Hier setzt die wahre Heilkunst, das echte Arzttum, ein, dem es um das Leiden in der Welt geht, das es zu verringern gilt, in welcher Gestalt es auch auftreten mag. Jetzt hängen die Augen des Patienten an den Lippen des Therapeuten, der unweigerlich über das Leiden sprechen muss, über dessen Ursachen, über dessen Prognose – und über einen zu erahnenden Sinn in oder trotz dem vorhandenen Leiden. Wird er ein Wort mit auf den Weg nach Hause geben können, das alles erträglich macht, und wenn es noch so schlimm ist? Er wird es können, wenn er selber durchdrungen ist vom Glauben an die ausnahmslose Sinnhaftigkeit des Lebens und an die unverwirkbare Möglichkeit, ein Leiden in eine menschliche Leistung umzufunktionieren.

Es sind nicht die tragischen Ereignisse allein, die uns Menschen plagen. Die eigentliche Tragödie ist oft unsere Art, mit den Ereignissen umzugehen. Wir erlauben gewissen Ereignissen, uns in einen Zustand der Hoffnungslosigkeit oder der Hilflosigkeit (amerikanisch: „given-up“ oder „giving-up“) hineinzutreiben. Das ist destruktiv und unnötig. Eine behinderte Tochter zu haben ist kein Weltuntergang. Sie kann ein „Prachtexemplar“ sein, und in vieler Hinsicht „normaler“ als ihre gesunden Eltern, wie die erwähnte Fallgeschichte zeigt. Auch verhaltensgestörte und erziehungsschwierige Kinder, die in Heimen aufwachsen, sind nicht die Schauergestalten, als die sie oft abgestempelt werden. Ich habe jahrzehntelang Kinderheime psychologisch betreut und dabei die unterschiedlichsten Erfahrungen gemacht. Ich habe Erzieherinnen und Erzieher kennengelernt, die zahlreiche Schulungen durchlaufen und ein enormes Fachwissen angehäuft hatten. Ein Teil von ihnen kam mit den Kindern nie zurecht. Daneben kannte ich Erzieherinnen und Erzieher, die einzig auf ihre Herzensbildung bauen konnten. Einige von ihnen waren begnadete Pädagogen. Die meisten von ihnen schafften den Alltag mit ihren Schützlingen ohne größere Pannen. Was soll man daraus schließen? Es wäre der verkehrte Schluss, Schulungen für ineffizient zu halten. Nur ist leider das Wichtigste nicht erlernbar. Denn das wichtigste Erziehungsmittel ist die Liebe zu den Mädchen und Buben, die so früh aus irgendeinem „Nest“ gerutscht sind, und im Bemühen, sich in einer für sie noch zu kalten Gesellschaft durch „Flügelschläge“ zu erwärmen, überall anecken. Die Liebe ist das Heilmittel, und der Glaube daran, dass nichts umsonst ist, was man für die jungen Geschöpfe an Sorgfalt, Plage und unermüdlichem Engagement einbringt. Erzieherinnen und Erzieher, deren Arbeit auf einem solchen Überzeugungsfundament basierte, hatten die geringsten Probleme und so manche „Wunderkinder“ in den von ihnen geleiteten Gruppen.

Man sieht, auch für den Sektor Pädagogik gilt, was für die Psychologie und Psychotherapie stimmt: die positive Lebenseinstellung und Daseinshaltung des Fachmannes bzw. der Fachfrau geleiten durch die deprimierenden Stunden der Rückschläge, die man in diesen Berufen einstecken muss, und sind zugleich der Born, aus dem das intuitive Gespür für das je angemessene Verhalten sprudelt, das sich dann – optimalerweise – mit dem erlernten Wissen paart.

Ein Fadenkreuz im Visier

Wir warten unser Leben lang auf den außergewöhnlichen Menschen,
statt die gewöhnlichen um uns herum in solche zu verwandeln.

(Hans Urs von Balthasar)

Wer sich mit der logotherapeutischen Literatur näher befasst hat, kennt das „Fadenkreuz" von Viktor E. Frankl.[13] Die vertikale Linie darin zieht sich von der inneren Sinnerfüllung (oben) bis zur existenziellen Verzweiflung hinunter. Die horizontale Linie zieht sich von der Erfolgsseite (rechts) zur linken Misserfolgsseite hin. Wobei unter der Erfolgsseite günstige Lebensumstände wie Gesundheit, Arbeitsfähigkeit, familiäre Geborgenheit, Wohlhabenheit, Ausbildungsabschlüsse etc. zu subsumieren sind, und unter der Misserfolgsseite eben das Gegenteil: Krankheit, Armut, Verlassenheit, sozialer Abstieg. Frankl hat mit der (scheinbar logischen) Theorie von einer Parallelität der beiden Linien gebrochen. Dass sie stattdessen orthogonal zueinander verlaufen, hat er als Erster empirisch und kasuistisch nachgewiesen.

Wenden wir uns zunächst der *unteren Hälfte des Fadenkreuzes* zu:
Die Position auf der Erfolgsseite würde es zwar unendlich erleichtern, ein glückliches, zufriedenes und erfülltes Leben zu führen,

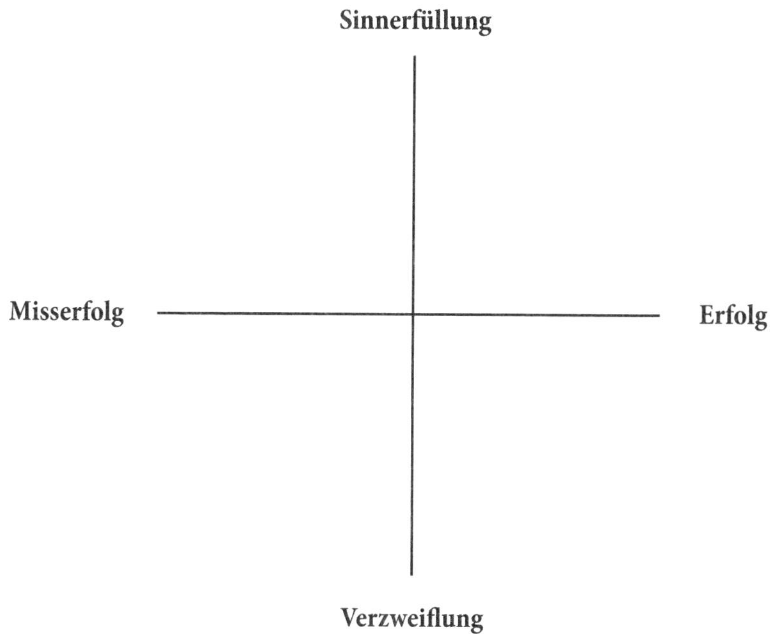

aber die Wirklichkeit tickt anders. Zu viel Erfolg steigt uns „verrückten“ Wesen schnell zu Kopf und macht uns überheblich, gierig bis nimmersatt, moralisch wankelmütig, eigensüchtig, abgestumpft gegenüber Werten und Personen. Sinnkrisen sind an der Tagesordnung. Die horribelste Ausgeburt davon kondensiert sich in den völlig motivlosen Tötungsdelikten von „Kindern unserer Zeit“, die Massaker in Schulen anrichten oder auf Passanten und Touristen einstechen, bloß „weil sie nicht gut drauf sind“. Nicht irgendein Elend, sondern die vermeintliche Sinnleere ihres Lebens hat sie in einen Panzer von unverdünnter Gleichgültigkeit eingekerkert, der keinen Funken Empathie mehr erlaubt. Wenn alles egal ist, darf alles vernichtet werden – warum auch nicht? Das einzig Nachvollziehbare an solchen Gräueltaten ist, dass man im abgeriegelten Raum der Gleichgültigkeit wahrlich „nicht gut drauf ist“!

Freilich ist die Position auf der Misserfolgsseite auch kein Honiglecken. Die Konfrontation mit einem ungnädigen Schicksal schnürt unseren Aktionsradius erheblich ein und mündet nicht selten in pure Verzweiflung ein. Leidkrisen verdunkeln unsere Tage. Auch das senkt die Hemmschwelle in Richtung „vernichtender Rundumschläge", wie man es etwa von den verrohten Banden in den Schandquartieren unserer Erde zur Genüge kennt. Auch die Einkerkerung in einem Panzer der Hoffnungslosigkeit lässt alles egal erscheinen.

Dem gegenüber hielt uns Frankl die *obere Hälfte des Fadenkreuzes* vor Augen. Für unsere Überlegungen zur konstruktiven Leidbewältigung ist seine atemberaubende These, dass Sinnerfüllung trotz Misserfolg erreichbar ist, bedeutungsvoll. Auch das gehört zur „anders tickenden" (anders als man denkt) Wirklichkeit. Wo immer und wann immer es gelingt, ein Leiden in einen Sinnzusammenhang einzubetten, steht der Aussöhnung mit dem Leiden kein Hindernis im Wege. Die Sinnerfüllung schnürt den Aktionsradius wieder auf, und sei es nur der Radius *innerer* Aktionen, der sich ausdehnt und zur freien Einstellung zum Schicksal einlädt. Mehr noch: zur *wertorientierten* Einstellung, die jeglicher Abstumpfung vorbeugt. Frankl konnte belegen (und ich kann es auch), dass Menschen, welche das Leben zu irgendeinem Zeitpunkt auf die Misserfolgsseite katapultiert hatte, durchaus imstande waren, „Einstellungswerte" zu realisieren und daran seelisch zu genesen. Zumindest waren sie vor blanker Verzweiflung geschützt.

Bevor ich einige Belegbeispiele bringe, möchte ich das Frankl'sche Fadenkreuz komplettieren. Wertvolle Einstellungen sind auch angesichts *positiver* Schicksalsfaktoren keine Selbstverständlichkeit, sondern eine mustergültige Entscheidung, die nicht jedermann trifft. Die Verknüpfung von Glück mit einem Sinnzusammenhang kann durchaus schwerfallen, und dennoch ist sie der einzige Garant, der das Glück vor seiner schnellen Verflachung und Verflüchtigung schützt. Worauf aber läuft eine solche Glück-Sinn-Verknüpfung hinaus? Spielen wir ein hypothetisches Situationsbild ein:

Situationsbild

Zwei Autofahrer fahren hintereinander auf der Straße. Ihre jeweiligen äußeren Situationen ähneln einander. Plötzlich rutscht das erste Auto von der Fahrbahn ab und rollt über eine steile Böschung in einen Graben. Der Lenker kann sich zwar unversehrt aus dem Auto winden, aber sein Wagen ist durch den Aufprall beschädigt worden. Mit einem Schlag ist die Situation der beiden Autofahrer unterschiedlich geworden. Der erste hat seine Mobilität verloren, der zweite kann seine Fahrt ungehindert fortsetzen. Der erste befindet sich auf der Misserfolgs- bzw. Schadensseite, er ist mit einem – jetzt – unabänderlichen Leid konfrontiert. Der zweite befindet sich auf der Erfolgs- bzw. Glücksseite, denn ihm ist nichts passiert. Er ist jedoch auch mit einem Schicksal konfrontiert, das vernünftigerweise nicht zu ändern ist, es sei denn, er führe solidarisch in den Graben, was er sicher nicht will. Das heißt: Für den zweiten Autofahrer steht *kein eigenes Leid im Vordergrund*, dafür aber (im Gegensatz zu ihm) *ein fremdes Leid im Hintergrund*. Bei klarem Denken können wir die Einsicht nicht von uns weisen, dass es immer, wenn es uns gut geht, anderen rings um uns schlechter geht als uns. So ist die Welt beschaffen.

Blenden wir nun die Sinnverknüpfung ein. Zu fluchen, Straßen- und Autobauer wütend zu beschuldigen oder deprimiert in Selbstmitleid zu versacken würde dem ersten Autofahrer wenig nützen. Er ist aufgerufen, sich zu seinem Leid positiv einzustellen, etwa indem er sich vornimmt, aus dem Unfall zu lernen, in Zukunft vorsichtiger zu fahren und den Blechschaden als „Lehrgeld" zu betrachten. Auf diese Weise würde er die vertrackte Situation am besten meistern. Was ist mit dem zweiten Autofahrer? Er kann flott Gas geben und abzischen, aber ist das der „Sinn seines Augenblicks"? Ruft ihn der Sinn nicht eher dazu auf, sich zu seinem Glück positiv einzustellen, indem er stoppt, sich um den verunglückten Fahrer kümmert, ihm aus dem Graben hilft, ihn zur nächsten Polizeistation mitnimmt u. ä.? Die Verknüpfung von Glück mit Sinn kann keine andere sein als das eigene Glück *mit denjenigen zu teilen,* die im Unglück sind. Wer sein Gutgehen dazu verwendet, etwas davon an diejenigen abzugeben, denen es schlechter geht als ihm, der realisiert „generalisierte Einstellungswerte", wie ich sie in Anlehnung an Frankls Konzept von den „Einstellungswerten" bezeichnen möchte, und das erhält ihm als Nebeneffekt den Glanz seines Glücks.

Nicht immer hat das Bewältigen des eigenen Leides den sozialen Vorrang. So ist z. B. bei den Rassenkonflikten zwischen „Schwarz" und „Weiß" zuerst von den „Weißen" (auf der „Erfolgsseite") zu verlangen, sich zu ihren gleichwertigen afrikanischen Mitbürgern positiv und respektvoll einzustellen, und dann erst von den „Schwarzen" (auf der Misserfolgsseite) zu verlangen, ihr Schicksal, in einer rassistischen Gesellschaft negroid zu sein, positiv anzunehmen und zu gestalten.

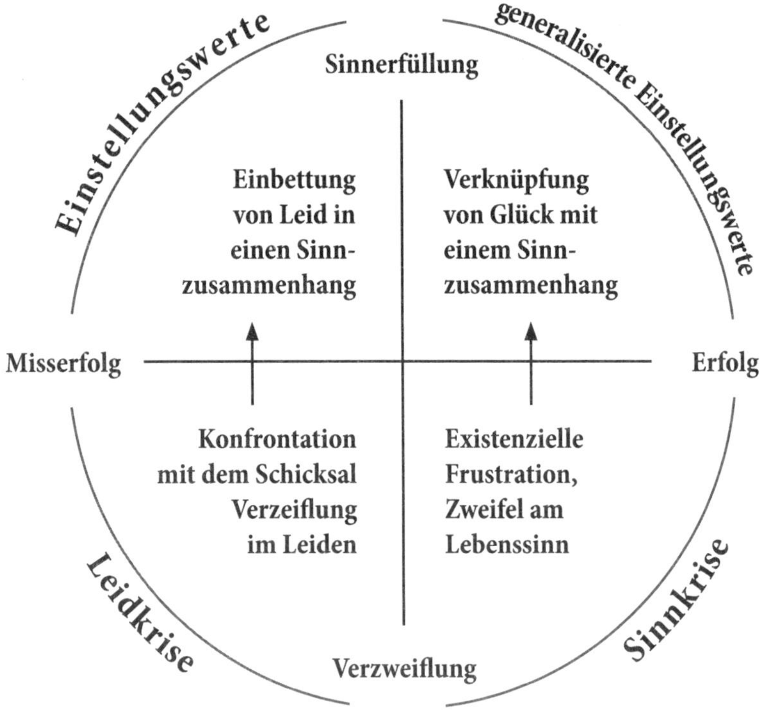

Das heroische Akzeptieren eines nicht beseitigbaren Leides findet sein Pendant im freiwilligen Einspringen, Unterstützen und Helfen, also in sämtlichen Anstrengungen, Leiden eben *doch* zu beseitigen durch *diejenigen, die es können*. Das Können aber ist wenn, dann auf der Erfolgsseite des Lebens beheimatet. Der Reiche kann den Armen beschenken, der Gesunde kann den Kranken pflegen, der Kluge kann den Dummen aufklären, der Kräftige kann den Schwachen auf seine Schultern laden, usf. Sinnerfüllung konstituiert sich demnach in der bestmöglichen Aufhebung und Verwischung des Gegensatzes von Erfolg und Misserfolg. Sie verringert die Schere dazwischen, sie überbrückt die Spaltung zwischen den vom Schicksal Bevorzugten und vom Schicksal Verdammten, sie fördert den Zugang aller Menschen zu einem gelingenden Lebensvollzug – trotz Leid oder im Glück. Sie ermutigt genauso, ein eigenes schweres Los tapfer zu tragen, sofern es getragen werden muss, wie ein fremdes schweres Los zu lindern, sofern es gelindert werden kann. Und während die Realisierung der Einstellungswerte die Bewunderung der Mitwelt verdient, verdient die Realisierung der generalisierten Einstellungswerte ihren Dank.

Es sollte uns zu denken geben, dass im Fadenkreuz der direkte Gegenspieler zur Sinnkrise (rechts unten) die Bereitschaft zu

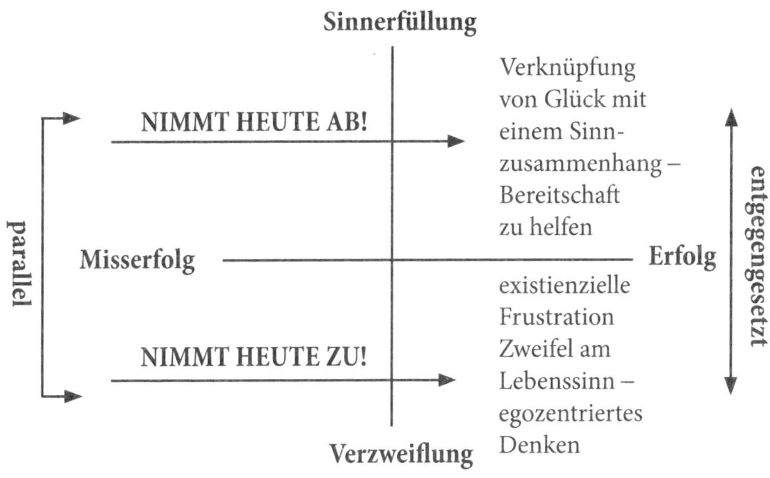

helfen (rechts oben) ist. Die Frustration des „Willens zum Sinn“ kann aufgehoben werden in der Öffnung und Zuwendung zum leidenden Mitmenschen, wie sie in den generalisierten Einstellungswerten zum Ausdruck kommt. Das sollte uns zu denken geben. Denn die Doppelgleisigkeit der verbreiteten existenziellen Indifferenz und der monströsen Lieblosigkeit in den mit Menschen vollgepferchten Metropolen unserer Welt weisen eindeutig in die Richtung, dass Sinnlosigkeitsgefühl und Nächstenliebe einander ausschließende Kontrahenten sind.

Schon vor Jahrzehnten schrieb Frankl dazu die prophetischen Worte:

„Eigentlich brauchte sich heute niemand über Mangel an Lebenssinn beklagen, denn er braucht nur seinen Horizont zu erweitern, um zu bemerken, dass zwar wir uns des Wohlstands erfreuen, andere aber im Notstand leben; wir erfreuen uns der Freiheit, wo aber bleibt die Verantwortlichkeit für die anderen? Vor Jahrtausenden hat sich die Menschheit zum Glauben an den einen Gott durchgerungen: zum Monotheismus – wo aber bleibt das Wissen um die eine Menschheit, ein Wissen, das ich Monanthropismus nennen möchte?“[14]

Verlustbewältigung

Es ist ein verborgenes Lebensgesetz,
dass uns zu rechter Stunde der rechte Mensch,
das notwendige Erlebnis,
das rechte Wort in den Weg geführt wird.

(Lulu von Strauss und Torney)

Hier die angekündigten Belegbeispiele für „Sinn trotz Leid“ und „Frust trotz Glück“:

Beispiel 29

Vor Jahren ließ eine Mutter ihre Adoptivtochter in der Beratungsstelle, in der ich damals arbeitete, auf Schulreife untersuchen. Im Zuge des Gesprächs erzählte sie mir die Geschichte dieser Adoption.

In ihrer Ehe hatte sich lange Zeit kein Nachwuchs angekündigt, bis sie endlich schwanger geworden war. Als das Kind zur Welt kam, war es tot. Da lag die Frau damals im Krankenhaus, mit vom Weinen verschwollenem Gesicht, und im Bett neben ihr lag ebenfalls eine Frau, die gerade entbunden hatte, ebenfalls mit tränenüberströmtem Gesicht. Von der Totgeburt noch völlig geknickt, fragte die Frau ihre Bettnachbarin, warum diese denn weine, obwohl ihr Baby, ein Mädchen, doch kerngesund war. Es stellte sich heraus, dass auch die Bettnachbarin ein verzweifelter Mensch war, nämlich eine „Gastarbeiterin", aus der fernen Heimat nach Deutschland eingereist, um Geld zu verdienen, in einigen unbedachten Liebesnächsten schwanger geworden, hilflos und allein gelassen, ohne Rückkehrmöglichkeit mit einem unehelichen Kind und ohne Perspektive, wie es weitergehen sollte. Da lagen die beiden Frauen in jenen schweren Stunden, eingeschmolzen auf den Wesenskern ihrer Seelen, zusammengeführt von den Fäden des Zufalls, und plötzlich leuchtete auf dem Hintergrund ihrer Leiden eine gemeinsame Sinnmöglichkeit auf. Die „Gastarbeiterin", die für ihr Kind keine Zukunft sah, überwand sich und reichte ihr Baby hinüber ins andere Bett, wo die Mutter, die ihr eigenes Kind mit so viel Liebe und Freude erwartet und unerwartet verloren hatte, schweren Herzens das fremde annahm. Daraus entstand die Adoption. Als ich das Mädchen sechs Jahre später wegen der Einschulungsfrage zu Gesicht bekam, begegnete ich einem Kind, das mich rotbackig und mit schwarzen Äuglein anlachte, mit sich und der Welt sichtlich zufrieden.

Es sieht nach einem „happy end" aus, aber man täusche sich nicht. Als mir die Mutter ihre Geschichte erzählte, hatte sie immer noch Mühe, ihrer Stimme einen normalen Klang zu geben, und ich bin überzeugt, dass auch die „Gastarbeiterin", wo sie auch heute sein mag, den geleisteten Verzicht auf ihr Kind nicht vergessen haben wird. Weder war das adoptierte Mädchen ein Ersatz für das Totgeborene, noch war die Kindesfreigabe eine Ideallösung der anstehenden Probleme. Dennoch lag Sinn im Handeln der beiden Frauen, ein Sinn, der dem beidseitigen Leid entsprungen war und letztlich mithalf, es zu bewältigen. Hätten sich die beiden Frauen bloß an den Annehmlichkeiten des Lebens orientiert, dann wäre die eine vielleicht an ihrem Verlusterlebnis zerbrochen, und die andere vielleicht an ihrem Kind, um das sie sich nicht ausreichend hätte kümmern können, schuldig geworden.

***

Mir hat einmal ein Mann, der draußen am Lande wohnte und durch ein schweres körperliches Handikap von vielem Schönen im Leben ausgeschlossen war, gesagt: „Wissen Sie, Frau Doktor, auch diejenigen Bäume im dichten Wald, die wenig Licht und Wasser abbekommen, die Schmächtigen und Verkrüppelten, haben ihren Wert. Sie werden zum Verheizen abgeholzt und schenken uns Menschen Wärme, damit es in den Stuben behaglich wird. Dasselbe kann auch ich, und mehr als das will ich gar nicht: Wärme schenken, obwohl ich vom Leben wenig Wärme empfangen habe." In der Tat wurde dieser Mann von allen Dorfbewohnern wegen seines freundlichen Wesens hoch geschätzt.

Sind dies nicht immense geistige Leistungen, großartige Verlustbewältigungen, erbracht aus dem Wissen, dass in allem noch Sinn erspürt, aus allem noch Sinn geschöpft werden kann, selbst durch die Abgründe der Verzweiflung hindurch? Hier geht es nicht um ein Hinunterschlucken des Erlittenen, um ein Verdrängen, ein Rationalisieren, ein Überkompensieren und ähnlich psychologistische Interpretationen. Hier wird von Menschen eine Distanz geschaffen zwischen ihnen selbst und der Sachlage, eine innere Distanz, die es ihnen ermöglicht, aus ihr heraus Sinnstrukturen zu erspähen, die mitten im Chaos der aufgewühlten Emotionen nicht zu erkennen wären. Wer im Verlust aufrecht stehen bleibt, der steht zugleich auch schon *über* seinem Verlust. Wenn er aber *über* seinem Verlust steht, dann ragt er aus der Menge der leidenden Menschen heraus, er wird zu einem „herausragenden Vorbild" für andere; von ihm geht, ganz nach dem altrömischen Motto „exempla trahunt" eine Energie aus, die sich in der Mitwelt fortpflanzt. Kurzum: Wer seine eigenen Verluste zu bewältigen vermag, hilft anderen, ohne auch nur einen Finger für sie zu rühren, allein schon durch seine Existenz, die einem Zuruf gleicht, es ihm nachzumachen. Wahrscheinlich meinte dies auch Seneca, von dem der folgende frei übersetzte Appell überliefert ist: „... bleibe auf deinem Posten und hilf durch deinen Zuruf; und wenn dir das Leid die Kehle zudrückt, bleibe auf deinem Posten und hilf durch dein Schweigen."

Beispiel 30

Im Kontrast zu den vorbildlichen Verlust- und Leidbewältigungen möchte ich einen Kurztext von einem jungen Mann präsentieren, den er in einem Ausleseverfahren als Antwort auf die Testfrage, welche Ziele er in seinem Leben bereits erreicht habe und welche er noch anstrebe, niedergeschrieben hat:

„Ich habe fast alle Ziele, die ich mir bis jetzt gesteckt habe, erreicht, im Privaten wie im schulischen Bereich. Insgesamt gesehen war die Schule für mich nur ein Mittel zum Zweck, eine Position im Leben zu erreichen, in der ich mich wohlfühle. Das Leben selbst erscheint mir sinnlos, doch wenn ich schon lebe, dann möchte ich mir diese Zeit so angenehm wie möglich gestalten. Insofern wäre es für mich ein schrecklicher Schlag, würde irgendetwas meine Pläne durchkreuzen."

Was ist die Aussage dieser wenigen Sätze? Auf der Basis eines als sinnlos empfundenen Lebens sollen wenigstens zahlreiche Annehmlichkeiten aus dem Leben herausgepresst werden. Und wenn dies nicht gelingt – wäre es schrecklich! Nun, ich fürchte, der Schrecken ist schon da, denn die Dauerangst vor einem schrecklichen Schlag ist, für sich genommen, Schrecken genug. Es ist charakteristisch, dass dort, wo Sinnmotive fehlen, auf Lustmotive ausgewichen wird. Eine ganze „Fun- und Spaßgeneration" praktizierte derlei Ausweichmanöver. Gegen Lust und Vergnügungen ist im Prinzip natürlich nichts einzuwenden, nur zeigt sich im Allgemeinen, dass Sinn und Lust miteinander verquickt sind. Lust, Freude, Annehmlichkeiten (und notfalls die Erträglichkeit von Unannehmlichkeiten) sind Nebenprodukte sinnerfüllten Daseins, und wo sie es nicht sind, verschwinden sie rasch. Der junge Mann, der fast alles erreicht hat in seinem Leben, was er wollte, ist wirklich nicht zu beneiden.

Fragen wir zwischendurch: Was ist überhaupt Sinn? In der Logotherapie denken wir, dass Sinn *eine transsubjektive Entität trans-*

zendenter Herkunft ist. Transsubjektiv heißt, dass er stets das Gesuchte bleibt und nie zum absolut Gefundenen wird. Der Sinn, den ich im heutigen Tag erspüre, wird nicht derselbe Sinn sein, den ich im morgigen Tag erkennen werde. Also besitzen Menschen mit stabiler Sinnorientierung das ständig Gesuchte und manchmal, in „Sternstunden", das für heute Gefundene, während Menschen mit fehlender Sinnorientierung nicht nur das Gefundene vermissen, sondern auch das Gesuchte entbehren. Es ist immens traurig, nichts zu haben, wonach man sucht. Mit dem Schrumpfen der Suchbewegungen schrumpft die geistige Beweglichkeit.

Die beiden Frauen, die nach der Entbindung dem kleinen Mädchen die besten Zukunftsaussichten geschenkt haben, haben sich als enorm geistig beweglich erwiesen. Sie haben in ihrer jeweils furchtbaren Situation Sinn gesucht und gefunden. *Es* war in ihrem Fall vernünftig, gut und richtig, die Adoption einzuleiten. Man kann sich dem, was vernünftig, gut und richtig ist, widersetzen, aber man kann es nicht willkürlich definieren. *Es* ist zum Beispiel sinnvoll, an einer U-Bahn-Haltestelle zuerst die Fahrgäste aussteigen zu lassen und danach einzusteigen. Das kann man nicht willkürlich umdrehen und behaupten: *Mein* Sinn ist es, erst einzusteigen, bevor die anderen ausgestiegen sind. Das Ergebnis wäre ein fürchterliches Gedränge. Ein anderes Beispiel: *Es* ist sinnvoll, leicht verderbliches Obst, das man zu Hause hat, zuerst zu essen, und später das haltbarere Obst. Auch das kann man nicht willkürlich umdrehen und behaupten: *Mein* Sinn ist es, zuerst das haltbare Obst zu naschen. Das Ergebnis wäre, dass einiges an Obst weggeworfen werden müsste. Sinn kann nur gefunden, herausgesiebt werden aus den komplexen Situationen des Lebens, und manchmal werden wir uns dabei auch irren. Aber da er von transzendenter Herkunft ist, bietet er sich uns immer wieder aufs Neue an und wispert uns das Wort zu, das im Anfang war, den „Logos", der seit Urgedenken die Evolution unmerklich in ihre Bahnen weist und auch uns Menschen den Weg zeigt von der Geburt bis zum Tod.

Schuld an nichts ...

> Das, was wir ein schlechtes Gewissen nennen,
> ist ja immer ein gutes Gewissen.
> Es ist das Gute, das sich in uns erhebt
> und uns bei uns selber verklagt.
>
> *(Theodor Fontane)*

Frankl sprach in seinen Werken von der „tragischen Trias" im menschlichen Leben: Leid, Schuld, Tod. Niemand bleibt von dieser dreifachen Tragik verschont, auch kein Patient und auch kein Therapeut. Deshalb klingt diese Thematik in allen Beratungsgesprächen früher oder später an, von subtil bis brutal, und kann nicht ausgeklammert werden. Was den *Umgang mit einem Leid* betrifft, haben wir bereits etliche „Seelenpflaster" diskutiert. Mit der Frage nach dem *Umgang mit einer Schuld* betreten wir jetzt ein unsympathisches Gebiet. Denn diese Frage legt unsere menschliche Verantwortlichkeit knallhart auf den Diskussionstisch.

Beginnen wir mit der Klarstellung, dass der Mensch grundsätzlich ein verantwortliches Wesen ist und auch im Rahmen psychologischer Einschätzungen und Behandlungen als solches ernst genommen werden soll. Weder böse Erfahrungen noch falsche Lernprozesse sind zulässige Alibis für aktuelles Fehlverhalten, auch wenn dergleichen pseudowissenschaftliche Zusammenhänge eine Zeit lang populär waren. So hieß es zum Beispiel einmal in einer Fernsehrunde, der ich beigewohnt habe: „Uli ist ein trotziger und bockiger Junge. Er gibt den Eltern nur freche Antworten, macht, was er will, schwänzt die Schule und lernt überhaupt nichts mehr. Wer hat versagt: das Elternhaus oder die Schule?"

Eine solche Fragestellung ist unseriös. Sie suggeriert, dass alles und jeder schuld sein kann, nur nicht der Betreffende selbst, also auch nicht der „arme Uli", der nichts dafür kann, dass er frech und faul ist. Damit aber, dass man Uli die Verantwortung für sein Handeln abspricht, erweist man ihm keinen guten Dienst. In einer anderen Fernsehsendung erklärte ein Pädagoge, der sich zu einer brutalen Schlägerei zwischen Lehrlingen äußern sollte, dass die Jugendlichen deswegen so viele Aggressionen hätten aufstauen *müssen*, weil sie nicht die genau ihren Wünschen entsprechenden Lehrstellen bekommen hätten, was Enttäuschungen und kriminelle Energien erzeuge. Auch solche Aussagen (vor einem großen Zuschauerpublikum!) sind wenig bekömmlich. Sie legen Hunderten von jungen Leuten, die nicht ihr berufliches Traumziel erreicht haben, nahe, dass sie sich quasi per pädagogischem Freibrief gegenseitig die Köpfe einschlagen dürfen.

Hier ist ein Auszug aus einem psychologischen Gutachten über einen 22-jährigen Mopeddieb, das ich einst zu Gesicht bekam:

„Der Schlüssel zum Verständnis der gegenwärtigen Persönlichkeit von X muss in einer weit zurückliegenden seelischen Verletzung gesucht werden, die in den ersten zwei Lebensjahren stattgefunden hat. Dieses verwundende Erlebnis blieb unerledigt und uneingebaut auf dem Grund der Seele liegen, als ein vom Bewusstsein losgelöster seelischer Komplex, als eine Kraft, die heimtückisch, mit dämonischer Gewalt ihre Herrschaft ausübt und ausbreitet. Das traumatische Erlebnis bleibt, obwohl vergessen, dennoch lebendig, affektgeladen und deshalb sprungbereit, es gefährdet und ängstigt den bewussten Teil der Persönlichkeit durch den Einbruch dunkler, archaischer Impulse in das derzeitige Leben, und die zur Integration dieses Komplexes notwendigen Bewusstseinskräfte weichen fortgesetzt vor jeder Erinnerung an dieses Erlebnis aus ..."

In der Folge wurde spekuliert, dass die „dämonischen Kräfte", die hier bemüht wurden, um einen simplen Mopeddiebstahl zu entschuldigen, aus einer Störung der frühkindlichen oralen Phase stammen würden. Mit einfachen Worten war gemeint, dass der junge Mann als Kleinkind alsbald abgestillt und mit der Flasche ernährt worden sei; die Mutter ist dazu allerdings nicht befragt worden.

Einem solchen Herumspekulieren muss eine entschiedene Absage erteilt werden. Nichts davon ist beweisbar. Als kleine Groteske will ich dem Leser verraten, dass meine eigenen frühesten Kindheitstage (Wien, 1942 bis 1945) gekennzeichnet waren durch nächtliche Fliegerangriffe, wobei meine Mutter mich Nacht für Nacht aus dem Schlaf reißen und mit mir in den finsteren, kalten Luftschutzkeller flüchten musste, um dort gemeinsam mit anderen Hausbewohnern zitternd vor Angst und Kälte zu warten, ob das Haus über uns zusammenstürzen oder in einer plötzlichen Feuergarbe aufgehen werde oder ob sie sich nach der Entwarnung durch das dunkle Stiegenhaus in unsere Wohnung zurücktasten könne. Demnach müssten meine eigenen „traumatischen Dämonen" eigentlich ausreichen, um mich zu verleiten, nicht nur ein Moped, sondern eine ganze Lastwagenkolonne zu stehlen ...

***

Frankl hat wiederholt betont, wie gefährlich es ist, den Menschen als bloßes Opfer seiner Umstände zu deklarieren, denn es gehört zur Schwachheit des Menschen dazu, schuldig werden zu können, genauso wie es zur Verpflichtung des Menschen gehört, seine Schuld zu überwinden und wenn möglich wiedergutzumachen. „Nimmt man dem Menschen die Schuld, dann nimmt man ihm auch die Würde", schrieb Frankl. Ein weises Wort, das nicht von jedermann gerne gehört wird.

Fazit: Die Pädagogik, Psychologie und Psychotherapie haben nicht Ausreden für Fehlverhalten, sondern Einsichten und Motive für sinnvolles Handeln zu liefern und damit insbesondere junge Menschen auf die komplizierten Erfordernisse des Lebens vorzubereiten.

Beispiel 31

Dazu ein Gesprächsfragment aus einer Beratung, die ich einst mit einer Studentin geführt habe:

Sie: Ich habe furchtbare Depressionen. Das Leben freut mich überhaut nicht.
Ich: Gibt es einen äußeren Anlass, worauf sich Ihre Depressionen zurückführen lassen?
Sie: Ja. Ich habe bei den letzten Prüfungen schlechte Noten bekommen.
Ich: Ist hinsichtlich dieser Noten eine Abhilfe denkbar?
Sie: Gewiss, ich müsste mehr lernen.
Ich: Und warum tun Sie es nicht?
Sie: Weil ich keine Lust dazu habe.
Ich: Wer oder was ist also jetzt schuld an Ihrem Unglücklichsein?
Sie: Die schlechten Prüfungsergebnisse.
Ich: Nein.
Sie: Dass ich nicht genug lerne?
Ich: Nein.
Sie: Dass ich keine Lust zum Lernen habe?
Ich: Auch das nicht.
Sie: Was dann?
Ich: Dass Sie dasjenige Maß an Lernen, das Sie selbst als richtig und notwendig erachten, von Ihrer Lust und Laune abhängig machen!

Man kann nämlich auch lernen, ohne große Lust dazu zu haben, wenn man ein Lernziel erreichen will. Niemand ist irgendwelchen „am Grunde der Seele liegenden Komplexen" ausgeliefert. Niemand muss blindlings „archaischen Impulsen aus seinem Inneren" gehorchen. Dass dunkle Gegenkräfte und träge Mächte in uns hausen, sei unbestritten, doch dazu sind wir mit geistigen Kompetenzen ausgestattet, dass wir dem rein Triebhaften nicht verfallen müssen. Jedenfalls gab ich der Studentin die Lektion mit auf den Weg, dass *sie allein die Verantwortung dafür trage*, wie viel oder wie wenig sie für ihre Prüfungen lerne, dass sie aber auch wahrlich stolz auf sich sein könne, wenn sie ihr Studium trotz temporärer Unlustphasen konsequent fortsetze. Die Maxime, wonach „man sich von sich selbst nicht alles gefallen lassen muss“, nahm sie schmunzelnd zur Kenntnis und verscheuchte damit erfolgreich die Depressionsanflüge, derentwegen sie mich aufgesucht hatte.

Schuldbewältigung

Nicht der Mächtige ist wichtig,
der im Bewusstsein seines Rechts den Feind vernichtet und
die Widerstrebenden ins Gefängnis wirft,
sondern der Gefangenenwärter,
der es entgegen dem Verbot doch nicht lassen kann,
den Gefangenen gelegentlich ein Stück Brot zuzustecken.
(Werner Heisenberg)

Beispiel 32

In der Münchener Beratungsstelle, die ich von 1977 bis 1986 geleitet habe, ist in jenen Jahren ein Projekt mit straffälligen Jugendlichen durchgeführt worden, das nach einigen Anlaufschwierigkeiten ein interessantes Resultat gezeitigt hat, von dem ich berichten möchte. Bei den Jugendlichen handelte es sich um Ersttäter, die von den zuständigen Jugendrichtern vorzeitig aus der Haft entlassen worden waren mit der Auflage, an therapeutischen Gruppensitzungen teilzunehmen. Projektziel war es, die Rückfallquote zu senken.

Unsere erste Konzeption, die eine Verhaltensänderung der Jugendlichen durch ein regelmäßiges soziales Training anpeilte, ging daneben. Jedes Training setzt ein hohes Maß an Eigenmotivation voraus, über das unsere Klienten nicht verfügten.

Unsere zweite Konzeption orientierte sich an den Problemen der jungen Leute im Bemühen, ihnen geeignete Problemlösungsstrategien an die Hand zu geben. Aber obwohl sie genügend Probleme mitbrachten und auch leidlich motiviert waren, mit der Gruppenleiterin über mögliche Lösungen nachzudenken, lief die Sache nicht wie gewünscht. Sie lief deswegen nicht gut, weil die erörterten Probleme – meist häuslicher oder beruflicher Art – schnell zu Entschuldigungsgründen für das begangene Fehlverhalten führten, was eine nachträgliche Berichtigung der Schuld scheinbar überflüssig machte.

Im dritten Anlauf zogen wir endlich das Frankl'sche Menschenbild zur Rate. Wir fassten den Mut, Schuld allen widrigen Milieuumständen zum Trotz als Schuld stehen zu lassen, allerdings nicht im Sinne einer Anklage oder eines Vorwurfs, sondern als Anstoß zur Besinnung auf die urmenschliche Herzensweisheit, die jeder der jungen Straffälligen unabhängig vom äußeren Milieu in sich trug. Nach dem Motto, dass „mich die Mitwelt nicht komplett gestalten kann, ich aber sehr wohl mich selbst gestalten kann", gingen wir dazu über, ihnen gerade aus dem Beweis, wie frei sie in Wirklichkeit gewesen waren, irgendeine Untat zu begehen, den Beweis herzuleiten, wie frei sie auch jetzt noch wären, verantwortungsbewusste Taten in die Welt zu setzen. Taten, die rückwirkend alles Negative, das sich in ihrem jungen Leben eingenistet hatte, aufzuwiegen vermögen. Auf einmal bewegte sich etwas in den Gruppen. Eine neue Erkenntnis dämmerte durch Spott, Verlegenheit, Zynismus, Gleichgültigkeit und Verwahrlosungsschäden hindurch. Der eine oder andere Jugendliche nahm sich „die Freiheit zur verantwortungsbewussten Tat" und stellte dabei überrascht fest, dass er ihrer fähig war. Das spornte die anderen an, und fast unbemerkt sank im ständigen Auf und Ab die Rückfallquote.

***

In der traditionellen Psychotherapie wird viel von den „unaufgeräumten Sachen" gesprochen, die Patienten (unbewusst?) „auf der Seele liegen" und emotionale Entgleisungen provozieren. In mehr als dreißig Jahren Umgang mit Patienten ist meine Erfahrung dazu die folgende: Dasjenige Negative, das – zumindest in seiner vollen

Schärfe – mit der Zeit vergessen wird (ob man es als „von seelischen Abwehrmechanismen verdrängt" deutet oder nicht), ist hauptsächlich dasjenige Negative, wofür man nichts konnte. Demgegenüber wird dasjenige Negative, das auf eigenes Fehlverhalten zurückzuführen ist, nicht ohne Weiteres vergessen. Es bleibt tatsächlich als ein Unruhe stiftender Rest so lange „auf der Seele liegen", bis es aufgewogen worden ist in einer Art von Aussöhnung oder Wiedergutmachung.

Wenn wir unvoreingenommen an diese Beobachtung herangehen, könnten wir meinen, die Natur habe es in ihrer Genialität so eingerichtet, dass vergessen werden *soll*, was keinen Sinn hat, weiterhin erinnert zu werden, wohingegen *nicht* vergessen werden *soll*, wo noch ein Sinn in der Erinnerung schlummert, der seiner Erfüllung harrt. Welchen Sinn könnte es denn haben, schmerzliche Erlebnisse, die einem zufällig widerfahren sind, unaufhörlich zu memorieren und sich dadurch die schöne Lebenszeit, die einem zur Verfügung steht, zu vergällen? Eher wäre doch ein Sinn in der gedanklichen Aufarbeitung des Gewesenen *dann* denkbar, wenn das Schmerzliche von einem selber ausgegangen ist, wenn also Taten begangen worden sind, die ernste Folgen gehabt haben. Denn nur dadurch, dass diese eben *nicht* vergessen werden, kann es zu einem Lern- und Läuterungsprozess kommen, der einen vor Wiederholungsfehlern schützt und auf den richtigen Weg bringt.

Im Lichte dieser Hypothese müssten wir das Vergessen von traurigen Kindheitsereignissen oder von schlechten Träumen (mit deren Aufdeckung sich die Tiefenpsychologie schwerpunktmäßig beschäftigt) neu beurteilen. Kein Kind ist schuld an dem, was mit ihm in seiner Kindheit geschieht, und kein Schläfer ist schuld an dem, was er träumt. Wer sagt uns daher, dass es nicht heilsam ist, wenn sich der Schleier des Vergessens über den kleinen und großen Tragödien, die jede Kindheit in sich birgt, und über den mehr oder weniger verschwommenen Ängsten der Traumwelt senkt? Wie können wir beweisen, dass wir nicht wider die Natur handeln, wenn wir diesen Schleier künstlich lüften? Vielleicht wären wir, krass ausgedrückt, schon längst ausgestorben, wenn es nicht die Gnade des Vergessens gäbe, wenn die Erwachsenengenerationen durch die Jahrhunderte hindurch die Gräuel aus erlebten Kriegs-, Hungers- und Notzeiten immerwährend und unverrückbar lebendig vor Augen behalten hätten. Manchmal, wenn ich Patienten zugeteilt erhalten habe, die (vor mir) therapeutisch darauf getrimmt worden sind, sämtliche potenziellen Entsetzlichkeiten ihrer frühesten Vergangenheit ins Bewusstsein zu heben und dort parallel zum Gegenwartsalltag mit sich herumzuschleppen, ist mir der Vers aus Friedrich von Schillers *Taucher* eingefallen:

> Der Mensch versuche die Götter nicht
> und begehre nimmer und nimmer zu schauen
> was sie gnädig bedecken mit Nacht und Grauen.

Freilich ist der Zweck jeglicher Bewusstmachung die endgültige „Erledigung" des Vergangenen – ein sehr legitimes Anliegen. Es fragt sich bloß, ob es durch die Neuaufladung der damit verbundenen Affekte zu erreichen ist oder ob im Gegenteil der seelische Schaden zusätzlich intensiviert wird.

Verlassen wir damit den Boden der Kindheit und Träume und wenden wir uns wieder dem eigenen Versagen einer Person zu, dem gegenüber, wie erwähnt, die Götter im Allgemeinen weniger gnädig sind: Sie bedecken es kaum je mit völligem Vergessen, sondern lassen sozusagen einen Zipfel davon hervorlugen, der als geheime oder zugegebene „Reue" weiterwirkt. Ob zum seelischen Schaden, ist nicht erwiesen – vielleicht sogar zur seelischen Reifung? Schuld ist ein starker Wandlungsimpuls, ein Aufruf, sich zu ändern, aus alten Geleisen auszusteigen und in Zukunft bessere Entscheidungen zu treffen.

Ein Therapeut, der ja kein Richter über Menschen ist, kann angesichts eines vergangenen Fehlverhaltens eines Patienten, das ihm in der Therapiestunde zur Kenntnis gebracht wird, *zwei Funktionen* ausüben.

1. Zum einen kann er gemeinsam mit dem Patienten abwägen, *ob es berechtigte Schuldgefühle sind*, die diesen belasten, das heißt, ob das Geschehene voll in dessen Verantwortungsbereich gelegen hat oder eventuell von fremden Faktoren abhängig gewesen ist, die der Patient gar nicht hat kontrollieren können. Wir kennen nämlich das Phänomen in der Psychotherapie, dass sich Patienten irrtümlich wegen Ereignissen schuldig fühlen, angesichts derer sie minimale oder überhaupt keine Freiheit besessen haben, die also schier über sie hinweggeglitten und im Wesentlichen von ihnen nicht zu vermeiden gewesen sind. Zum Beispiel ist die Ehefrau eines meiner Patienten im Garten von einer Leiter auf die Zacken eines Rechens gestürzt und innerlich verblutet, während der Mann auf einer Dienstfahrt war, woraufhin er sich die schlimmsten Vorwürfe machte, nicht bei ihr gewesen zu sein. Solche Ereignisse sind durchaus betrüblich, aber es kommt ihnen nicht zu, Versagens- oder Schuldgefühle beim Betroffenen auszulösen, und wenn dies dennoch der Fall ist, muss mit vernünftigen Argumenten gegengesteuert werden.

2. Zum anderen kann der Therapeut helfen, *berechtigte Schuldgefühle zu bewältigen*, und zwar auch ohne eine „psychologische Absolution“ zu erteilen, die darin bestünde, den Patienten als unmündiges Opfer ihn beherrschender unbewusster Triebmächte oder prägender Konditionierungsvorgänge hinzustellen. Nein, es gelingt auch und eigentlich nur, ohne die geistige Freiheit und Würde der Person zu annullieren, wie das Münchener Straffälligenprojekt gezeigt hat. Schuld kann getilgt werden durch eine „Renaissance des Selbst“. Jede Form der Wiedergutmachung und alles Gute, das ein schuldig gewordener Mensch aus seiner Schuld heraus kreiert, jeder Erfolg, der aus der Saat seines einstigen Versagens aufgeht, jede positive Möglichkeit, die deshalb von ihm ergriffen und verwirklicht wird, weil er ihr zuvor einmal einer negativen Möglichkeit den Vorrang gegeben hat, verleiht dem Gewesenen rückwirkend Sinn. Eine rückwirkende Sinndurchflutung aber „berichtigt“ gleichsam die falsche Wahl, so unwiderruflich diese auch in der Historie sein mag, denn etwas, das zu

einem guten Ende beiträgt, kann nicht durch und durch falsch sein.

Forscht man genauer nach, entdeckt man, dass sich dieser Gedanke in allen Erlösungsmythen der großen Weltreligionen widerspiegelt, lediglich die junge Wissenschaftslehre der Psychotherapie hat lange daran vorbeigedoktert.

Ambivalenzen auflösen

Nicht gut ist, dass sich alles erfüllt, was du wünschest.
Durch Krankheit erkennst du den Wert der Gesundheit,
am Bösen den Wert des Guten,
durch Hunger die Sättigung,
in der Anstrengung den Wert der Ruhe.

(Heraklit)

In der Beratungstätigkeit soll man sich weder scheuen, auf Verantwortungen eines Patienten hinzuweisen, noch scheuen, ihn im Zweifelsfall vor einem Schuldigwerden zu bewahren. Dabei wird in der Logotherapie „sokratisch" vorgegangen, indem dem Patienten systematisch diejenigen Fragen vorgelegt werden, die ihn, indem er sie (sich selbst) beantwortet, auf die Fährte der richtigen Entscheidungen führen.

Beispiel 33

Einst trat eine Frau mit einem großen Konflikt an mich heran. Sie hatte ein Angebot erhalten, nach ihrer „Kinderpause" wieder in ihren Beruf als Textildesignerin zurückzukehren, war aber unsicher, ob es nicht noch zu früh wäre, ihre beiden Söhne nachmittags allein zu lassen. Das Angebot lockte sie enorm, die Entwicklung des Neunjährigen und des Elfjährigen lag ihr jedoch genauso am Herzen. Wie ich sie einschätzte, war sie eine kerngesunde Frau, auch wenn sie sich momentan in einer ambivalenten „Zwickmühle" befand. Sie wollte sich einfach mit einer Fachkraft besprechen und beteuerte, dass ihr Gruppenpsychotherapiestunden, die ihr von einem Facharzt empfohlen worden waren, nicht helfen würden.

Entscheidungskonflikte sind speziell dann besonders belastend, wenn nur zwei Alternativen zur Auswahl stehen, die entweder beide wünschenswert oder beide grässlich sind. Zwischen wünschenswert und grässlich zu entscheiden ist normalerweise keine Kunst – allerdings manchmal auch sehr schwer, wenn die grässliche Alternative die sinnvollere ist, wie etwa die Entscheidung zum Entzug im pathologischen Abhängigkeitsfall oder die Entscheidung zum Trotzen im pathologischen Angstfall. Darüber haben wir schon gesprochen. Bei der genannten Frau ging es jedoch um eine Entscheidung zwischen wünschenswert und wünschenswert, also eine charakteristische Patt-Situation.

Was macht man bei Ambivalenzen? Man legt zwei Binsenweisheiten auf den Tisch:

1. Alles kann man nicht haben.
2. Alles hat seinen Preis.

Dass man nicht alles haben kann, hat der „Hilferuf" Lehárs bereits humorig verdeutlicht. Ohne eine Verzichtleistung ist überhaupt keine Entscheidung zu treffen. Hat ein Patient dies klaren Bewusstseins akzeptiert, sind die konkreten Verzichte zu betrachten, die in seiner Belastungssituation für das Eine und für das Andere notwendig wären. Im Wissen darum, *was* es ihn jeweils „kostet" und *wofür* es ihn dies „kostet", ist schließlich das *Leicht-Höherwertige* zu eruieren.

Bei Ambivalenzen steht es nie exakt fifty-fifty, sondern eher „55" zu „45" u. dgl. Auch bei der genannten Mutter war die Sorge um ihre Buben leicht höherwertig. Sie wusste, dass in der Firma, die ihr das Angebot unterbreitet hatte, Überstunden üblich waren. Sie konnte sich ferner nicht darauf verlassen, dass ihr Mann abends pünktlich heim kam. Sie musste also damit rechnen, dass sich im Fall ihrer Berufstätigkeit die tägliche Zeit, in der ihre Söhne unbetreut waren, gelegentlich über den Nachmittag hinaus ausdehnen würde. Die Pubertät der Kinder stand vor der Tür. Was, wenn die Jungen beginnen würden, sich auf den Straßen herumzutreiben? Oder bloß noch am Computer herumzuspielen? Das wollte sie nicht. Die gute Entwicklung ihrer Kinder wog für sie „55", verglichen mit den „45" ihrer eigenen Weiterentwicklung. So entschied sie sich, auf das verlockende Angebot zu verzichten und sich stattdessen nach einer Vormittagsarbeit umzuhören. Ich bestärkte sie in ihrem Vorhaben und gab ihr noch einen psychologischen Tipp mit auf den Weg. Wann immer sich ein Hauch von Dem-Angebot-Nachtrauern auf ihr Gemüt legen sollte, möge sie an jene „5" denken, die über den „50" lagen. Sie lernte zu denken: „Meine Söhne sind es wert – auch wert, dass ich ein bisschen traurig bin. Die begehrte Arbeit hingegen wäre es nicht wert gewesen, ein Risiko für meine Söhne einzugehen." Die Frau verabschiedete sich dankbar von mir, und hat, wie ich später erfahren habe, sechs Monate darauf eine für sie passende Halbtagsstelle angetreten.

Machen wir uns nichts vor: Es hat wirklich alles im Leben seinen Preis. Wichtiger als die Frage, ob ein „zu zahlender" Preis hoch ist, ist die Frage, ob er das dafür Eingetauschte wert ist. Ist er es wert, sollten wir ihn zahlen, ohne mit einer Wimper zu zucken – oder mit der Seele zu strampeln.

Beispiel 34

Eine ältere deprimierte Frau wurde von ihrem Ehemann zu mir gebracht. „Sie äußert immer wieder den Wunsch zu sterben", sagte er zu mir. „Ich bin in großer Sorge um sie." Ich schickte den Mann in ein Kaffeehaus und bat die Patientin in mein Zimmer. Sie legte sofort los: „Warum darf ich nicht sterben? Ich bin doch alt, habe nichts Schönes mehr zu erwarten, vielleicht ein paar Jahre allmähliches Verblöden und Dahinsiechen. Ich bin müde, ich habe es satt!"

Ich erkundigte mich nach ihren letzten zwanzig Jahren. Sie war vor ihrer Verrentung Schneiderin gewesen mit einem eigenen kleinen Laden, der floriert hatte. Ihr Mann war ihr treu zur Seite gestanden. Ihr Sohn, ein Kaufmann, führte ein Geschäft in ihrer Nähe. Ein Enkel-Zwillingspärchen hatte das Licht der Welt erblickt. „Sagen Sie, Frau X", hub ich an, „angenommen, Sie bekämen plötzlich Lust, in Hamburg statt in München zu wohnen. Das bunte Treiben in der Hafenstadt würde Sie faszinieren. Würden Sie dann Ihre Koffer packen und nach Hamburg umziehen, um dort zu logieren?" Die Patientin blickte mich überrascht an. „Ich ... aber nein, mein Mann ist sehr bodenständig, der würde nicht mitgehen. Mein Sohn und meine Enkelkinder wohnen nur ein paar Straßen weiter ... ich bin ja nicht alleinstehend." „Sie würden nicht einfach adieu sagen und wegziehen, wenn Sie plötzlich Lust dazu hätten?" Die Frau war sicher, dass sie das nicht wollte. „Aber wenn Sie Ihr Leben vorzeitig beenden, ziehen Sie noch viel weiter weg von Ihren Lieben als nach Hamburg", überlegte ich laut. Sie schwieg.

„Frau X", startete ich erneut, „Sie haben soeben spontan etwas ganz Wichtiges gesagt. Sie betonten, dass Sie nicht alleinstehend sind. Sie haben an Ihre Familie gedacht. An die Familie, die Sie nicht im Stich lassen würden, um nach Hamburg umzusiedeln ..." „Ja", gab sie zu, „aber wenn mich die Traurigkeit überfällt und ich an das heranrückende Alter denke, dann denke ich nicht mehr an meine Verwandten. Ich glaube auch nicht, dass denen etwas fehlen würde ohne mich!" „Na, das glauben Sie durchaus", widersprach ich, „sonst stünde Hamburg ja nichts im Wege!" „Was Sie da von Hamburg faseln", begehrte sie auf, „Hamburg ist für mich kein Thema!" „Hamburg ist ‚vorzeitiges Sterben'", erklärte ich, „und ich freue mich, dass Hamburg kein Thema ist!"

Sie schmunzelte ein klein wenig. „Sie wollen mich wohl überlisten?" Ich tastete mich an ihren eigenen Aussagen entlang. „Da ist ein Punkt, über den wir sprechen sollten. Wenn die Traurigkeit Sie packt, verlieren Sie den inneren Kontakt mit Ihrer Familie. Deswegen merken Sie auch nicht, wie sehr Ihr Sterbewunsch Ihre Familie belastet. Sie denken nur noch an sich, an Ihr Altwerden, usw. und verfangen sich in einer Schleife um sich selbst. Könnten Sie daraus ausbrechen, würde sich der Kontakt zu Ihren Angehörigen wieder schließen, und Sie wüssten wieder, dass Sie ihnen gar keinen Kummer bereiten möchten. „Und wie kann ich daraus ausbrechen?“ fragte meine Patientin. „Sie sagten mir, Ihre Trauer rankt sich darum, dass Sie nichts Schönes im Leben mehr zu erwarten haben ...“ „Richtig!“ „Aber es ist umgekehrt, Frau X: *das Leben erwartet noch etwas Schönes von Ihnen*!“ Die Verblüffung der Frau war groß. „Es erwartet, dass Sie sich dankbar zurückerinnern an die Zeit, in der Sie Ihre Kundinnen zu deren voller Zufriedenheit mit passender Kleidung versorgt haben. Es erwartet, dass Sie Ihrem Mann an Liebe und Treue zurückschenken, was er großzügig an Sie ausgeteilt hat. Es erwartet, dass Sie Ihrem Sohn ein nobles Vorbild sind, denn auch er wird eines Tages ans Altwerden denken müssen und soll deswegen nicht gleich in Panik geraten. Es erwartet, dass Sie dem heranwachsenden Zwillingspärchen eine „Bilderbuchoma“ sind, mit der die Beiden lustige Stunden verbringen können, an die sie sich zärtlich anschmiegen können und der sie ihr Herz ausschütten dürfen, wenn sie etwas bedrückt ...“

„Himmel“, rief die Frau aus, „das alles verlangen Sie von mir?“ „*Ich* nicht, Frau X. Das Leben bittet Sie darum. Das restliche, vor Ihnen liegende Leben. Aber es wird Sie dafür auch belohnen, indem es Ihre Traurigkeit mildert und Sie noch lange mit Blödheit und Siechtum verschont. „Auf den Deal könnte ich mich einlassen“, meinte die Frau und schmunzelte erneut. „Dann ist also Hamburg kein Thema mehr?“ „Nein“, bestätigte meine Patientin mit fester Stimme und stand auf. „Jetzt werde ich meinen Mann vom Kaffeehaus abholen und dann ... wie sagten Sie? Ein bisschen Liebe zurückschenken ... ich will es versuchen!“

In der Ambivalenz zwischen Leben und Sterben(wollen) hatte das Leben gesiegt.

***

In der Tat haben die Menschen in unserer Gesellschaft ein gespaltenes Verhältnis zum Alter. Einerseits nützt die Industrie den gängigen Antiaging-Trend, um ihre Verjüngungsmittelchen an den Mann und an die Frau zu bringen, und präsentiert zu diesem Zweck strahlende Gesichter alternder Konsumenten. Andererseits schüren die Diskussionen um die unbezahlbare Pflege der hilflosen Alten, die in Heimen herumhocken, die Ängste. Selten wird analysiert, wie viel Wertvolles und Kreatives alte Menschen noch zu geben haben. Wie sie mit ihrer geistigen Reife und Abgeklärtheit dazu beitragen können, pathologischen Entwicklungen gegenzusteuern und Weisheiten zu transportieren, die in Gefahr sind, vergessen zu werden. Freilich stürzt sich die Jugend ungestüm auf alles Neumodische. Das ist ihr gutes Recht. Nur ist es ihre Stärke nicht, das Neue einer Qualitäts- und Niveauprüfung zu unterziehen. Es fehlen ihr die Maßstäbe dazu, an denen sie die Moden messen könnten. Es braucht ein langes und bewegtes Vorleben, um solche Maßstäbe zu besitzen, die sich aus einer Mischung von bitteren Erfahrungen und gewonnenen Erkenntnissen herauskristallisiert haben. Deswegen würden sich jung und alt wunderbar ergänzen. Die Alten sollten sich mit dem Schwung der Jugend impfen lassen, und die Jungen sollten die Lehren der Alten nicht verachten. Wie in vielen Bereichen ist das respektvolle Miteinander dem rivalisierenden Gegeneinander haushoch überlegen.

Ein komplizierter Fall

> Jeder Gedanke, mit dem sich ein Mensch befasst,
> egal, ob er ihn äußert oder nicht,
> schadet seinem Leben oder macht es besser.
>
> (Lucy Malory)

Beispiel 35

Eine Patientin, die am choreatischen Syndrom[15] litt, suchte mich auf. Sie wies einen hinkenden, schleifenden Gang auf und hatte Zuckungen um die Mundpartie, verbunden mit großen Ängsten und Hemmungen. Auch war sie zeitweise außerstande zu essen, weil ihr die Bissen beim Grimassieren wieder aus dem Mund fielen, und sie hielt sich selbst für mitschuldig an ihrem Gebrechen. Bei einem Psychotherapieversuch, den sie bereits unternommen hatte, war der Verdacht auf „Symptome abnormer unbewusster Triebhaftigkeit" geäußert worden. Ich bat sie um Einsicht in ihre ärztlichen Befunde und verstand bald, dass sie ein „homo patiens" war, ein leidender Mensch, dem niemand das Leid abnehmen konnte. Aber ich wollte alles daransetzen, es auf das „schicksalhaft Unumgängliche" zu minimieren. Es mochte einen Teil unkontrollierter Zuckungen und Verrenkungen bei der Patientin geben, der auf das Konto erhöhter Erregung und innerer Verkrampfung zurückging. Auch trugen ihr fehlendes Selbstvertrauen und ihre Unsicherheit zur Fixierung ihrer Symptome bei. Das ließ sich vielleicht ändern.

Hier einige Fragmente aus unseren Gesprächen, die sich über einen längeren Zeitraum erstreckten.

Fragment 1

Frau Y: Frau Doktor, nächsten Samstag hat meine Tochter Firmung, und wir haben einige Gäste eingeladen. Sehen Sie, jetzt entwickle ich schon wieder schreckliche Ängste vor dieser Gesellschaft, weil mir doch beim Essen manchmal ein Bissen aus dem Mund fällt und dann alle konsterniert auf mich schauen. Ach, ich tauge wirklich zu nichts.

Ich: Frau Y, dass Sie sich in Ihrem Zustand vor einer Gesellschaft mit Gästen fürchten, ist normal und verständlich. Jeder Mensch hat ein natürliches Schamgefühl, und dieses meutert, wenn man sich einer peinlichen Situation aussetzen muss. Vor anderen Leuten zu grimassieren und Probleme beim Kauen zu haben ist einfach peinlich. Dass Ihnen dies unangenehm ist, ist ein Zeichen, dass Ihre Psyche gesund ist. Das Krankhafte ist ausschließlich Ihre Bewegungsstörung; nicht Ihre Reaktion darauf.

Im Gegenteil, ich habe mir vorhin gedacht, was für eine mutig Frau Sie doch sind, dass Sie trotz Ihrer auffälligen Symptomatik den Anfahrtsweg zu mir in Kauf nehmen. Dass Sie zu mir zum Gespräch kommen, obwohl gewiss die Blicke der Leute in der Straßenbahn und auf den Gehwegen neugierig auf Sie gerichtet sind. Ich weiß nicht, ob ich so viel Mut aufbrächte wie Sie ...

Frau Y: Aber mein früherer Therapeut hat bemängelt, dass ich zu gehemmt bin, dass meine Scham eine Unterdrückung unausgelebter Triebe ist ...

Ich: Ich weiß, Frau Y, und ich sage Ihnen: Sie sind eine mutige Frau. Setzen Sie Ihren eigenen Verstand als Schiedsrichter darüber ein, wem Sie glauben sollen. Ist es eher wahrscheinlich, dass jemand, dessen Gliedmaßen unkontrollierbar hin-

und herzucken und der das Gesicht immer wieder verziehen muss, die Öffentlichkeit flieht und sich ins stille Kämmerlein verkriecht, oder ist es eher anzunehmen, dass er fröhliche Partys feiert, Einkaufsbummel macht und sich ungeniert unter die Menschenmenge mischt?

Frau Y: Ich meine, er wird sich eher verkriechen.

Ich: Ja, das meine ich auch. Sie aber finden dennoch die Kraft, weiterhin den Haushalt zu versorgen, zu mir zu fahren, einkaufen zu gehen und sogar Ihrer Tochter zuliebe Gäste zur Firmung einzuladen. Sie tun also etwas, das nur wenige Menschen über sich brächten – ein Applaus für Sie!

Frau Y: Wie Sie das so sagen – dann bin ich gar nicht so minderwertig?

Fragment 2

Frau Y: Wissen Sie, Frau Doktor, ich bin an meiner Tochter schuldig geworden.

Ich: Können Sie mir das näher erklären?

Frau Y: Na ja, sie hat häufig Bronchitis. Das kommt davon, weil ich sie als Kind immer warm gehalten habe.

Ich: Aber das ist doch kein Fehler, keine Schuld!

Frau Y: Doch, doch, das ist schon meine Schuld allein. Das Mädchen ist dadurch zu wenig abgehärtet und erkältet sich bei jedem Windhauch. Ich war zu überbesorgt, und das hat meine Tochter jetzt davon ...

Ich: Spielen wir diesen Gedanken durch. Angenommen, Sie hätten Ihre Tochter öfters leicht angezogen, hätten sie im Winter ohne Schal und Mütze Schneestapfen lassen, ihr im Februar schon Kniestrümpfe angezogen, usw. Später hätte Ihre Tochter Bronchitis bekommen, wie es ja tatsächlich war. Hätten Sie dann beruhigt gedacht, dass es an Ihrer mütterlichen Sorgfalt nicht liegen kann?

Frau Y (nachdenklich): Ich weiß nicht recht. Ich glaube, ich hätte auch gedacht, ich bin schuld daran, gerade weil ich sie *nicht* warm genug angezogen habe. Ohne Schal und Mütze? Da hätte ich mir enorme Vorwürfe gemacht!

Ich: Also *in jedem Fall* sind Sie an der Erkrankung Ihrer Tochter schuld?

Frau Y: (zögernd) Nun ... genau weiß man nie, was das Beste ist ...

Ich: Aber wenn man tut, was man für das Beste hält, ist das Schuld?

Frau Y (Kopf schüttelnd): Nein! Bestimmt nicht! Das kann nicht sein. Es ist wahr, ich habe immer das Beste für meine Tochter gewollt. Und dementsprechend gehandelt.

Ich: Na bravo! Frau Y, die *Absichten*, die hinter unseren Handlungen stehen, bekunden das Hauptausmaß unserer Schuld. Sie sind also schuld an allen bösen Krankheiten, die Sie Ihrem Kinde *gewünscht* haben ...

Frau Y (lachend): Dann ist meine Schuld nicht groß. Eine Krankheit habe ich in meinem ganzen Leben niemandem gewünscht, am allerwenigsten meinem eigenen Kind!

Ich: Wir sind uns also einig, dass die gelegentlich auftretende Bronchitis Ihrer Tochter nicht Ihrem Verschulden zuzuschreiben ist, sondern zu den Belastungen gehört, wie sie das Leben uns eben aufbürdet?

Frau Y: Ja. Ach, jetzt ist mir viel leichter zu Mute!

Fragment 3

Ich: Frau Y, ich möchte Sie bitten, bis zur nächsten Stunde eine kleine Übung zu machen, und zwar hinsichtlich des Problems mit dem Essen. Sie haben doch Angst, dass Ihnen mitunter Bissen aus dem Mund fallen, weil plötzliche Zuckungen über Ihr Gesicht laufen.

Frau Y: Genauso ist es. Ich denke daran, dass es geschehen könnte, und schwups, schon passiert es!

Ich: Das ist klug beobachtet. Ihre Angst lockt das Gefürchtete herbei. Wie wäre es, wenn Sie die Angst ausschalten könnten? Bei der Übung, an die ich denke, fürchten Sie sich überhaupt nicht. Sie setzen sich an einem Nachmittag, wenn Sie allein zu Hause sind, mit einem Butterbrot zu Tisch und nehmen sich innerlich fest vor, dieses Butterbrot nicht nur einmal, sondern gleich viermal zu essen. Das heißt, jeden Bissen in den Mund zu stecken, wieder herausfallen zu lassen, ihn wieder in den Mund zu befördern, und so fort, bis er so weich ist, dass er die Kehle hinunter rutscht.

Frau Y: Ich soll mit Absicht – ?

Ich: Richtig. Sie möchten zur Abwechslung gerade das Gegenteil von dem, was Sie sonst krampfhaft erzwingen wollen. An diesem Nachmittag wollen Sie ausnahmsweise nicht normal essen, sondern es den Wiederkäuern nachmachen und ausprobieren, wie ein Butterbrot „in Etappen" schmeckt. Ich bitte Sie, versuchen Sie es und berichten Sie mir dann vom Ergebnis.

Wie ich vermutet hatte, berichtete Frau Y, dass sie bei der Butterbrotübung weniger Schwierigkeiten hatte, normal zu essen, als üblich. Sie nehme sich zwar meiner Anweisung zufolge das mehrmalige „Ausspucken" jedes Bissens vor, aber er gleite meist wie von selbst die Speiseröhre hinunter, obwohl ihre Mundpartie von Zuckungen heimgesucht wurde.

Das ist natürlich der uns schon bekannte Effekt der Paradoxen Intention, der den symptomverstärkenden Angstmechanismus blockiert und dadurch eine Symptomreduzierung nach sich zieht. Die eigentliche Bewährungsprobe dieser „Inversion der Intention" aber hatte die Patientin noch vor sich. Als nächste Übung empfahl ich ihr, eine Imbissstube zu besuchen und dort das Prozedere in aller Öffentlichkeit zu wiederholen. Jeden Bissen mindestens viermal zum Munde zu führen … „Bringen Sie das Publikum zum Lachen!" mahnte ich sie. „Lachen ist gesund. Die meisten Menschen sitzen todernst und mit verkniffener Mimik in den Lokalen herum. Tun Sie ein gutes Werk, heitern Sie sie mit Ihrer Zunge-Lippen-Hand-Akrobatik auf!“ Hier ihre Rückmeldung:

Frau Y: Frau Doktor, es geht mir wie von Zauberhand besser. Ich war schon in zwei Restaurants. Nur *ein* kleiner Bissen ist auf meinen Teller zurückgepurzelt, und niemand hat etwas bemerkt. Ein anderer Gast ist hereingeschlurft, der noch viel mehr gehbehindert war als ich, und hat sich ungeniert zum Essen gesetzt. Da habe ich mir gedacht, dass ich mich in Zukunft auch nicht mehr genieren werde. Ich habe ein Handikap, okay, was ist dabei? Leider habe ich niemanden zum Lachen gebracht, aber ich selbst habe innerlich gelacht …!

Fragment 4 (nach einem Jahr)

Frau Y: Frau Doktor, meine Krankheit schreitet voran. Es wird mit den Störungen und Muskelzuckungen immer schlimmer. Jetzt brauche ich schon einen Rollator, weil ich mein Gleichgewicht nicht mehr halten kann. Mein Leben ist verpfuscht, es hat alles keinen Sinn mehr …

Ich: Ich bin nicht Ihrer Auffassung, Frau Y.

Frau Y: Na ja, ich verstehe schon, Sie wollen mich beschwichtigen, mir einreden, dass ich wieder gesund werde. Aber dazu besteht keine Aussicht. Mein Arzt hat es mir erklärt.

Ich: Sie haben mich missverstanden. Ich will Ihnen nichts einreden; ich teile nur Ihre Auffassung nicht, dass Ihr Leben keinen Sinn mehr hat. Denken Sie wirklich, dass das Leben aller chronisch kranken Menschen sinnlos ist?

Frau Y: Kranke Menschen sind doch nur unglücklich!

Ich: Und glauben Sie, dass alle gesunden Menschen glücklich sind?

Frau Y: Nein, das nicht …

Ich: Schauen Sie, Frau Y, ich bin den unterschiedlichsten Menschen begegnet. Unter den körperlich Kranken sah ich welche, die ein zufriedenes und sinnreiches Leben führten. Sie strahlten eine ruhige Gelassenheit aus. Unter den körperlich Gesunden sah ich welche, die ihr Leben sinnlos verschleuderten. Sie zappelten voller Unruhe und kannten keinen Frieden. Am Menschen ist mehr dran als seine physische Intaktheit oder Nicht-Intaktheit.

Frau Y: Ja schon, aber ich bin am Ende. Vielleicht haben die Gelassenen in ihrer Kindheit mehr Mutterliebe erhalten als ich, und schöpfen daraus ...

Ich: Ach, Frau Y, mehr als auf die Liebe, die wir empfangen haben, kommt es auf die Liebe an, die wir weitergeben. Und von Ihnen weiß ich, wie viel Liebe Sie für Ihre Tochter empfinden, für Ihren Mann, sogar für die Freunde Ihrer Familie. Sie sind doch kein Automat, der exakt herausgibt, was in ihn eingezahlt worden ist, und sonst nichts. Gewiss konnten Sie sich nicht aussuchen, was alles die Weichen Ihres Lebens gestellt hat, z. B. Ihre Kindheit oder später Ihre Krankheit, aber *wie* Sie Ihr Leben bei alledem gestaltet haben, ist *Ihr* Verdienst. Und immer noch gestalten Sie aktiv mit!

Frau Y: Ich bin eine so schwache Person. Jeder Handgriff fällt mir schwer. Mein Mann muss mir schon beim Waschen und Anziehen helfen.

Ich: Lassen Sie uns überlegen: Was wäre ohne Ihre Behinderung, Frau Y? Wahrscheinlich säßen Sie nicht hier bei mir und würden über die Sinnhaftigkeit Ihres Lebens nachgrübeln. Wahrscheinlich wären Sie zu Hause eifrig mit Alltagsarbeiten beschäftigt, mit Kochen, Bügeln, Fenster blitzblank putzen ... Vielleicht ist es aber wichtig, dass sie innehalten und ein bisschen nachdenken. Vielleicht geht Ihnen dadurch eine Sinnmöglichkeit auf, die Ihnen anderenfalls verlorengegangen wäre.

Frau Y (nach einer Pause): Es hat mich berührt, dass Sie meinten, man könne mehr Liebe weitergeben als man empfangen hat. Meine Kindheit war nicht schlecht, ich will mich nicht beschweren. Für meine Eltern stand halt der Gelderwerb im

Vordergrund. Für soziale Missionen hatten sie nichts übrig. Ich hingegen hatte stets Freude, wenn ich einem Armen helfen konnte. Ich habe jedem Bettler heimlich etwas von meinem Taschengeld zugesteckt. Ist es wahr ...?

Ich: Ja?

Frau Y: Ist es wahr, dass auch eine kranke Person wie ich noch Liebe austeilen kann?

Ich: Beweisen Sie's!

Frau Y: Ich muss darüber nachdenken.

Ich: Prima, jetzt sind Sie wieder dabei, Ihr Leben aktiv zu gestalten. Ich bin sehr neugierig, was Ihnen dazu einfallen wird.

Frau Y (nach einer Pause): Es gibt etwas, das ich früher gemacht habe, aber seit meiner Erkrankung nicht mehr. Ich habe damals bei einer Organisation ausgeholfen, die abgelegte Kleidung aus den Sammelbehältern abgeholt, sortiert und an Bedürftige verschenkt hat. Für den Umgang mit der gespendeten Kleidung hätte ich heute keine Kraft mehr. Aber ich habe mir damals oft gedacht, dass man den Kleidern, die ausgehändigt werden, kleine Begleitbriefchen beiheften sollte mit ein paar netten Worten, einem Gedicht oder einem aufmunternden Spruch aus einem Zitatealbum. Die armen Menschen, die auf Secondhand-Almosen angewiesen sind, brauchen ja auch einen seelischen Trost.

Etwas Ähnliches würde ich mir heute noch zutrauen. Kleine Briefchen entwerfen für einsame Leute, die selten Post bekommen, die vielleicht im Krankenhaus oder Altenheim sind. Einfach liebe Grüße und aufmunternde Botschaften verstreuen ... eventuell über das Rote Kreuz oder die Seniorenverbände ...

Ich: Welch entzückende Idee! Können Sie noch die Tastatur Ihres Computers bedienen?

Frau Y: Ja, das geht zur Not. Unlängst habe ich gelesen, dass man sogar lernen kann, den Computer allein mit der Bewegung der Augen zu steuern. Ist das nicht fantastisch? Für solch ein Training würde ich mich sofort anmelden. Was die Technik heute alles vermag ... Für kleine Botschaften an ausländische Familien, die zugezogen sind, könnte der Computer auch Übersetzungen fabrizieren. Sie halten es also für eine brauchbare Idee, wenn ich mich nach Kurztexten umschaue, die sozusagen „die Seele streicheln", und diese über Hilfsorganisationen versende?

Ich: Absolut. Ich war einmal auf Kur, und als ich mein zugewiesenes Zimmer betrat, fand ich in der Nachtkästchenlade einen fernöstlichen Weisheitsspruch. Dieser hat mich die ganze Kur lang begleitet.

Frau Y: Kureinrichtungen! Das wäre auch eine Möglichkeit! Mein Mann ist sehr geschickt im Austüfteln von geeigneten Ansprechpartnern und Adressaten; er wird mich bei meinem Vorhaben unterstützen. Vor allem aber wird er staunen, wenn ich mit diesem ausgefallenen Vorhaben heimkomme!

Ich: Er wird froh sein, in Ihnen wieder die tapfere Frau vorzufinden, die Sie all die schwere Zeit über waren. Frau Y, ich verneige mich vor Ihnen.

Frau Y strich mir wie segnend über die Haare und schob sich mit ihrem Rollator zur Türe hinaus. Den Gedanken, dass ihr Leben verpfuscht sei, hat sie nicht mehr mitgenommen.

Graue Haare

Es knospet unter den Blättern –
das nennt man Herbst.

(Hilde Domin)

Es knospet unter den grauen Haaren –
das nennt man Alter.

(Elisabeth Lukas)

Beispiel 36

Eine 29-jährige Frau bekam schon seit ihrem 25. Lebensjahr graue Haare. Sie hatte lange Zeit ihre Haare getönt, aber mittlerweile hatte ihre Kopfhaut eine Allergie gegen Haarfärbemittel entwickelt, die so stark war, dass ihr ein massiver Haarausfall drohte, wenn sie ihre Haare weiterhin tönen würde. Sie musste sich mit ihren grauen Haaren abfinden und geriet darüber in helle Verzweiflung.

Als sie bei mir zur Beratung war, verglich ich ihre grauen Haare mit einer kleinen, aber sehr nützlichen Signalanlage. „Für alle Menschen verrinnt das Leben gleich schnell", argumentierte ich, „für Sie wie für die anderen auch. Wer jedoch niemals an die Vergänglichkeit denkt, der ist in Gefahr, sein Leben mit Nichtigkeiten zu vergeuden und zu erschrecken, wenn es sich dem Ende nähert. Wer jedoch hin und wieder daran denkt, dass unser irdisches Dasein begrenzt ist und dass alle Vorhaben, die wir in unserem irdischen Dasein ausführen möchten, hier und jetzt getan werden müssen, ehe es für sie zu spät ist, der hat den großen Vorteil, rechtzeitig sein Leben zu planen und seine Ziele zu verwirklichen."

Die Patientin konnte dem zustimmen, deshalb fuhr ich fort: „Nun fehlt den meisten Menschen eine kleine Signalanlage, die ihnen von Zeit zu Zeit ihre Endlichkeit ins Bewusstsein ruft und damit die Notwendigkeit, das Leben sinnvoll zu füllen, aktiviert. *Sie* aber gehören zu den privilegierten Menschen, die eine solche kleine Signalanlage besitzen, nämlich ihr Haar. Es ist schön, wie es ist, nur: Es ist grau. Und die Farbe ‚grau' erinnert Sie daran, dass Sie nicht ewig Zeit haben, Ihre persönlichen Vorhaben in Angriff zu nehmen, sondern dass Sie am besten heute damit beginnen, eines nach dem anderen tatkräftig umzusetzen."

Die Patientin nickte versonnen und blickte in weite Ferne, als würde sie ihre Zukunft grüßen. Um diese mit der Gegenwart zusammenzubinden, machte ich ihr einen Vorschlag: „Jeden Morgen, wenn Sie sich kämmen, denken Sie daran, dass Sie im Spiegel ein Signal empfangen, das anderen Menschen verborgen bleibt. Es hilft Ihnen, mit Schwung und guten Vorsätzen in den Tag hineinzugehen, denn es flüstert Ihnen zu: ‚Die Zeit rinnt …'. Antworten Sie dann: ‚Ja, ich weiß. Aber noch *ist* Zeit, und das ist herrlich! Ich werde sie in Dankbarkeit nützen, so gut ich kann.' Und wenn Sie an diesem Tag nur eine freundliche Miene machen, am Arbeitsplatz einer Kollegin einen Fehler nachsehen oder beim Warten auf den verspäteten Bus nicht ungeduldig reagieren, dann haben Sie schon leuchtende Spuren Ihrer selbst hinterlassen, die jenseits der irdischen Zeit in der Ewigkeit gespeichert sind. Betrachten Sie einfach Ihr Haar auf neue Weise! Der Farbton ist egal; einmal ist die eine, einmal die andere Farbe modern. Was Sie bedrückt, ist die Erinnerung an das Alter. Diese jedoch sollten Sie, obwohl Sie noch so jung sind, nicht scheuen. Denn sie ist die Antriebsfeder, die Sie bei jedem morgendlichen Kämmen mit dem heimlichen Wissen versorgt: ‚Ja, ich weiß, heute ist der erste Tag vom Rest meines Lebens. Was in meinem Leben geschehen soll, wird deshalb *jetzt* gestartet und nicht aufgeschoben ...' Sie werden sich wundern, welche Energie Ihnen plötzlich zufließen wird!"

Fünf Monate nach unserem Gespräch legte mir die Patientin einen selbstgeknüpften Teppich zum Ansehen vor. Er bestach durch eine brillante Farbkomposition, die sie selbst kreiert hatte, und war als Blickfang für eine Wohnzimmernische gedacht. Seit ihrer Jugend hatte sie diese Arbeit vorgehabt, berichtete mir die Frau, aber nie damit angefangen. Seit sie jedoch ihr Haar auf die von uns besprochene Weise betrachtet habe, sei das Teppichknüpfen flugs vor sich gegangen. Ich freute mich über ihre Leistung. Die Saat einer klugen Lebensphilosophie war aufgegangen. Mehr noch: Seit diese Frau das Älterwerden im positiven Sinne als Impuls zum Leben verstand, fürchtete sie sich nicht mehr vor dem Tod.

***

Zur Bewältigung der Vergänglichkeit des menschlichen Lebens hat Frankl ein philosophisches Konzept entwickelt, das er „Optimismus der Vergangenheit" genannt hat. Demzufolge ist alles Geschehene unverlierbar in der Vergangenheit geborgen. Denn alles Vergangene ist festgelegt und jeglichem verändernden Zugriff entzogen. Es ist durch keinerlei Kraftanstrengung mehr aus dem Gewesen-Sein zu entfernen. Es hat sich „verewigt". Im Unterschied dazu ist unsere Zukunft zwar reich an Möglichkeiten, aber leer an Wirklichkeiten. In ihr ist nichts festgelegt; jede ihrer Möglichkeiten ist flüchtig und verlierbar. An der Berührungslinie zwischen beidem befindet sich die Gegenwart als hauchdünne Grenzlinie zwischen dem Noch-nicht-Seienden der Zukunft und dem Bereits-Verewigten in der Vergangenheit. Was im nächsten Augenblick verwirklicht werden wird, ist stets offen; was im Augenblick zuvor verwirklicht worden ist, ist es hingegen ein für allemal.

Da sich der Mensch ein Leben lang als Grenzgänger an der Gegenwartslinie fortbewegt, hat er – so merkwürdig dies klingt – die Ewigkeit *hinter* sich und das Noch-nicht-Verewigte oder auch

Niemals-zu-Verewigende *vor* sich, das heißt, das einzig Sichere, das ihm gehört, das einzig Wirkliche, das seiner Existenz untrennbar zugehört, ist *das Gewesene*. Hat zum Beispiel jemand mit seinem Partner fünf glückliche Ehejahre verbracht, dann kann sie ihm keine Macht der Welt mehr rauben. Diese Jahre sind „in die Ernteschleune seines Lebens eingefahren worden", wie Frankl es ausgedrückt hat. Ob der Betreffende noch fünfzig, dreißig, zehn Jahre oder auch nur ein weiteres glückliches Ehejahr verbringen wird, ist in der Ungewissheit der Zukunft versteckt, es schwingt im Netz unzähliger Möglichkeiten mit, die alle nicht wirklich *sind*, *noch nicht sind*, und die bis auf eine davon niemals Wirklichkeit sein werden.

Aus diesem „Optimismus der Vergangenheit" leitete Frankl einen „Aktivismus der Zukunft" ab. Läge nämlich die Ewigkeit *vor* uns und würde sie sich quasi von selbst abspulen, dann könnten wir die Hände in den Schoß legen und das auf uns Zukommende in Seelenruhe erwarten; es würde sowieso alles geschehen, wie es geschehen muss. Weil sich aber vor uns nichts als das Nichts noch ungeborener Möglichkeiten befindet, für deren Auswahl und „Geburtshilfe" wir mitverantwortlich zeichnen, stehen wir uns selbst gegenüber in der Pflicht, die jeweils sinnvollsten Ideen, Handlungen, Einstellungen etc. unter der Vielfalt des Möglichen zu orten und aus der Ungewissheit der Zukunft in die Geborgenheit der Vergangenheit hineinzulotsen. Wir bestimmen mit, was einmal die Ernte unseres Lebens sein wird, und ob wir mit dem, was am Ende unverrottbar in der Scheune unseres vollendeten Lebens lagern wird, auch zufrieden sind.

Im Lichte dieser philosophischen Sichtweise verblasst die scheinbare Allgewalt des Sensenmannes. Er kann zwar, wie er es immer tat, übrig gebliebene „Kornbüschel" vom Feld eines Lebens hinwegmähen. Die Möglichkeiten der Zukunft einer Person sind seine klassische Beute im Sterbefall. Auch die Gegenwartslinie, auf der die Person wandelt, kann er zuletzt noch an sich reißen. Aber damit endet auch schon sein Vernichtungsrepertoire. Mehr kann er buchstäblich nicht. Die Scheunen der Vergangenheit darf er nicht betreten, sie sind für ihn tabu. Absolut nichts kann er verändern von dem, was gewesen ist, und kein Stück abzweigen von dem, was gewesen ist. Haben im Leben zweier Menschen fünf glückliche Ehejahre stattgefunden, dann kann der Tod weder ein Jahr davon verschlucken noch fünf unglückliche Jahre daraus machen. Was diese fünf glücklichen Ehejahre anbelangt, ist er ohnmächtig. Das Verewigte kennt keinen Tod. Allerdings ist ehrlicherweise hinzuzufügen: Auch fünf Ehejahre, die die Hölle auf Erden gewesen sind, verewigen sich vom Tod unberührt, und vielleicht ist genau dies ja die „lodernde Hölle" unserer archaischen Vorstellungen: die Hölle der Wahrheit, aus der es kein Entrinnen gibt.

Wir sollten unser tägliches Leben danach gestalten, auch wenn wir noch keine grauen Haare als „Signalanlage" besitzen, wie meine ehemalige Patientin. Wählen wir sorgfältig aus, was wir in unsere Erntescheune einlassen! Nicht nur erfahrenes Glück, auch gespendetes Glück ist Korn vom Feinsten. Es lohnt sich, mit Freude an das eigene Tagewerk zu gehen und den Mitmenschen mit Güte und Toleranz zu begegnen. Es lohnt sich, nicht bloß, weil wir älter werden, sondern weil sich unsere Lebensvergangenheit dadurch anreichert mit einer Qualität, die die Frage der Quantität überlagert. Wie viele Tage mögen uns noch beschieden sein? Was kümmert es uns? Das bereits Gelebte bleibt. Das bereits Gelebte zählt.

Ein Kreismodell

> Die größte Angelegenheit des Menschen ist, zu wissen, wie er seine Stelle in der Schöpfung gehörig erfülle.
>
> *(Immanuel Kant)*

Repetition und Vertiefung

Das klare Denken hat uns die Zukunft als „reich an Möglichkeiten" gezeigt. Man könnte sie überhaupt als das „Reich des Möglichen" definieren, wenngleich die darin enthaltenen Möglichkeiten in einem Individualleben beschränkt sein können, etwa im Fall von Gefangenschaft, schwerer Krankheit, hohem Alter u. ä. Jedoch ist es nicht schade um *jede Möglichkeit* der Zukunft, die unverwirklicht bleibt. Im Menschen wohnen grausame und abgründige Möglichkeiten, die besser niemals die Gegenwartslinie passieren, um als Wirklichkeiten in die geschichtliche Vergangenheit einzugehen. Bezüglich so mancher Möglichkeit (Raub, Mord, Terror) ist es ein Segen, wenn sie im Nichts, aus dem sie kommt, und in dem sie zukunftsträchtig ruht, wieder verlöscht. Nein, nicht jede Möglichkeit ist wert und würdig, ergriffen und verwirklicht zu werden.

Meinen Studenten pflegte ich in diesem Zusammenhang das folgende Kreismodell anzubieten:

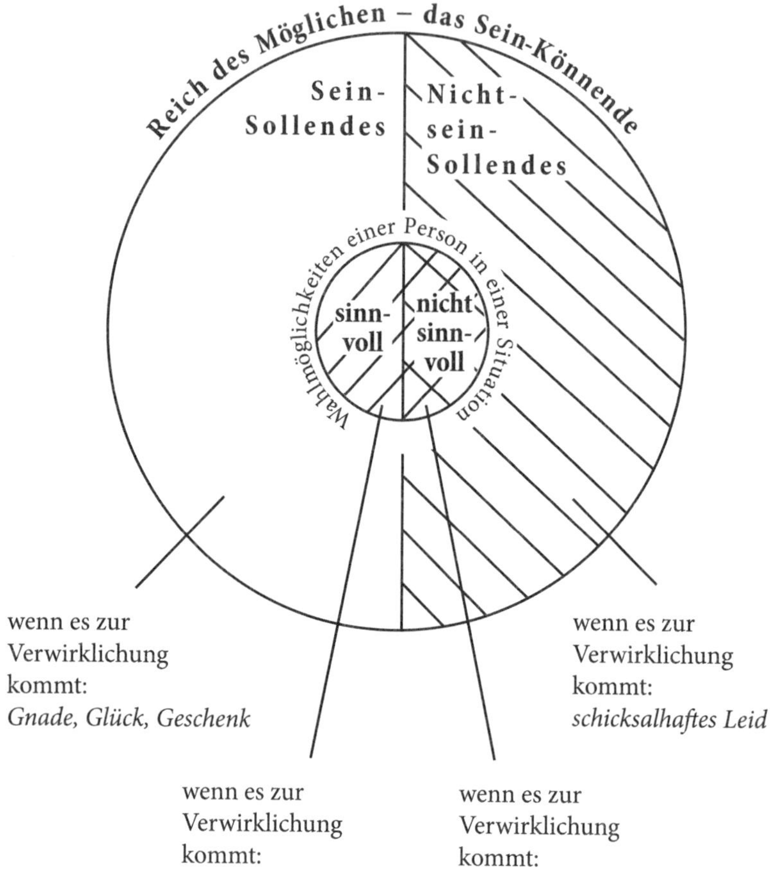

Der große Kreis symbolisiert das „Reich des Möglichen", das „Sein-Könnende". Der Einfachheit halber ist dieser Kreis in der Mitte geteilt. Die linke Seite steht für das „Sein-Sollende" unter dem „Sein-Könnenden". Sie enthält all jene Möglichkeiten, deren Verwirklichung ethisch, ästhetisch, sozial, ökologisch ... gut wäre für einen selbst und für die Mitwelt. Im Unterschied dazu steht die rechte Seite für das „Nicht-sein-Sollende" unter dem „Sein-Könnenden". Sie enthält all jene Möglichkeiten, deren Verwirklichung ethisch, ästhetisch, sozial, ökologisch ... schlecht wäre für einen selbst und für die Mitwelt.

Intelligent, wie meine Studenten stets waren, fanden sie schnell heraus, dass im Modell noch eine weitere Differenzierung notwendig ist. Unheimlich viele Möglichkeiten verwirklichen sich Tag für Tag ohne unser Zutun, und wir können dabei nur zuschauen, ob uns diese Geschehnisse gefallen oder nicht. Was sich in der Natur oder beim Wetter abspielt, was die Politiker und Machthaber der Nationen entscheiden, wie sich die Wirtschaft entwickelt, was die Kinder treiben, wie sich die Nachbarn verhalten, ob unser Immunsystem funktioniert usw. liegt außerhalb unseres persönlichen Freiraums. Wir können da und dort minimal Einfluss nehmen, langfristig noch eher als im Moment, aber Millionen Entscheidungen fallen, ohne dass wir dazu gefragt werden. Dem gegenüber gibt es einen winzigen Freiraum, in dem wir das Sagen haben, solange wir bei Bewusstsein sind. Es sind unsere gegenwärtigen Wahlmöglichkeiten, die jeweils zur Disposition stehen. Wir können unsere Handlungen aussuchen, und wir können ebenfalls unsere inneren Haltungen mitprägen, wie wir bereits wissen. Schließlich sind wir keine Roboter, die bloß nach vorgefertigten Programmen reagieren, sondern menschliche Wesen, denen der Geist „eingehaucht" worden ist.

Im Kreismodell symbolisiert der kleine Innenkreis diesen winzigen persönlichen Freiraum einer Person in einer bestimmten Lebenssituation. Das „Sein-Sollende" unter dem „Sein-Könnenden" bildet sich hierin als das Sinnvolle ab, das die Person wählen kann; als sinnvolle Handlung oder Haltung. Das „Nicht-sein-Sollende" unter dem „Sein-Könnenden" bildet sich hierin als das Nicht-Sinnvolle ab, das die Person ebenfalls wählen kann; als widersinnige Handlung oder Haltung. Was außerhalb des kleinen Innenkreises im „Reich des Möglichen" liegt, kann die Person nicht wählen, darüber besitzt sie (derzeit oder überhaupt) keine Freiheit.

Fazit: Der Mensch kann kein „Sein-Sollendes", das nicht unter seine Wahlmöglichkeiten fällt, verwirklichen (z. B. die ganze Welt verbessern), er ist aber verantwortlich dafür, ob er das „Sein-Sollende“, das unter seine Wahlmöglichkeiten fällt (den „Sinn des Augenblicks“), verwirklicht oder nicht.

***

Nach Aufzeichnung des Modells ließ ich meine Studenten raten, in welche Worte man dasjenige fasst, was als Ergebnis herauskommt, sobald etwas aus den großen (abzüglich der kleinen) oder aus den kleinen Halbkreisen zur Verwirklichung gelangt. Ich gebe zu, dass sie zumeist ein wenig überlegen mussten, bis sie die Antworten fanden. Die Begriffe „Leid“ und „Schuld“ gingen ihnen noch leicht von den Lippen. Schicksalhaftes Leid ist ein „Nicht-sein-Sollendes“ außerhalb der eigenen Wahlmöglichkeiten, das einem widerfährt. Persönliche Schuld ist ein „Nicht-sein-Sollendes“ innerhalb der eigenen Wahlmöglichkeiten, das man selber verwirklicht. Dann wurden sie unsicher. Wie nennt man ein „Sein-Sollendes“ außerhalb der eigenen Wahlmöglichkeiten, das einem geschieht? Allmählich kamen sie auf „Gnade“, „Glück“, „Geschenk“. Und wie nennt man ein „Sein-Sollendes“ innerhalb der eigenen Wahlmöglichkeiten, das man selbst verwirklicht? Sie wussten es nicht und ich musste nachhelfen: Wie wäre es mit „persönliches Verdienst“?

Ich halte es für bedauerlich, dass uns die Negativseiten des Lebens gedanklich präsenter sind als die Positivseiten. Insbesondere was das Phänomen der Schuld anbelangt, ist es dringend geboten, ihren Gegenpol im Blickfeld zu bewahren. Tausende Male handeln wir sinnvoll, tun wir das Richtige, entscheiden wir uns für das Anständige und Faire und springen nicht selten dabei über unseren Schatten. Das ist keineswegs selbstverständlich und verdient den Respekt der Menschengemeinschaft. Wir dürfen uns dafür sogar selber loben! Denn alles Gute, das wir aus eigenem Entschluss realisieren, ist unser persönliches Verdienst und bleibt es für alle Zeit. Es ist die wahre Leistung, auf die wir stolz sein dürfen, weil sie höher angesiedelt ist als jede Höhe, die über die Karriereleiter erreichbar wäre.

Einen letzten Aspekt möchte ich dem Kreismodell beifügen. Zu meiner Überraschung waren meine Studenten dafür stets aufgeschlossener, als ich vermutet hatte. Er betrifft die große Halbkreisfläche des „Nicht-sein-Sollenden" unter dem „Sein-Könnenden" außerhalb der Wahlmöglichkeiten einer Person. Wir haben diese Fläche als „schicksalhaftes Leid" bezeichnet. In der Theologie und auch in der Philosophie gibt es die gewagte Idee, dass es sich dabei *dennoch* um ein „Sein-Sollendes" handeln könnte, allerdings auf einer Ebene, die menschliches Verstehen bei Weitem übersteigt. Frankl verwendete dafür den Begriff des „Übersinns", um anzudeuten, dass es Sinn in der Welt – und auch einen *Sinn der Welt* – geben könnte, der allumfassend ist, also sogar die tragische Trias von Leid, Schuld und Tod noch mit umfassen könnte, dafür aber in das menschliche Fassungsvermögen nicht mehr hineinpasst. Ein solcher „Übersinn" würde jede Annäherung per Logik und Verstand überragen und jede Vorstellungskraft sprengen. Er wäre dann „der Sinn des Sinns und des Widersinns", er wäre „das Gute, das kein Böses kennt und keines Bösen bedarf, um im Kontrast dazu gut zu sein", das heißt, er wäre „das Gute an sich", zu dem kein Gegenpol mehr existiert.

Diese Idee hat etwas ungemein Tröstliches an sich. Sie unterstützt die Hoffnung, dass das Böse – im Kleid des Widersinns – „an sich" gar nicht existiert. Der Widersinn ist die Abweichung und Abirrung vom Sinn, aber der Sinn ist nicht die Abweichung und Abirrung vom Widersinn! Nur in unserer menschlichen Niederung liegen das „Ja zum Sinn" und das „Nein zum Sinn" auf gleicher Ebene, als wären das Gute und das Böse antagonistische Mächte identischer Daseinsberechtigung, die beide das Pendel der Welt antreiben. Auf übermenschlicher Ebene, so die Hoffnung, gibt es nur eine Macht, *die eine*, die alles Gute und Böse, „Sein-Sollende" und „Nicht-sein-Sollende", Freude und Leid in einer menschlich unbegreiflichen Weise und Weisheit durchdringt. Oder anders ausgedrückt: Sowohl der Mensch als auch das Schicksal können Widersinniges in die Welt setzen, aber beide können nicht verhindern, dass das in die Welt Gesetzte auf einer transzendenten Ebene trotzdem „Übersinn" hat.

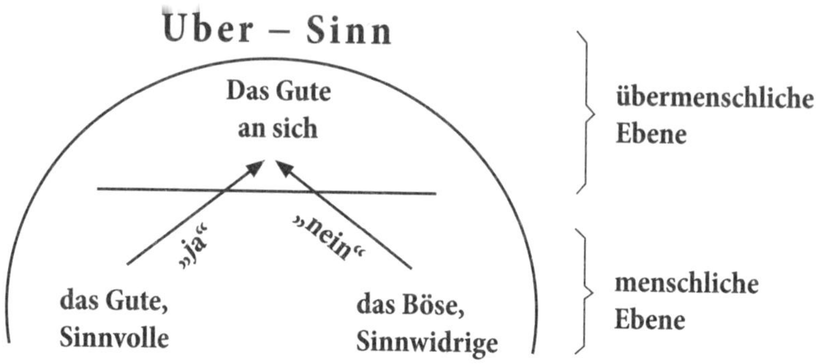

Dass „Schicksal" nicht zwingend „Leid" bedeuten muss, sondern auch „Glück" bedeuten kann, ist klar und zeigt sich auch in unserem Kreismodell von vorhin. Allein, über den Sinn des Glücks rätselt niemand. Doch nach dem Sinn des Leides ruft und ringt jeder Leidbetroffene. Vielleicht hilft ihm dabei das Frankl-Wort, das die oben erwähnte Idee auf den Punkt bringt: „Erst von der Überwelt her erhält menschliches Leiden seine letzte Sinngebung, erhält es jenen über alles menschliche Fassungsvermögen hinausreichenden Übersinn ..." Diese Aussage mag zum Anlass werden, das Rufen und Ringen einzustellen und das Leiden, wenn es denn unvermeidlich ist, mit Würde zu tragen. Wissen wir doch, dass nichts Verwirklichtes verloren geht, nichts, was uns geschehen ist, und nichts, was durch uns geschehen ist. Das *durch uns Geschehene* jedoch ist *unseres*, die Lebensernte in der Scheune unserer Vergangenheit; das *uns Geschehene* hingegen können wir getrost auf fremde Schultern und in fremde Verantwortungsräume legen, auf die Schultern unserer Mitmenschen, durch die es geschehen ist, und/oder – in die Hände Gottes.

Vögel auf einem Kabel

Noch die kleinste Pfütze spiegelt den Himmel.
(Litauischer Spruch)

Dass eine kluge Lebensphilosophie nicht hochgestochen, sondern sehr praktikabel sein kann, hat Frankl mit seiner Sichtweise zur Vergänglichkeit allen irdischen Daseins bewiesen. Ihr zufolge ist einzig und allein *eines* unvergänglich, nämlich das bereits Vergangene. Im Vergangensein – im Sein! – ist es vor der Vergänglichkeit geschützt. Der mächtige Gevatter Tod kann es nicht mehr antasten, kann es weder korrigieren noch eliminieren. Und war es wertvoll, dann hat sein Wert Bestand fort und fort.

Hier Ausschnitte aus zwei (von vielen) Briefen an mich, in denen Personen die Praktikabilität dieser Sichtweise auf rührende Art offenbart haben:

Brief 1

„Liebe Frau Lukas, ich möchte Ihnen von Herzen danken, dass Sie in einem Buch so einleuchtend und verständlich über die Bewältigung der Vergänglichkeit geschrieben haben. Am 26. Juli dieses Jahres ist unsere Tochter M in der 37. Schwangerschaftswoche gestorben. Am 30. Juli ist sie auf natürlichem Wege geboren worden. Das ist mein Schicksalsschlag, der mich ereilt hat. Die ersten Wochen danach habe ich Ihr Buch mit mir herumgetragen, und wenn mir danach war oder ich es brauchte, habe ich darin gelesen. Es hat so gut getan. Besonders hilft mir die Stelle, an der Sie erläutern, dass sich in der Trauer unser ‚Reichtum' widerspiegelt. So bewusst habe ich mir über meine Wertbezüge noch keine Gedanken gemacht. Jetzt kann ich mich in meiner Trauer und in meinem Schmerz auch über die schönen Augenblicke, die ich in der Vorfreude auf meine Tochter gehabt habe, glücklich schätzen. Das gibt mir viel!"

Brief 2

„Ich hörte vorige Woche Ihren Vortrag über den Lebenssinn. Dabei gefiel mir besonders der Bericht über die AIDS-Kranken, die noch kurz vor ihrem Tod eine Ikone malen durften und darin Sinn erfuhren: Es war ihr Meisterwerk, die Krönung ihres Lebens. [Anmerkung: Logotherapeutisch geschulte Mitarbeiter eines sizilianischen Hospizes hatten den Schwerkranken, die bloß noch auf den Tod warteten, eine Malwerkstätte eingerichtet. In die Bilder konnten die Schwerkranken all ihre Träume, Sehnsüchte und Hoffnungen hineinlegen, die von ihnen nicht mehr realisierbar waren.]

Ich bin 65 Jahre alt und mein Leben wurde mit 35 Jahren durch einen Unfall mit schwerer Kopfverletzung durchkreuzt. Ich konnte meinen Beruf nicht mehr ausüben und musste in Berufsunfähigkeitspension gehen. Das war das Aus für mich, hing ich doch so sehr an meinem Beruf. Ich fühlte mein Leben verpfuscht. Seit zehn Jahren betreue ich nun täglich meine Mama abends im Seniorenheim. Durch Ihren Bericht kam mir die Idee: Das ist doch *mein Meisterwerk*, die *Krönung meines Lebens*! Dieser Gedanke, dass ich mein Meisterwerk schaffe, gibt mir Kraft, körperlich und seelisch, zur Mama zu gehen. Ich gehe ja gerne, aber meine Gesundheit ist schwach, und zuweilen bin ich mit meiner Kraft fast am Ende. Ich bin meistens bis 21.30 h bei ihr. Mama ist 96 Jahre alt und jammert, wenn ich früher gehe. Sie ist wie ein Kind. So warte ich, bis sie schläft, und gehe dann, nachdem ich sie gesegnet habe. Sie sagten im Vortrag, alle AIDS-Kranken konnten wie durch ein Wunder ihre Ikone fertig malen, ehe sie starben. Das heißt für mich: Auch ich werde die Kraft haben, Mama zu betreuen, bis sie heimgeht. – Liebe Frau Lukas, ich wollte, dass Sie erfahren, wie sehr mir Ihr Vortrag hilft und Auftrieb gibt! Ich bin seither nicht mehr ‚berufsunfähig' = ein ‚Nichtsnutz', nein, ich schaffe mein ‚Meisterwerk'! Vergelt's Gott!"

***

Der Dank beider Briefschreiberinnen gebührt eigentlich Frankl, denn ich habe ja nur aus seinem Gedankengut ausgeteilt.

Zu seinen philosophischen „Perlen" gehört eine weitere Sichtweise, die sich auf die schier unbeantwortbare Frage bezieht, warum es überhaupt Leid, Tod und Schicksalsschläge in unserer Welt gibt und geben muss. Hätte die Schöpfung nicht auch ohne dergleichen konzipiert werden können? Nicht selten steigen vorwurfsvolle Proteste zum Schöpfer empor, richten sich kritische Blicke auf die Altarbilder mit ihren Darstellungen vom gütigen Altvater, der die Hand über seine Geschöpfe hält. Wo ist seine Hand, wenn Kinder ertrinken, Fußgänger überfahren werden, Familien durch Erdbeben verschüttet werden, Häuser durch Feuersbrünste vernichtet werden, usw.? Wo bleibt sie im Inferno der verletzlichen Kreatur?

Frankl selber hatte damit kein Problem. Sein Glaube war durch Katastrophen nicht anfechtbar. Auch seine Überzeugung, dass ein über alles menschliche Begreifen hinausreichender Erst- bzw. Letztsinn der Welt existiert, der Leid, Not und Tod mit einschließt, kam niemals ins Wanken, selbst nicht in der Zeit des Holocaust, als er seine gesamte Familie verlor. Für ihn wäre eher die Vorstellung eines rational erfassbaren und in seinen Taten durchschaubaren Gottes suspekt gewesen. Er betonte wiederholt, dass sich der Mensch nicht anmaßen solle, den unendlichen „Sinn des Ganzen“ zu deuten, sondern sich vielmehr „vor dem Geheimnis zu beugen“ habe, da der Radius menschlichen Begreifens nun einmal zu winzig und begrenzt sei, um „Gottes Wege“ zu erforschen.

Vielleicht kann ein Gleichnis helfen, diesen schwierigen, uns abverlangten „Beugeakt“ zu vollziehen:

Gleichnis

Zwei Vögel sitzen auf dem Kabel einer Starkstromleitung, die eine große Stadt mit Licht und Energie versorgt, und unterhalten sich. Der eine meint: „Komisch, was die Menschen für unsinnige Dinge tun! Da spannen sie einen Draht aus, auf dem sie nicht sitzen können, weil sie keine Flügel haben, hinaufzufliegen, und außerdem viel zu schwer dafür sind. Wozu machen sie das?“ „Ja“, antwortet der andere, „und für uns Vögel bräuchten sie auch nicht extra Drähte aufzuspannen. Wir haben genügend Äste im Wald, um darauf zu sitzen. Nein wirklich, solch überflüssiges Zeug, was da hängt ... Wozu? Wozu?“

Man bedenke: Wie oft sind wir selbst in der Rolle dieser beiden Vögel, sitzen am blanken Draht unseres Schmerzes und begreifen – nichts! Und könnte es nicht wie bei der Vogelsymbolik so sein, dass uns die „Wozu-Begründung“ nicht „erklärt“ wird – nicht, weil keine existieren würde, sondern weil unser „Spatzenhirn“ sie nicht verstehen würde ...

Wenn wir also keinen Sinn in einem betrüblichen Ereignis sehen, was im Allgemeinen der Fall ist, dann dürfen wir in unserem „Unvermögen des Sinnsehens“ auch bitterlich weinen. Was wir aber nicht sollten, das ist: *aus unserem „Unvermögen des Sinnsehens“ auf eine vorhandene Sinnlosigkeit, Chaosartigkeit und Absurdität der Schöpfung zu schließen.* Es kann „göttlich“ anders sein.

Blumen am Bahnhof

Die wahre Lebenskunst besteht darin –
im Alltäglichen das Wunderbare zu sehen.

(Ingrid Thier)

Beispiel 37

Einmal hatte ich in einer norddeutschen Stadt eine Fortbildung zu leiten und fuhr mit der Bahn von München, wo ich damals wohnte, dorthin. Die Veranstaltung verlief zufriedenstellend. Beim Abschied wurde mir ein prachtvoller Blumenstrauß überreicht. Mit den Orchideenblüten in der einen Hand und meinem Köfferchen in der anderen kämpfte ich mich durch eisigen Wind zum Bahnhof und überlegte dabei im Stillen, was mit den Blumen geschehen sollte. Wenn ich sie im geheizten Waggonabteil mit nach Hause nahm, kamen sie nach neun Stunden Fahrt vertrocknet und verwelkt an. Das Einfachste war es, sie gleich in einem Müllcontainer am Bahnhof zu deponieren. Aber es war schade um die schönen Blumen, die, wie mir schien, liebevoll ausgesucht worden waren. Ich brachte es nicht über mich, sie wegzuwerfen, und so bestieg ich meinen Zug.

Im Abteil war es, wie erwartet, sehr warm, und ich öffnete das Fenster. Da sah ich am Ende des Bahnsteigs eine ältere Frau an einem Geländer lehnen. Sie wirkte müde und niedergeschlagen; wer weiß, welche Last sie drückte. Als ich die Frau erblickte, hatte ich eine Inspiration. Ich packte die Blumen, stieg aus dem Zug und lief auf sie zu. „Entschuldigen Sie bitte, darf ich Ihnen die Blumen schenken?“ sprach ich sie an. „Ich bin auf dem Weg nach München und möchte den Orchideen diese lange Fahrt nicht zumuten.“ Die Frau hob ihr verhärmtes Gesicht. „Mir hat schon lange niemand mehr Blumen geschenkt“, antwortete sie überrascht. „Dann war es Zeit, dass es wieder einmal jemand tut“, rief ich ihr zu und sputete mich, um meinen Zug nicht zu verpassen. Als ich bei der Abfahrt aus dem Fenster schaute, winkte sie mir freundlich nach.

Gewiss, ein nebensächliches Ereignis. Vielleicht. Vielleicht auch ein Schlüsselerlebnis für einen „homo patiens“. Mir geht es bei der Nacherzählung dieses kleinen Ereignisses nicht um den eventuell erzielten Effekt, sondern um das Herausmeißeln der einzigartigen Sinngestalt einer einmaligen Lebenssituation, die darin bestand, Blumen, die ich selbst nur wegwerfen konnte, in Hände zu legen, in denen sie noch Freude bringen mochten. Hätte ich diese einzigartige Sinngestalt nicht erkannt (oder erkannt und nicht ergriffen), wäre sie vergangen und nie mehr zurückgekehrt. Weil ich sie aber gerade noch rechtzeitig erkannt und ergriffen habe, ist sie – nicht *ver*gangen, sondern – *einge*gangen in die Wirklichkeit, in der sie „Ewigkeitswert“ hat.

***

Was das Erkennen und Ergreifen von einzigartigen Sinngestalten am häufigsten behindert, ist die Abgestumpftheit. Ja, ich behaupte sogar, dass Inspirationen aller Art, seien es künstlerische, wissenschaftliche oder soziale, dem Gegenteil von Abgestumpftheit, nämlich einem tiefen *Gefühl für das Sakrale* entspringen.

Der Mensch hat sich mit seiner Menschwerdung sozusagen „aufgerichtet“ und steht nun als aufrechtes Wesen in zwei Bezugsrichtungen: in einem Bezug zu „oben“, zur Transzendenz, und in einem Bezug zu „unten“, zum Boden der Natur. So wie er die Stirn in den unermesslichen Raum über sich emporstreckt, so haftet er mit seinen Füßen fest auf der Erde. Es ist seine Verbundenheit und Rückgebundenheit, die sich darin symbolisiert: die Verbundenheit mit seinen biologischen und biochemischen Wurzeln einerseits und die Rückgebundenheit („religio") an seine spirituelle Heimat andererseits.

Beide Bezüge können sich zum Nachteil des Menschen lockern. Als ich einst durch Südamerika reiste, war ich sehr betroffen von der dort herrschenden Armut großer Bevölkerungsteile, aber eines traf mich am meisten: die stinkenden Slums, die sich rund um die Großstädte ansammeln, stehen in keinem Verhältnis zu den riesigen Flächen unbebauten Landes ringsum, auf denen Früchte und Gemüse problemlos wachsen würden, wenn sie angebaut würden. Auf meine Nachfrage sagte man mir, es läge nicht nur an den politischen Missständen, sondern vor allem auch daran, dass unzählige Leute vom Land in die Großstädte drängen, wo sie ein bequemeres und angenehmeres Leben erwarten, aber moralisch und wirtschaftlich untergehen. Welch ein Irrsinn, wenn Menschen am Rande berstender Fruchtbarkeit hungern! Die Ursachen mögen komplex sein, doch insgesamt ist da offensichtlich ein gesunder Bezug zur Natur und ihren Schätzen verloren gegangen.

In den Industrieländern der Nordhalbkugel ist die Lage nicht viel besser, wie die sich zuspitzende Umweltsituation (Luft-/Wasserverschmutzung) beweist. Trotzdem spricht einiges dafür, dass wir hier mehr noch am schwindenden Bezug zur Transzendenz kranken. Es ist zwar eine diffuse Esoterikwelle über uns hinweggeschwappt, doch bleiben ihre Inhalte allzu sehr an der Oberfläche, ja, teilweise an einer abergläubischen Mystik haften. Dabei wäre es ungemein wichtig, das Gefühl für das echte Wunder, für das Numinose im Winzigen, für das Wertvolle im scheinbar Wertlosen, eben das *Gefühl für das Sakrale* wieder zu entdecken.

Nehmen wir einen alten, dementen Menschen. Er liegt bewegungslos im Bett, mit einem „blöden" Gesicht. Was bedeutet das schon? Es bedeutet, dass die geistige Person, die er ist, sich nicht mehr kundtun kann, und dass auch wir zu ihr nicht vordringen können. Aber *sie ist da*, die geistige Person dieses Menschen, unbeschädigt und heil steht sie hinter einem beschädigten, vergreisten Körper und verklärt ihn mit ihrer Würde. Dasselbe gilt für ein neugeborenes Baby. Auch das Baby ist „blöde", wenn man so will, aber auch das Baby trägt die (noch schlummernde) Geistigkeit in sich, die es zu etwas Besonderem macht; weshalb es die Liebe und Achtung seiner Eltern verdient, wie der alte Mensch die Liebe und Achtung seiner Kinder verdient.

Denken wir an einen Gral. Wir sehen nur die Schale, das Innere ist verborgen. Wir verneigen uns vor der Schale, weil sie Heiliges trägt. Denken wir an einen Apfelkern. Ein Stückchen Holz. Und doch trägt es einen ganzen gewaltigen, verästelten Baum keimhaft in sich! Denken wir an eine befruchtete Eizelle. Ein bisschen Schleim. Aber was trägt sie an Lebensschicksal in sich! Denken wir an eine normale organische Zelle vom Menschen- oder Tierleib. Ein paar Aminosäuren. Aber was trägt sie an Erbinformation in sich! Denken wir an einen simplen Stein. Anorganische Materie, aber jedes Atom ein Kunstwerk an Ordnung, Bewegung und elektrischer Ladung! Wir müssen wieder lernen, hinter die äußere Hülle zu schauen, ins Zentrum zu schauen, ins Zentrum der Materie, ins Zentrum der Person, dorthin, wo Schöpfung pulsiert, und wir werden hellsichtig und demütig werden. Das Wunder liegt in der *Potenzialität von Sein*. Jedes einzelne, unsichtbare Atom hat potenziell die Kraft einer Atombombe. Jede einzelne, unsichtbare Zelle behütet und bewahrt potenziell das Abbild eines Lebewesens. Jeder einzelne menschliche Körper ist potenzieller Sitz von Geistigkeit, Freiheit und Verantwortlichkeit. Das „blöde" Gesicht, der Apfelkern, der Stein sind Gralskelchen gleich, die etwas Unfassbares bergen und für den Sehenden entbergen, obwohl auch der Sehende nie weiter als bis an den Kelchrand hinan sehen wird – für das Innere ist menschliches Begreifen um eine Nummer zu klein.

Wenn wir solcherart unser Gefühl für das Sakrale erweitern, werden wir sowohl unseren Bezug zur Transzendenz als auch unseren Bezug zur Natur wieder stärken. Das wird uns von der Abstumpfung entbinden und zu sinnvollen Aktionen stimulieren. Es können minimale Aktionen sein, wie meine Blumenübergabe an eine Fremde am Bahnhof, oder auch generationenübergreifende

Initiativen mit Langzeitwirkung. Egal, es wird für uns und unsere Welt bekömmlich sein. Denn wer könnte sich dazu entschließen, in gravierendem Ausmaß gleichgültig oder gar sinnwidrig zu handeln, wenn er durchdrungen ist von dem unerschütterlichen Glauben, dass auch der jämmerlichste Mitmensch noch seine Würde und das geringfügigste Ding noch seinen Wert hat? Wer könnte Natur leichtfertig zerstören, wenn er in ihr seine eigene Wurzel erkennt? Wer könnte das Übergeordnete leugnen, wenn er sich darin geistig beheimatet fühlt? Üben wir uns in einem achtungsvollen Umgang mit allem Seienden, und wir werden eine neue Anbindung ans Sein erfahren.

Lebensrückblick als Ressource

> Vertrauen ist der letzte Entscheidungshelfer, weil nur er Ihnen bei der schwersten Entscheidung zur Seite stehen wird, die Sie in Ihrem Leben unabdingbar treffen müssen: die Entscheidung, es geschehen zu lassen und dem Tod die Hand zu reichen.
>
> (Christoph Quarch)

Wir haben eine Menge Klarheiten aus dem Frankl'schen Gedankengut geschöpft – Klarheiten, die der Angst den Tod ansagen. Ist ein Restposten an Angst übrig geblieben? Nun ja, vom *Tod selbst* kann man die Angst nicht völlig entflechten, ist er doch der Stammvater aller kreatürlichen Ängste. Dennoch gibt es noch eine Ressource ...

Studie

In der Zeitschrift *Psychologie heute* (Ausgabe vom Juli 2005) stand ein Artikel mit der Überschrift „Im Angesicht des Endes". Darin wurde über Studien von Rainer Obliers und Karl Köhle von der Universität Köln berichtet. Die beiden Professoren haben in der Palliativklinik der Mildred-Scheel-Akademie unheilbar kranke

Menschen darüber befragt, was für sie im gegenwärtigen Stadium und angesichts des bevorstehenden Todes noch von Bedeutung sei. Anhand des gesammelten Antwortmaterials teilten sie die Befragten in sechs Gruppen ein, von denen nur eine einzige als „seelisch ausgeglichen, gefasst und in sich ruhend“ bezeichnet werden konnte. Es war die Gruppe derjenigen Personen, die ihren *Lebensrückblick als Ressource* nutzten.

Hier eine Kurzübersicht über die sechs eruierten Gruppen nach Obliers und Köhle:

Lebensrückblick als Ressource

Die Patienten dieser Gruppe konnten auf ein erfülltes Lebens zurückblicken und erzählten gern aus ihrer Lebensgeschichte. Das Erinnern einzelner Ereignisse aktivierte und erfreute sie. Sie beschäftigten sich wenig mit ihren Symptomen und Diagnosen und konzentrierten sich vielmehr auf ihre Beziehungen zu ihren Mitmenschen.

Der Tod kommt zu früh

Die Patienten dieser Gruppe haderten damit, dass sie in ihren Lebenszielen und -wünschen abrupt beschnitten worden waren. Es gelang kein schlüssiges Fazit ihres Lebens. Ihr Blick richtete sich auf die Schrecken der Gegenwart. Die meisten von ihnen suchten Trost in der Religion in der Hoffnung auf eine Art von „Fortexistenz“.

Schmerz als zentrales Thema

Die Patienten dieser Gruppe kreisten um ihre aktuellen körperlichen Leiden und verfolgten ihre medizinische Behandlung mit

Argusaugen, immer auf der Suche nach Linderung ihrer Schmerzen und diverser Unbequemlichkeiten. Sie nörgelten an allem herum und waren pflegerisch kaum zufriedenzustellen.

Kämpfen

Die Patienten dieser Gruppe glaubten unbeirrt daran, ihre Krankheit mithilfe der Medizin doch noch besiegen zu können. Demzufolge schmiedeten sie als einzige Gruppe Zukunftspläne und wirkten vom drohenden Tod kaum beeinträchtigt. Allerdings verrannten sie sich in Illusionen, die jederzeit niederbrechen konnten.

Enttäuschung

Die Patienten dieser Gruppe schauten mit wenig Genugtuung auf ihr Leben zurück. Die Erfahrungen, die sie mit anderen Menschen gemacht hatten, wurden von ihnen als eher entmutigend eingestuft. Sie litten unter Depressionen, Grübelattacken, Angst und Scham. Es ging ihnen physisch und psychisch schlecht.

Nur krank

Die Patienten dieser Gruppe füllten ihr gesamtes gegenwärtiges Dasein mit ihrer Krankheit aus. Inhalte und Erlebnisse aus der Zeit jenseits ihrer Krankheit waren für sie nicht mehr erreichbar. Selbst ihre Erinnerung war voll von medizinischen Maßnahmen, die zu weiteren medizinischen Maßnahmen geführt hatten.

Aus den Ergebnissen dieser Studie ist der Schluss zu ziehen, dass es für den späten Alterungs- und Sterbeprozess wichtig ist, sich beizeiten einen Lebensrückblick anzueignen, der als Ressource dienen kann. In diesem Zusammenhang fallen mir die Aussagen zweier prominenter Personen ein, die im Jahr 2005 Fernsehinterviews gegeben haben. Der Sänger und Schauspieler Dietrich Fischer-Dieskau wurde bei den Salzburger Festspielen gefragt, ob er gerne an seine großartigen und langjährigen Bühnenauftritte zurückdenke. „Nein", antwortete er melancholisch. „Es war so vieles, und alles ist vorbei ..." Sean Connery alias „James Bond" wurde anlässlich seines 75. Geburtstages gefragt, ob er gerne an seine atemberaubende Filmkarriere zurückdenke. „Nein", antwortete er. „Man müsste im Alter von vierzig Jahren stehen bleiben können ..."

Als Psychotherapeutin habe ich beide Antworten mit Bedauern registriert. Millionen Menschen haben nicht so viel Anerkennung und Würdigung ihres Lebenswerkes erhalten wie diese beiden berühmten Männer, von deren Popularität, Reiseerlebnissen, materiellen Gütern und sonstigen Star-Vergünstigungen ganz zu schweigen. Und trotzdem verbinden beide ihren Lebensrückblick mit dem Schmerz der Vergänglichkeit statt mit der Seligkeit, begnadet gewesen zu sein wie nur wenige ihrer Zeitgenossen. Aus welcher Ressource werden sie schöpfen, wenn es einmal auf das Ende zugeht?

***

Wer seine Lebensgeschichte als ihm zugehörig bejaht, besitzt ein Schatzkästchen von unvergleichlichem Wert. Sobald er es öffnet, sieht er etwas, das es in unserer Welt nicht gibt, nämlich *Bleibendes*. In unserer Welt „fließt alles", was bereits die griechischen Philosophen der Antike wussten, und es fließt auch „weg". Wohin fließt es? Das wiederum wissen die Leserinnen und Leser dieses Buches genau: in die Vergangenheit. Dort hört das Fließen und Wegfließen dann auf. Denn dort bleibt alles unaufhebbar und unvernichtbar in der geschichtlichen Wahrheit. Was gewesen ist, ist ein für allemal gewesen. „Gewesen-Sein" ist die sicherste Form von Sein, wie Frankl uns dargelegt hat.

Was kann man mit seinem „Schatzkästchen" alles anfangen? Hier eine kleine Auswahl an nützlichen Vorschlägen:

- Dem Bleiben in der äußeren Geschichte steht das Verändern in der inneren Geschichte gegenüber. Menschen können aus dem Gewesenen lernen, Menschen können Fehler bereuen, Gekralltes loslassen, Geschenktes bedanken, Geglücktes bejubeln ... Der Blick in das Schatzkästchen gewährt klare Informationen, in welche Richtung wir uns *jetzt* entwickeln sollten.
- Es ist eine fromme Lüge, dass wir die dunklen Schätze aus unserer Schatztruhe psychologisch „aufarbeiten" könnten, auf dass sie hellfarben würden. Sie bleiben dunkel. Aber sie verleihen uns eine Erfahrungskompetenz, die in keiner Schule zu erwerben ist. Wer geschieden ist, kann Menschen in Trennungssituationen verstehen. Wer sein Geld verspielt hat, kennt die Sirenenrufe der Casinos ... Paart sich eine solche Erfahrungskompetenz mit einer Fachkompetenz, entstehen „Profis" von erstem Rang.
- Die Schatztruhe enthält geistige Zufluchtsorte, die helfen, einem posttraumatischen Psychosyndrom zu entrinnen. Wenn einen alte „Gespenster" (Assoziationen zu Schockerlebnissen) überfallen, kann man sich blitzschnell imaginativ an einen Erinnerungsort begeben, den man wirklich kennt und an dem man sich einmal wohl und im Gleichklang mit sich und der Welt gefühlt hat. Der darin Geübte wird bald von keinem „Gespenst" mehr heimgesucht werden, weil er sozusagen das Gegenmittel in der Tasche trägt.
- In jedem Leben gibt es u. a. das „Eine, das man nicht haben kann", so gerne man es hätte. Der Partner, der nicht treu ist, das Kind, das nicht empfangen wird, die Beförderung, die nie passiert, der Berufswechsel, der zu risikoreich wäre ... Um damit zurecht zu kommen, braucht man bloß in das Schatzkästchen zu greifen und die strahlendsten Schätze herauszuziehen, die man darin findet, um sie auf eine Waagschale zu legen. Auf der Gegenseite deponiert man das „Eine, das man nicht haben kann", und siehe da: Es ist aufzuwiegen! Welch ein Aha-Erlebnis!
- Manchmal steht das Leben still. Es geht irgendwie nicht weiter. Menschen haben sich wie im Nebel verirrt. Sie sehen kei-

nen Sinn mehr, und das ist dramatisch. Aber auch im Nebel ist ihr Schatzkästchen bei ihnen. Die Vergangenheit verschwindet nicht, und sie ist voller „Sinnspuren“. Man muss nur darin kramen, um vielleicht lange verschüttete „Sinnspuren“ wieder zu entdecken. Der eine hat einst leidenschaftlich gekocht. Der andere hat Fahrradtouren geliebt ... Also, auf geht's! Mit Kochlöffel oder Gangschaltung raus aus dem Nebel!

Es lohnt sich, den Lebensrückblick als Ressource zu etablieren, und dies nicht erst knapp vor dem Tod.

Memoiren schreiben

Mit dem Licht des ersten Tages ist das Jahr so unbefleckt,
bis es sich verbraucht, als altes in der Ewigkeit versteckt.
(Kalenderspruch)

Geschichtsforschung

Im Jahr 2005 wurde in Österreich u. a. des denkwürdigen Jahres 1945 sechzig Jahre zuvor gedacht. Es fanden Feiern zum Kriegsende statt, aber der Generation, die das Kriegsende miterlebt hatte, war nicht zum Feiern zumute. Österreich ist 1945 ein geschlagenes und zerschlagenes Land gewesen, und am meisten haben – wie immer – die Schwächsten und Ärmsten, die Kranken, Mütter und Kinder, unter den chaotischen Verhältnissen gedarbt.

Unter den Gedenkveranstaltungen im Jahr 2005 war eine, die psychologisch bemerkenswert ist. Das Institut für Geschichtsforschung von der Universität Wien hat ältere Bürger der Stadt eingeladen, ihre Kriegs- und Nachkriegsmemoiren niederzuschreiben und an das Institut einzureichen. Aus dem erhaltenen Material wollte man herausfiltern, wie es der Zivilbevölkerung zwischen 1939 und 1949 ergangen ist, und zwar insbesondere, wie die einfachen Menschen, die weder in der Politik noch in Führungsgremien tätig gewesen sind, sondern ganz simpel ihr Leben zu bewältigen hatten, diese Dekade erlebt haben. Welche Strategien haben sie damals entwickelt, um ihre Dauerbefürchtungen in Schach zu halten, an welche Ideale haben sie sich noch geklammert, und welche Denk- oder Umdenkprozesse sind bei ihnen in Gang gekommen?

Das Institut erhielt viele Zuschriften, und es dauerte Monate, diese zu sichten und nach Schwerpunktthemen zu sortieren. Menschlich berührende Storys waren darunter, aber auch heftige Anklagen und bittere Berichte über verdorbene Jugendzeiten und versäumte Bildungschancen. Eine Generation meldete sich zu Wort, die in der Armut der Dreißigerjahre geboren und in den Gräueln der Vierzigerjahre erwachsen geworden ist und die in den darauffolgenden Fünfzigerjahren den komplizierten Akt zustande bringen hat müssen, wieder zu glauben, zu hoffen und zu lieben.

Das Bemerkenswerteste am Projekt des Instituts für Geschichtsforschung aber war folgender Sachverhalt: Über 80 % der Personen, die Texte einschickten, bedankten sich gleichzeitig für diese Initiative, weil ihnen *das Niederschreiben ihrer Erlebnisse*, wie sie übereinstimmend beteuerten, *ungemein viel Befreiung und Besänftigung gebracht habe* (ohne dass sie dafür finanziell honoriert worden wären). Die Professoren und Studenten, die das eingesandte Material bearbeiteten, staunten über diesen unerwarteten Nebeneffekt. Sie hatten gemeint, *sie* müssten sich für die Kooperationsbereitschaft der alten Leute, die ihre Memoiren vorwiegend noch mit der Hand geschrieben hatten, teilweise in zittriger Schrift, aber dafür in großer Ehrlichkeit und Ausführlichkeit, irgendwie erkenntlich zeigen, wofür das Institut keinen Fundus hatte. Doch es war umgekehrt. Niemand wollte etwas dafür. Die Schreiber und Schreiberinnen fühlten sich reich belohnt. Das entsetzlichste Kapitel aus ihrer Lebensgeschichte war auf einmal in ihr Leben integriert, durfte dazugehören, ja, imponierte als „dunkler Schatz“ in der Schatztruhe ihrer Vergangenheit, an dem sogar noch Interesse bestand seitens einer Generation jenseits der Jahrtausendwende.

***

Wer schreiben kann, der schreibe! Das Niederschreiben von Texten ist das Pendant zum Lesen, wie das Musizieren das Pendant ist zum Musikhören und das Malen das Pendant ist zur Bildbetrachtung. In einer Konsumgesellschaft wie der unsrigen werden passiv-konsumatorische Vergnügungen bevorzugt angepriesen, und sie haben durchaus ihren richtigen Platz, um dem „Zeit-ist-Geld-Druck", dem viele von uns ausgesetzt sind, Paroli zu bieten. Nur haben sie einen Nachteil: Eine Reihe von Fähigkeiten wie Geschicklichkeit, Konzentration, Gedächtnis, Ausdauer, Fleiß, Frustrationstoleranz oder Kreativität wird nicht gefordert. Das Zuhören und Zusehen, das heute via Bildschirm die Hauptfreizeitgestaltung (plus Hauptinformationsquelle und Hauptentspannungsform) aller Völker rund um den Globus darstellt, fordert zum Beispiel nur minimale Fähigkeiten ein. Man muss weder mitdenken noch intellektuell mitkommen; man kann sich berieseln, sich einlullen lassen, man kann dabei innerlich wegtreten und sich mit etwas Anderem beschäftigen oder einfach auch einschlafen. Ein Fernsehprogramm spult sich mit und ohne seelische Beteiligung seiner Konsumenten ab, solange der Kasten eingeschaltet ist. Analoges gilt für Radio- und Musikprogramme.

Im Unterschied dazu sind aktive Vergnügungen „Trainingsmeister". Sie trainieren Körper, Geist und Seele. Wer die Wohnung renoviert, Kanu fährt, Gemüse züchtet, das Harfenspiel erlernt, einen Russischkurs belegt, Aquarelle malt, lateinamerikanische Tänze einstudiert, etc. kann das nicht ohne innere Beteiligung und ohne Einsatz seiner Fähigkeiten tun. Ja, er steigert damit seine Fähigkeiten und beugt dem Alterungsabbau vor. Egal, was er auswählt, *aktive Beschäftigungen erhalten den Menschen jung*, solange sie mit seinen Talenten korrespondieren, regelmäßig ausgeübt und nicht übertrieben werden.

Eine von solchen aktiven Beschäftigungen ist das Verfassen von Texten, seien es Gedichte, Kurzgeschichten, Glossen, Novellen, Fachartikel oder Memoiren. Das Schreiben spendet noch mehr Fitness-Impulse als das Lesen, das seinerseits schon zu den bekömmlichsten Passiv-Vergnügungen zählt, weil es immer auch einen Schuss geistige Aktivität beinhaltet. Das Schreiben aber ist von besonderem Wert. Bei der Formulierung von Sätzen klären sich die Gedanken des Formulierenden. Bei der Gestaltung der Themen ordnet sich ihre Bedeutung für den Gestaltenden. Beim Ausfantasieren von Traumwelten verdichten sich die Visionen des Fantasierenden. Bei der Nacherzählung von wahren Begebenheiten geschieht die Schicksalsversöhnung des Erzählenden. Schreiben ist ein hochpersönlicher Akt, der ein Stück Ich in die Welt hinaus transportiert und dadurch für den Schreibenden transparent macht. Schreiben ist eine Erlösung von der Gefangenschaft in sich selbst.

Ich möchte daher jedermann zum Schreiben ermutigen. Eine kleine Auszeit oder das Ende eines Lebensabschnittes sind hervorragend geeignet, sich hinzusetzen und im Stillen Bilanz zu ziehen. Bilanz zwischen dem Gewordenen, das bereits sicher und geborgen im „Schatzkästchen" ruht, und dem (hoffentlich) noch „Werdbaren", das in Zukunft mit hineingeholt werden soll. Bilanz zwischen den guten Taten, die vollbracht worden sind, und den Ausrutschern, die auf Korrekturen warten. Bilanz auch zwischen dem unbemerkten Wirken der Schutzengel, das irrtümlich für selbstverständlich gehalten worden ist, und den eigenen Entscheidungen, die ins Ungewisse hinein haben getroffen werden müssen. Vielleicht ergibt sich aus all dem eine lesenswerte Geschichte, die die nackte Realität mit den zarten Gespinsten der Seele verwebt.

Viele Menschen haben schriftstellerische Ambitionen, nur traut sich ein Großteil von ihnen nicht zu, die entsprechenden Worte zu finden, oder scheut vor dem Anfangen zurück. Deshalb ein Tipp zum Schluss: Am besten fängt man an, indem man an einen geliebten Menschen denkt, dem man seinen Text widmen möchte. Am flüssigsten und ungestörtesten schreibt man für ein Du. Gewinnt man daraus eine Erkenntnis für das Ich, ist das eine faszinierende „Draufgabe" – und soll auch nicht mehr sein. Im Schreiben für ein Du spürt man zudem die Verantwortung, die jeder Kunstsparte und so auch der literarischen anhaftet. Es ist keineswegs gleichgültig, welche Aussagen wir machen. Alles, was von uns ausstrahlt, verändert die Welt. Deswegen darf man zwar Unheiles anprangern, aber man soll dabei nicht stehen bleiben. Wer ein Du wirklich liebt, hinterlässt ihm eine Ahnung vom Heil, das vielleicht nicht von dieser Welt ist, aber dennoch als Ursehnsucht im Herzen aller Menschen aller Völker haust, durch Kriege, Seuchen und Naturkatastrophen hindurch, stetig hinweisend auf ein göttliches Mysterium.

Sollte sich durch diese Anregungen jemand entschließen, seine Memoiren niederzuschreiben, hier noch ein allerletzter Tipp: Unsere Lebensgeschichte begann mit einem Liebesakt unserer Eltern. Sie haben uns die physische Lebensgrundlage geschenkt. Es kann sein, dass sie danach in unserer Erziehung „gepatzt" haben. Wer selber Kinder großgezogen hat, weiß, dass Erziehen eine Gratwanderung zwischen steilen Abhängen ist, bei der man leicht ins Taumeln gerät. Dennoch kann man sich von seinen irdischen Erzeugern nur *im Frieden* verabschieden. Anderenfalls schleppt man die Altlasten vergangener Kindertage ständig mit sich herum. Ähnlich ist es im Verhältnis zu anderen Bezugspersonen. Was man ihnen nachträgt, beschwert die eigene Seele, die nicht abheben kann zum Flug in geistige Höhen. „Die Hasser verlieren ihre höheren Möglichkeiten", heißt es in einem tibetanischen Gebetsbuch.

Deshalb vergessen wir nie das alte und ewig junge Gebot: Du sollst (nicht nur) Vater und Mutter ehren und achten (sondern alle Menschen, denen du jemals begegnet bist und noch begegnen wirst), *auf dass es dir wohl ergehe auf Erden.*

Anmerkungen

1 Vgl. dazu: Viktor E. Frankl, Ärztliche Seelsorge, München 2017, 122.

2 Karolin Schenuit, Einfluss des evolutionären Organisationsmodells auf die Motivation stationärer Pflegekräfte, Bachelor-Thesis im Studiengang Gesundheits- und Sozialmanagement, FOM Hochschule für Ökonomie & Management, Hannover, Januar 2018.

3 Frederic Laloux, Reinventing Organizations – Ein Leitfaden zur Gestaltung sinnstiftender Formen der Zusammenarbeit, München 2015.

4 Werner Berschneider, Sinnzentrierte Unternehmensführung, Orthaus, 2003.

5 Frankl hat diese Methode bereits in den späten 1920er-Jahren praktiziert. In Buchform stoßen wir auf sie allerdings erst 1947, und zwar in seinem Buch *Die Psychotherapie in der Praxis* (Wien). Inzwischen ist sie ein unverzichtbarer Bestandteil der Psychotherapie geworden, insbesondere auch in jenen wissenschaftlichen Kreisen, die um die Lerntheorie und Verhaltenstherapie zentriert sind.

6 Aus: Viktor E. Frankl, Das Leiden am sinnlosen Leben, Freiburg i. Br. 2013, 60.

7 Quelle unbekannt.

8 Aus einem Programmheft zur Aufführung der Operette „Zarewitsch".

9 Diese Darlegungen harmonieren mit den Ansichten von Williams und Patrick, den Leitern therapeutischer Zentren in Atlanta und Athens in Georgia/USA, die die Logotherapie als „das gegebene Heilmittel für den heute vielfach beobachteten zeitgenössischen Narzissmus" bezeichnet haben.

10 Ein Teil dieser Vorlesungen ist nachlesbar im Kapitel „Kritik der reinen Begegnung" in Viktor E. Frankl, Der Wille zum Sinn. Ausgewählte Vorträge über Logotherapie, Bern [7]2017.

11 Viktor E. Frankl, Logotherapie und Existenzanalyse, Weinheim/Basel [3]2010, 137.

12 Der Berg namens Rax ist südlich von Wien gelegen und relativ rasch von Wien aus zu erreichen. Er hat steile, schroffe Felshänge, die zum Klettersport einladen.

13 Vgl. dazu: Elisabeth Lukas, Auch dein Leben hat Sinn, Kapitel: „Wissenschaftliche Ergänzungen", Kevelaer 2019.

14 Viktor E. Frankl, Das Leiden am sinnlosen Leben. Psychotherapie für heute, Freiburg i. Br. 2013, 106.

15 Die chronisch-progressive Chorea-Huntington-Krankheit beruht auf einem hirnatrophischen Prozess, bei dem es sich vor allem um einen Ausfall der kleinen Striatumzellen handelt. Das Krankheitsbild ist gekennzeichnet durch regellose, unsymmetrische, plötzlich einschießende unwillkürliche Bewegungen. So kommt es beim Sprechen zu grimassierenden Gesichtsverzerrungen und auch Zungenbiss oder beim Gehen zu tänzelnden Bewegungen bis zu erheblichen Gangstörungen. Die unwillkürlichen Bewegungen behindern den willkürlichen Bewegungsablauf und damit die täglichen Verrichtungen. Sie lassen den Patienten nicht zur Ruhe kommen, gefährden ihn und können zur völligen Erschöpfung führen.

Die Autorin und ihr Werk

Elisabeth Lukas, geboren 1942 in Wien, ist Schülerin von Viktor E. Frankl. Sie spezialisierte sie sich auf die praktische Anwendung der von ihm begründeten Logotherapie, die sie methodisch weiterentwickelte. Ihre mehr als dreißigjährige Erfahrung als Klinische Psychologin und approbierte Psychotherapeutin kam ihr bei ihrer Lehrtätigkeit auf Einladung von ca. fünfzig Universitäten zugute. Sie hat nicht nur Hunderten Patientinnen und Patienten Beistand und „Lebenshilfe" geleistet, sondern auch als Dozentin eine ganze Generation an logotherapeutischen Fachkräften ausgebildet. Ihre zahlreichen Vorträge sowie Publikationen in 20 Sprachen machten sie international bekannt. Ihr Werk ist mit der Ehrenmedaille der Santa Clara Universität in Kalifornien, mit dem Großen Preis des Viktor-Frankl-Fonds der Stadt Wien und mit einer Ehrenprofessur an der Universität Moskau ausgezeichnet worden.

Von Elisabeth Lukas sind seit den 1980er-Jahren – inklusive der fremdsprachigen Übersetzungen – 167 Bücher erschienen. In der nachstehenden Liste sind ihre **derzeit im Buchhandel oder online erhältlichen deutschsprachigen Bücher** zusammengestellt (Stand Winter 2021):

Alles fügt sich und erfüllt sich. Logotherapie in der späten Lebensphase (Profil, München, erw. Neuauflage 2009, Großdruckausgabe 2017)

Arbeit heute. Last oder Freude? Strategien sinnzentrierter Unternehmenskultur. Gemeinsam mit Koautor Paul Ostberg (Profil, München, 2021)

Auch dein Leben hat Sinn. Wege zur seelischen Gesundheit (Butzon & Bercker, Kevelaer, 2021)

Auf den Stufen des Lebens. Bewegende Geschichten der Sinnfindung (topos plus, Kevelaer, 2018)

Aus Krisen gestärkt hervorgehen (topos plus, Kevelaer, 2013)

Binde deinen Karren an einen Stern. Was uns im Leben weiterbringt (Neue Stadt, München, 4. Auflage 2021, auch als E-Book)

Burnout adé! Engagiert und couragiert leben ohne Stress (Profil, München, 2012)

Das Schicksal waltet – der Mensch gestaltet. Philosophie für den Alltag (Plattform, Perchtoldsdorf bei Wien, 4. Auflage 2021, auch als E-Book)

Das Viktor Frankl Museum in Wien. Ein Kulturerbe mit Zukunftswert (Plattform, Perchtoldsdorf bei Wien, 2016)

Dein Leben ist deine Chance. Anregungen zu einer sinnvollen Lebensgestaltung (Neue Stadt, München, erw. Neuausgabe 2018, auch als E-Book)

Den ersten Schritt tun. Konflikte lösen – Frieden schaffen (topos plus, Kevelaer, 2019)

Der Freude auf der Spur. Sieben Schritte, um die Seele fit zu halten (Neue Stadt, München, Neuausgabe 2020, auch als E-Book)

Die Kunst der Wertschätzung. Kinder ins Leben begleiten (Neue Stadt, München, erw. Neuausgabe 2021, auch als E-Book)

Einmal rund um die Sonne. Begleitende Gedanken für das ganze Jahr (Neue Stadt, München, 2016, auch als E-Book)

Familienglück. Verstehen, annehmen, lieben (topos plus, Kevelaer, 2. Auflage 2015)

Frankl und Gott. Erkenntnisse und Bekenntnisse eines Psychiaters (Neue Stadt, München, 2. Auflage 2020, auch als E-Book)

Freiheit und Geborgenheit. Süchten entrinnen, Urvertrauen gewinnen (Profil, München, erw. 3. Auflage 2012)

Für dich. Heilende Geschichten der Liebe (Butzon & Bercker, Kevelaer, 2020)

Heute ist der erste Tag vom Rest deines Lebens. Schritte zu einer erfüllten Existenz (Butzon & Bercker, Kevelaer, Neuausgabe 2019)

In der Trauer lebt die Liebe weiter (Butzon & Bercker, Kevelaer, 4. Auflage 2021)

Inspirationen für die Seele. Das geistige Erbe Viktor E. Frankls (Profil, München, erw. 2. Auflage 2015)

Lebensstil und Wohlbefinden. Seelisch gesund bleiben – Anregungen aus der Logotherapie (Profil, München, erw. 3. Auflage 2010)

Lehrbuch der Logotherapie. Menschenbild und Methoden (Profil, München, erw. 4. Auflage 2014)

Logotherapie und Existenzanalyse heute. Eine Standortbestimmung. Gemeinsam mit Koautor Alexander Batthyány (Tyrolia, Innsbruck, 2020, auch als E-Book)

Pandemie und Psyche. Wege zur Stärkung der seelischen Immunität. Gemeinsam mit Koautor Reinhardt Wurzel (Neue Stadt, München, 2. Auflage 2020)

Persönliches und Besinnliches. Kleines logotherapeutisches Lesebuch (Profil, München, 2017)

Psychotherapie in Würde. Logotherapie konkret. Gemeinsam mit Koautorin Heidi Schönfeld (Elisabeth-Lukas-Archiv, Bamberg, 2020, auch als E-Book)

Quellen sinnvollen Lebens. Woraus wir Kraft schöpfen können (Neue Stadt, München, 2014, auch als E-Book)

Rendezvous mit dem Leben. Ermutigungen für die Zukunft (topos plus, Kevelaer, 2. Auflage 2016)

Sehnsucht nach Sinn. Logotherapeutische Antworten auf existentielle Fragen (Profil, München, erw. 4. Auflage 2018)

Sinnzentrierte Psychotherapie. Die Logotherapie von Viktor E. Frankl in Theorie und Praxis. Gemeinsam mit Koautorin Heidi Schönfeld (Profil, München, 2016)

Souveränität und Resilienz. Tragödien in einen Triumph verwandeln (Profil, München, 2020)

Spannendes Leben. In der Spannung zwischen Sein und Sollen – ein Logotherapiebuch (Profil, München, erw. 4. Auflage 2014)

Trotzdem Ja zum Altsein sagen. Die Lebensfreude bewahren. Gemeinsam mit Koautorin Elisabeth Gur (Plattform, Perchtoldsdorf bei Wien, 2021)

Verlust und Gewinn. Logotherapie bei Beziehungskrisen und Abschiedsschmerz (Profil, München, erw. 2. Auflage 2007)

Vom Sinn getragen. Ein Leben für die Logotherapie (Kösel, München, 2012, E-Book, als Buch vergriffen, aber noch über www.elisabeth-lukas-archiv.de erhältlich)

Von der Angst zum Seelenfrieden. Gemeinsam mit Koautor Reinhardt Wurzel (Neue Stadt, München, 2. Auflage 2019, auch als E-Book)

Was das Leben wertvoll macht. Impulse einer spirituellen Psychologie (Butzon & Bercker, Kevelaer, 2. Auflage 2022)

Was du mir bedeutest. Für einen lieben Menschen (Butzon & Bercker, Kevelaer, 2016)

Was wirklich zählt. Worte als Wegbegleiter (Neue Stadt, München, 2020)

Weisheit als Medizin. Logotherapie bei Tinnitus, chronischen und unheilbaren Krankheiten (Profil, München, erw. 4. Auflage 2020)

Wertfülle und Lebensfreude. Logotherapie bei Depressionen und Sinnkrisen (Profil, München, erw. 4. Auflage 2011)

Wie Leben gelingen kann. Sinn und Freude Tag für Tag. Gemeinsam mit Koautor Michael Ragg (Butzon & Bercker, Kevelaer, 3. Auflage 2020)

Wolken vor der Sonne? Was bei Depressionen hilft (Butzon & Bercker, Kevelaer, 2. Auflage 2022)

In Vorbereitung:

Antworten auf Lebensfragen. Eine Anthologie aus dem Gesamtwerk (Profil, München, 2021)

26 CDs/DVDs mit Vorträgen von Elisabeth Lukas sowie die MP3-CD „Vom Sinn im Leben. Perlen der Logotherapie" sind beim „Auditorium Netzwerk", Verlag für audio-visuelle Medien (Hebelstraße 47, D-79379 Müllheim/Baden) erhältlich.

Die CDs „Ermutigungen für die Zukunft" und „Seelisch gesund bleiben in hektischen Zeiten" sind über www.elisabeth-lukas-archiv.de erhältlich.

Mehrere CDs/DVDs mit Live-Rundfunksendungen aus der „Reihe Lebenshilfe" sind bei Glässing-media (Oststraße 12 A, D-87527 Sonthofen) oder beim Hörer-Service von Radio Horeb (Dorf 6, D-87538 Balderschwang) erhältlich.

DVD/CD mit Live-Interview „Viktor E. Frankls Botschaften für heute, Heidemarie Zürner im Sinn-Gespräch mit Elisabeth Lukas", Kongressdokumentationen Josef Hager, Mondseebergstraße 15, A-5310 Mondsee

Weitere Informationen über die Autorin und ihr Werk auf www.elisabeth-lukas-archiv.de

Elisabeth Lukas

Heute ist der erste Tag vom Rest deines Lebens

Schritte zu einer erfüllten Existenz

Butzon & Bercker

208 Seiten

ISBN 978-3-7666-2524-3

www.bube.de

Elisabeth Lukas

Auch dein Leben hat Sinn

Wege zur seelischen Gesundheit

Butzon & Bercker

256 Seiten

ISBN 978-3-7666-2775-9

www.bube.de